# मार्जार कोश

[बाघ, सिंह, तेंदुआ, प्यूमा, वनबिलाव आदि
बिल्ली परिवार के जीवों का विश्व कोश]

# मार्जार कोश

[बाघ, सिंह, तेंदुआ, प्यूमा, वनबिलाव आदि बिल्ली परिवार के जीवों का विश्व कोश]

परशुराम शुक्ल

राधाकृष्ण

नयी दिल्ली पटना इलाहाबाद कोलकाता

ISBN : 978-81-8361-602-7

**मार्जार कोश**



**पहला संस्करण** : 2013

**मूल्य** : ₹ 700

**प्रकाशक**

राधाकृष्ण प्रकाशन प्राइवेट लिमिटेड
7/31, अंसारी रोड, दरियागंज, नयी दिल्ली-110 002

**शाखाएं** : अशोक राजपथ, साइंस कॉलेज के सामने, पटना-800 006
पहली मंज़िल, दरबारी बिल्डिंग, महात्मा गांधी मार्ग, इलाहाबाद-211 001
36 ए, शेक्सपियर सरणी, कोलकाता-700 017

वेबसाइट : www.radhakrishanprakashan.com
ई-मेल : info@radhakrishanprakashan.com

**आवरण** : राधाकृष्ण स्टूडियो

**मुद्रक**

बी.के. ऑफसेट
नवीन शाहदरा, दिल्ली-110 032

MARJAR KOSH
*by* Parashuram Shukla

# अपनी बात

मार्जार संस्कृत भाषा का शब्द है। इसका अर्थ होता है–बिल्ली। सामान्यतया बिल्ली से घरेलू बिल्ली का बोध होता है। किन्तु जीवविज्ञान में इस शब्द का विस्तृत अर्थों में प्रयोग किया गया है एवं इसके अन्तर्गत बाघ और सिंह से लेकर पालतू बिल्ली तक को सम्मिलित किया गया है। ये सभी जीव मार्जार परिवार के जीव कहलाते हैं। इस विषय पर हिन्दी अथवा अंग्रेजी में सम्भवतः अभी तक कोई पुस्तक नहीं लिखी गई है। विश्वकोशों में इनके विषय में संक्षिप्त जानकारी अवश्य दी गई है। कैलाश सांखला, रामेश बेदी आदि ने कुछ पुस्तकें मार्जार परिवार के बड़े जीवों बाघ, सिंह, तेंदुआ आदि पर लिखी हैं। ये स्तरीय हैं और वन्यजीवों में रुचि रखने वालों के लिए पठनीय हैं।

मार्जार परिवार के वन्यजीवों में बाघ प्रमुख है। इसकी 8 उपजातियाँ हैं–साइबेरिया का बाघ, कैस्पियन बाघ, हिन्द-चीन का बाघ, भारतीय बाघ, चीन का बाघ, सुमात्रा का बाघ, जावा का बाघ और बाली का बाघ। इनमें से 3 उपजातियों के बाघ विलुप्त हो चुके हैं और 4 उपजातियों के बाघ विलुप्ति के कगार पर हैं।

साइबेरिया के बाघ को मंचूरिया का बाघ भी कहते हैं। यह सबसे बड़ा होता है। इसकी लम्बाई 4 मीटर तक हो सकती है। किसी समय यह सम्पूर्ण साइबेरिया में मंचूरिया और कोरिया में पाया जाता था, किन्तु अब यह बहुत छोटे से क्षेत्र में ही बचा है। वर्तमान में इसकी संख्या 500 से भी कम है। इस बाघ में सर्दी सहन करने की विलक्षण क्षमता होती है। यह बर्फीले भागों में –40 डिग्री सेल्सियस तापक्रम पर भी सरलता से रह सकता है।

कैस्पियन बाघ दूसरा सबसे बड़ा बाघ था। इसे ईरान का बाघ भी कहते थे। इसकी लम्बाई 3 मीटर से कुछ अधिक थी। घने समूर और पीली धारियों वाला यह बाघ किसी समय सोवियत संघ के कैस्पियन क्षेत्र, ईरान और अफगानिस्तान में पाया जाता था। इसके शानदार समूर के लिए इसका इतना अधिक शिकार किया गया कि 1970 तक इसकी संख्या मात्र एक दर्जन रह गई। सन् 1981 तक यह पूरी तरह समाप्त हो गया।

हिन्द-चीन का बाघ मलेशिया, थाईलैंड और म्याँमार के पूर्वी भागों में पाया जाता है। यह एक छोटा बाघ है। इसके शरीर की पूँछ सहित लम्बाई लगभग 2.4 मीटर होती है। इसकी संख्या वियतनाम युद्ध के पूर्व तक सन्तोषजनक थी। किन्तु वियतनाम युद्ध के मध्य इनकी संख्या में तेजी से गिरावट आई और बीसवीं सदी के अन्त तक 2000 से भी कम बाघ बचे।

भारतीय बाघ बहुत बड़े क्षेत्र में पाया जाता है। इसे भारत, नेपाल, भूटान, बांग्लादेश और म्याँमार के बहुत से भागों में देखा जा सकता है। भारत में यह हिमालय के पर्वतीय क्षेत्रों से लेकर कन्याकुमारी तक पाया जाता है। 'प्रोजेक्ट टाइगर' के कारण इसकी संख्या बीसवीं सदी के अन्त तक 4000 हो गई थी। किन्तु इसके बाद इसमें गिरावट आई है।

चीन का बाघ बड़ा बाघ है। यह साइबेरिया के बाघ और कैस्पियन बाघ से छोटा होता है। किसी समय यह दक्षिण चीन के बहुत बड़े क्षेत्र में पाया जाता था। किन्तु जंगलों की कटाई और शिकार के कारण अब यह एक छोटे से क्षेत्र में सिमटकर रह गया है। यदि इसे बचाने के लिए गम्भीर प्रयास नहीं किया गए तो यह शीघ्र ही धरती से विलुप्त हो जाएगा।

सुमात्रा का बाघ छोटा बाघ है। इस शानदार बाघ की कन्धों तक की ऊँचाई लगभग 75 सेन्टीमीटर होती है। इसका समूर लाली लिये हुए पीले रंग का होता है एवं इस पर गहरी धारियाँ होती हैं। द्वितीय विश्वयुद्ध के पूर्व तक यह सन्तोषजनक स्थिति में था। किन्तु इसके बाद इसका बहुत अधिक शिकार किया गया। इस समय यह दक्षिण-पश्चिमी और उत्तरी सुमात्रा के एक छोटे से क्षेत्र में ही सिमटकर रह गया है तथा इसकी संख्या 500 से भी कम हो गई है।

जावा का बाघ इस धरती से विलुप्त हो चुका है। यह सुमात्रा के बाघ से कुछ बड़ा था। इसके शरीर का रंग और धारियाँ आदि सुमात्रा के माघ के समान थीं एवं देखने में यह सुमात्रा के बाघ जैसा ही लगता था। सन् 1971 में दक्षिण-पूर्वी जावा में लगभग एक दर्जन बाघ बचे थे। सन् 1981 तक इनकी संख्या मात्र दो रह गई। सन् 1988 तक ये भी समाप्त हो गए।

बाली का बाघ भी जावा के बाघ के समान धरती से समाप्त हो चुका है। बाघ की सभी उपजातियों में यह सबसे छोटा था। इसकी लम्बाई लगभग 2 मीटर थी एवं इसके शरीर का रंग चमकीला पीला था और इस पर सफेद निशान थे। प्रथम और द्वितीय विश्वयुद्ध के समय तक इसकी स्थिति सामान्य थी। इसके बाद इसका बहुत अधिक शिकार किया गया, जिससे इसकी संख्या में बहुत कमी आई। सन् 1930 तक पश्चिम बाली में कुछ ही बाघ शेष बचे। अन्त में एक बाघिन शेष बची, जो 27 सितम्बर, 1937 को मार दी गई। इस प्रकार बाघ की 8 उपजातियों में 3 उपजातियाँ धरती से पूरी तरह समाप्त हो गईं।

बाघ सहित मार्जार परिवार के अन्य जीवों की जानकारी पुस्तक के परिचय में संक्षेप में दी गई है। इनमें रोचक और रोमांचक तथ्यों के साथ ही ज्ञानवर्धक जानकारियाँ भी हैं, जो निश्चित रूप से जनसामान्य के लिए उपयोगी सिद्ध होंगी, ऐसा मेरा विश्वास है। वास्तव में 'मार्जार कोश' एक विशेष उद्‌देश्य को ध्यान में रखकर तैयार किया गया है। इस पुस्तक का उद्‌देश्य वन्यजीव विशेषज्ञ तैयार करना नहीं है, बल्कि लोगों में वन्यजीवों के प्रति जागरूकता उत्पन्न करना है। वन्यजीवों का सीधा सम्बन्ध वनों से है। वनों से वर्षा और वर्षा से जीवन। अर्थात् मानव का अस्तित्व बनाए रखने के लिए वन्यजीव आवश्यक हैं। हमारे देश में अधिकांश लोग ऐसे हैं, जिन्होंने बाघ, सिंह, तेंदुए आदि का नाम तो सुना है, किन्तु इनके विषय में कुछ नहीं जानते। घरेलू बिल्लियाँ तो सभी ने देखी होंगी, किन्तु इनके विषय में भी जनसामान्य को कोई जानकारी नहीं है। भारत में मार्जार परिवार के ऐसे अनेक जीव पाए जाते हैं, जिनका लोगों ने नाम तक नहीं सुना। यह पुस्तक इन्हीं सब उद्‌देश्यों की पूर्ति करती है।

'मार्जार कोश' तैयार करने में प्रमुख भूमिका अभिनन्दन और अंशु की है। मैं यह पुस्तक इन्हीं को समर्पित कर रहा हूँ। पुस्तक की पांडुलिपि तैयार करने और इसके भाषा सम्बन्धी संशोधन का पूरा काम डॉ. विभा शुक्ला ने किया है। उन्हें धन्यवाद देना औपचारिकता होगी। 'मार्जार कोश' को मध्यप्रदेश वन विभाग के मुख्य वन संरक्षक एवं लेखक डॉ. एस.डी.एन. तिवारी का मार्गदर्शन मिला है तथा डॉ. हरिश्चन्द्र भारतीय, डॉ. बालमुकुन्द अग्रवाल, श्री सुखवन्त कलसी, श्री ऊधम सिंह कीर, श्री साकेत सुमन चतुर्वेदी, श्री सत्यनारायण शर्मा आदि का विशेष सहयोग प्राप्त हुआ है। इस पुस्तक को तैयार करने में अनेक विश्वकोशों, वन्यजीवों से सम्बन्धित पुस्तकों, पत्रिकाओं, वार्षिक प्रतिवदेनों आदि का सहयोग लिया गया है। इनके रचनाकारों का मैं हृदय से आभारी हूँ। पांडुलिपि को पुस्तक का रूप देने का श्रेय श्री अशोक महेश्वरी को है। इन सभी को हार्दिक धन्यवाद एवं आभार! 'मार्जार कोश' आपको कैसा लगा? लिखिएगा।

# परिचय

मार्जार परिवार (फेलिडी) के अन्तर्गत बाघ, सिंह, जगुआर, तेंदुआ जैसे बड़े-बड़े जीवों से लेकर घरेलू पालतू बिल्ली जैसे छोटे जीव तक आते हैं। ये एशिया, यूरोप, अफ्रीका, अमरीका सहित विश्व के बहुत बड़े भाग में पाए जाते हैं। मार्जार परिवार के कुछ जीव एक विशेष परिवेश में ही रहना पसन्द करते हैं। किन्तु कुछ जीव ऐसे हैं जो विविधतापूर्ण परिवेश में सरलता से रह सकते हैं। तेंदुआ इसका सर्वोत्तम उदाहरण है। यह रेगिस्तानी एवं अर्धरेगिस्तानी भागों, पर्वतीय क्षेत्रों, शुष्क प्रदेशों, वर्षा वनों आदि में सरलता से रह सकता है। यहाँ तक कि यह मानव बस्तियों और शहरों के निकट भी सरलता से मिल जाता है। यही कारण है कि यह बहुत बड़े क्षेत्र में फैल गया है। इसके विपरीत एक विशिष्ट परिवेश के वन्यजीव होने के कारण हिम तेंदुआ और बादली तेंदुआ एक सीमित क्षेत्र में मिलते हैं। परिवेश की विविधता के कारण विस्तृत क्षेत्र में पाए जाने वाले वन्यजीवों की अनेक उपजातियाँ बन गई हैं। इनकी शारीरिक संरचना पर तापक्रम, नमी आदि अर्थात् परिवेश का प्रभाव स्पष्ट देखा जा

सकता है। मार्जार परिवार के जो जीव उच्च तापक्रम और नमी वाले भागों में पाए जाते हैं, उनके समूर के धब्बे, चित्तियाँ, धारियाँ, पट्टों आदि के निशान गहरे एवं अधिक स्पष्ट होते हैं। मलाया के जंगलों में पाए जाने वाले आधे तेंदुए काले रंग के होते हैं। इसके विपरीत रेगिस्तानी भागों में पाए जाने वाले वन्यजीवों के समूर के निशान हल्के तथा अस्पष्ट होते हैं। इनके समूर की अन्य विशिष्टताओं पर भी परिवेश का प्रभाव पड़ा है। ठंडे स्थानों पर पाए जाने वाले वन्यजीवों का समूर अधिक घना, कोमल और लम्बे बालों वाला होता है।

विश्व के सभी जीवों में मार्जार परिवार के जीवों का शिकारी जीवों के रूप में सर्वोत्तम विकास हुआ है। ये शारीरिक रूप से शक्तिशाली, फुर्तीले एवं संवेदनशील अंगों वाले होते हैं एवं ये सभी वन्यजीवों का शिकार करने में सक्षम हैं। कुत्ते इनसे अच्छे शिकारी होते हैं, किन्तु ये केवल झुंड में ही बड़े जीवों का शिकार कर सकते हैं।

मार्जार परिवार का प्रमुख जीव बाघ साइबेरिया का मूल वासी है। इस परिवार के अन्य वन्यजीवों का मूल स्थान उत्तरी और मध्य एशिया है। इंग्लैंड, फ्रांस, जर्मनी, यूनान आदि में सिंह के जीवाश्म मिले हैं। इससे यह स्पष्ट हो जाता है कि किसी समय यह सम्पूर्ण यूरोप में फैले हुए थे। तेंदुआ सहित मार्जार परिवार के सभी जीवों के अध्ययन से ऐसा लगता है कि इनका मूल स्थान उत्तरी क्षेत्र ही था। यहीं से इन जीवों ने प्रवास के साथ ही साथ अपने क्षेत्र का विस्तार किया। इनमें तेंदुआ सर्वाधिक सफल रहा। प्रत्येक वन्यजीव सभी परिस्थितियों में नहीं रह सकता। इसके लिए अनुकूल भौगोलिक पर्यावरण और ऐसी परिस्थितियाँ अनिवार्य हैं, जिनमें इसकी अधिकांश आवश्यकताएँ पूरी हो सकें। इसीलिए बाघ केवल वहीं पहुँचा, जहाँ घने जंगलों के साथ ही उसकी आवश्यकताओं की पूर्ति के साधन भी थे। शुष्क और रेगिस्तानी भागों में यह नहीं गया। उष्ण-कटिबन्धीय और उपउष्ण-कटिबन्धीय जंगलों में इसे संरक्षण मिला और इसकी आवश्यकताएँ पूरी हुईं। अतः इसका विकास हुआ।

सिंह के साथ ऐसा नहीं हुआ। यह बाघ से कम चालाक वन्यजीव है। सिंह ने अफ्रीका, पश्चिमी एशिया और भारत के रेगिस्तानी, अर्धरेगिस्तानी और शुष्क भागों को पसन्द किया गया। इन स्थानों पर बाघ नहीं रह सकता। तेंदुआ इन दोनों से अधिक फुर्तीला और चालाक वन्यजीव है। इसमें विविधतापूर्ण परिवेश में रहने की क्षमता थी, अतः यह एशिया और अफ्रीका के विस्तृत क्षेत्र में फैल गया। इसे वृक्षहीन चट्टानी स्थानों और झाड़ी वाले भागों से लेकर वर्षा वनों तक में देखा जा सकता है। यह अत्यन्त गर्म स्थानों से लेकर अत्यन्त ठंडे स्थानों तक एवं बहुत अधिक शुष्क भागों से लेकर नमी वाले भागों तक में सरलता से रह सकता है। तेंदुआ, चूहे और गिलहरी जैसे छोटे-छोटे उन जीवों को खाकर भी अपना काम चला लेता है, जिनसे बाघ और सिंह का काम नहीं चल सकता।

मार्जार परिवार के जीवों की बाहरी शारीरिक संरचना में, विविधतापूर्ण परिवेश के कारण अनेक परिवर्तन भी हुए हैं। इसे इनके शरीर के रंगों और डिजाइनों में स्पष्ट रूप से देखा जा सकता है। इस परिवर्तन का प्रमुख कारण तापक्रम और आर्द्रता की विविधता को माना जा सकता है। आर्कटिक क्षेत्र में पाए जाने वाले वन्यजीवों में हल्के चमकीले धूसर, धूसर भूरे तथा सफेद रंगों का अधिक विकास हुआ। इसके विपरीत दक्षिण के अधिक गर्म भागों में गहरे रंग विकसित हुए। भूमध्य रेखा के निकट के जंगलों में पाए जाने वाले वन्यजीवों के रंग सर्वाधिक गहरे हुए। यहीं पर काले तेंदुए का विकास हुआ। यद्यपि इसकी संख्या कम है, फिर भी इसे म्याँमार और असम के नमी वाले भागों, निम्न हिमालय के वर्षा वनों और पश्चिमी घाट के वर्षा वनों में सरलता से देखा जा सकता है। मध्य एशिया के शुष्क जंगलों और रेगिस्तानी भागों में यह विरल है। जबकि काला तेंदुआ और सामान्य तेंदुआ दोनों एक ही जाति के वन्यजीव हैं। 'मेलविन' नामक पदार्थ की अधिकता के कारण इसका रंग काला हो जाता है।

मार्जार परिवार के वन्यजीवों में भौगोलिक परिस्थितियों और परिवेश के कारण अनेक परिवर्तन हुए हैं। किन्तु इनकी आदतों और व्यवहारों का अध्ययन करने से यह स्पष्ट हो जाता है कि ये जहाँ रह रहे हैं, वहाँ के मूल वासी नहीं हैं। इसीलिए ठंडे साइबेरिया का बाघ गर्मी से बचने के लिए माँद के भीतर सोता है अथवा पानी के भीतर पड़ा रहता है, विशेष रूप से दोपहर की तेज गर्मी में। गर्मियों में पानी और हरियाली की कमी के कारण मांसाहारी एवं सामान्य जीव एक ही स्थान पर आ जाते हैं, जहाँ पानी हो। गिर के जंगलों में गर्मी के मौसम में पानी की कमी के कारण सूखे जैसी स्थिति उत्पन्न हो जाती है। यहाँ केवल हिरान नदी और कुछ नालों में ही पानी दिखाई देता है। अतः सिंह, हिरन, जंगली सुअर आदि एक ही स्थान पर आ जाते हैं। वर्षा होते ही हरियाली के साथ ही चारों ओर पानी ही पानी हो जाता है। अतः ये वन्यजीव पुनः बिखर जाते हैं। हिमालय के बर्फीले भागों का वन्यजीव हिम तेंदुआ भी सर्दियों में अपने शिकार के जीवों के साथ नीचे आ जाता है।

मार्जार परिवार के अधिकांश जीव एकान्तवासी होते हैं। सिंह को छोड़कर प्रायः सभी जीव अकेले विचरण करते हैं। ये अपना सीमाक्षेत्र बनाते हैं। ये सीमाक्षेत्र बनाने के लिए अपने मल-मूत्र के साथ ही अपने पैरों के पास की ग्रन्थियों से निकलने वाले गन्धयुक्त द्रव पदार्थ का भी उपयोग करते हैं। इनका छिड़काव क्षेत्र की सीमा के ऐसे वृक्षों, झाड़ियों, चट्टानों आदि पर किया जाता है, जो दूर से दिखाई देते हों। कुछ वन्यजीव वृक्षों और जमीन को खरोंच कर भी क्षेत्र की सीमा का निर्माण करते हैं। नर और मादा दोनों के सीमाक्षेत्र अलग-अलग होते हैं। सामान्यतया नर का सीमाक्षेत्र मादा से बड़ा होता है। ये अपनी ही जाति के पड़ोसी वन्यजीव से बहुत कम ही सम्पर्क

करते हैं। यदि कभी एक-दूसरे से मिलते भी हैं तो प्रायः लड़ते नहीं हैं, बल्कि संस्तरण के आधार पर व्यवहार करते हैं।

मार्जार परिवार के वन्यजीवों की शारीरिक संरचना अन्य मांसाहारी जीवों से पूरी तरह भिन्न होती है। इनके शरीर के रंगों और डिजाइनों में पर्याप्त विविधता होती है। कुछ के शरीर पर लम्बी, खड़ी धारियाँ होती हैं तो कुछ के शरीर पर चित्तियाँ और पट्टे। कुछ वन्यजीव ऐसे भी हैं, जिनके शरीर पर कोई डिजाइन नहीं होती। सिंह और प्यूमा के बच्चों के शरीर पर निशान होते हैं, किन्तु ये बड़े होते-होते समाप्त हो जाते हैं। इससे यह स्पष्ट होता है कि इनके पूर्वज धारी और चित्ती वाले जीव थे। मार्जार परिवार के वन्यजीवों के शरीर का रंग और डिजाइनें इन्हें जंगल में कॉमाफ्लास प्रदान करती हैं। इनके पास से विचरण करता हुआ शिकार इन्हें देख नहीं पाता। किन्तु रात में शिकार करने वाले जीवों के लिए कॉमाफ्लास की क्या उपयोगिता? काला तेंदुआ और सामान्य चित्तीवाला तेंदुआ एक ही जंगल में समान ढंग से शिकार करते हैं। धारी वाला बाघ और डिजाइन विहीन सिंह एवं प्यूमा भी इसी ढंग से शिकार करते हैं। अतः यह कहा जा सकता है कि इनके शरीर के रंगों और डिजाइनों का शिकार में कोई महत्त्वपूर्ण सहयोग नहीं होता। मार्जार परिवार के सभी वन्यजीव अपनी आनुवंशिक तकनीक से शिकार करते हैं।

मार्जार परिवार के वन्यजीवों के पैर बहुत मजबूत और शक्तिशाली होते हैं। इनकी संरचना इस प्रकार की होती है कि ये इनकी सहायता से किसी भी स्थान पर छिप सकते हैं एवं बिना आवाज किये शिकार के निकट पहुँच सकते हैं और उस पर आक्रमण कर सकते हैं। इनके आगे के पंजों में पाँच-पाँच और पीछे के पंजों में चार-चार नाखून होते हैं। इनकी संरचना इस प्रकार की होती है कि ये इनकी सहायता से लम्बी और ऊँची छलाँगें लगा सकते हैं, तेज गति से दौड़ सकते हैं और वृक्षों पर चढ़ सकते हैं। ये हमेशा पंजों के बल चलते हैं। मांसाहारी वन्यजीवों में मार्जार परिवार के जीवों के पंजे सर्वोत्तम होते हैं। इनके पंजों के नाखून अर्धचन्द्राकार, नुकीले और हुक जैसे होते हैं। इनकी सहायता से ये अपने शिकार को मजबूती से पकड़ सकते हैं और धराशायी कर सकते हैं। इनके नाखूनों की एक अन्य प्रमुख विशेषता यह है कि ये खुलने और बन्द होनेवाले होते हैं। अर्थात् ये जब चाहें अपने नाखूनों को बाहर निकाल सकते हैं और जब चाहें इन्हें भीतर की ओर मोड़ सकते हैं और पंजों की गद्दियों में छिपा सकते हैं। इसी विशेषता के कारण इनके नाखून न घिसते हैं और न ही भोथरे होते हैं।

मार्जार परिवार के वन्यजीवों के नाखूनों के समान ही इनके दाँत भी इनके प्रमुख शस्त्र हैं एवं शिकार करने में महत्त्वपूर्ण भूमिका निभाते हैं। इनके दाँतों की संरचना अति विशिष्ट होती है। इनके भेदक दाँत (कैनाइन) बहुत बड़े होते हैं। अधिकांश

जीवों के भेदक दाँत होते हैं। किन्तु मार्जार परिवार के वन्यजीवों के भेदक दाँत विशेष रूप से बड़े और मजबूत होते हैं। इस परिवार के बड़े वन्यजीवों में ये अधिक लम्बे और अन्य दाँतों से कुछ अलग होते हैं। बादली तेंदुआ इसका अपवाद है। आकार में यह बाघ, सिंह आदि से छोटा होता है, किन्तु इसके भेदक दाँत मार्जार परिवार के सभी जीवों में सबसे बड़े होते हैं। मार्जार परिवार के सभी वन्यजीवों के भेदक दाँत जबड़े बन्द करते ही शिकार के शरीर में पूरी तरह धँस जाते हैं और उसे असहाय बना देते हैं। इनके दाँत पूरी तरह मांसाहार के योग्य होते हैं। इनके भेदक दाँतों के समान ही इनके मजबूत जबड़ों में ऊपर और नीचे दोनों तरफ एक-एक दाढ़ होती है। ये काफी बड़ी मजबूत और मांस खाने के योग्य होती हैं। इनका उपयोग शिकार के शरीर को काटने और फाड़ने में किया जाता है। इनकी दाढ़ें इतनी मजबूत होती हैं कि ये इनकी सहायता से हड्डियाँ तक चबा सकते हैं। अर्थात् मार्जार परिवार के वन्यजीवों को इनके भेदक दाँतों ने इन्हें शिकार पकड़ने योग्य और दाढ़ों ने शिकार खाने योग्य बना दिया है। मार्जार परिवार के वन्यजीवों के, सामने के छह दाँत कैंची की तरह काम करते हैं एवं पीछे की तरफ के ब्लेड जैसी धार वाले छेदक दाँत मांस के छोटे-छोटे टुकड़े करने में सक्षम होते हैं। यहाँ पर यह स्पष्ट कर देना आवश्यक है कि मार्जार परिवार के वन्यजीवों का शिकार को पकड़ने और उसे मारने का कोई नियम नहीं होता। ये समय और परिस्थितियों के अनुसार शिकार करते हैं।

सामान्यतया मांसाहारी वन्यजीव अपनी जीभ का उपयोग स्वाद के लिए करते हैं। किन्तु मार्जार परिवार के वन्यजीवों की स्वादग्रन्थियाँ बहुत विकसित हो गई हैं तथा ये रेती के समान इतनी खुरदरी हो गई हैं कि हड्डियों से मांस चाटने का काम कर रही हैं। इन वन्यजीवों की देखने, सुनने और सूँघने की शक्तियाँ भी अद्वितीय होती हैं। इनकी आँखें मांसाहारी गण के सभी जीवों में सबसे बड़ी होती हैं। इनकी संरचना इस प्रकार की होती है कि ये रात में भी सरलता से देख सकती हैं। इस प्रकार यह कहा जा सकता है कि मार्जार परिवार के वन्यजीवों की तरह की शारीरिक संरचना वाला विश्व में कोई अन्य वन्यजीव नहीं है।

मार्जार परिवार के वन्यजीवों के समागम और प्रजनन का बहुत कम अध्ययन किया गया है। इस सम्बन्ध में जो भी जानकारी उपलब्ध है, वह इन जीवों का चिड़ियाघर में अध्ययन करके प्राप्त की गई है। चिड़ियाघरों में इनका व्यवहार जंगलों के समान स्वाभाविक नहीं रह जाता। वास्तव में मार्जार परिवार के वन्यजीवों का समागमकाल कब आरम्भ होता है? और कब समाप्त होता है? नर और मादा दोनों कब और कितने समय के लिए गर्मी पर आते हैं? इनका समागमकाल वर्ष में एक बार आता है या एकधिक बार? क्या ये वर्ष भर समागम और प्रजनन करते हैं? आदि अनेक ऐसे प्रश्न हैं, जिनके विषय में अधिकारपूर्वक कुछ भी नहीं कहा जा सकता।

मार्जार परिवार के वन्यजीवों को, विशेष रूप से भारत में पूरे वर्ष भर समागम और प्रजनन करते हुए देखा गया है। यह अवश्य है कि वर्ष के कुछ महीनों में ये समागम और प्रजनन अधिक करते हैं।

मार्जार परिवार के सभी वन्यजीवों का समागम पालतू बिल्लियों के समान होता है। सामान्यतया गर्मी पर आया हुआ नर समागम की इच्छुक मादा की खोज करता है। समागम काल में नर बाघ मादा को आमन्त्रित करने के लिए रुक-रुककर, थोड़ी-थोड़ी देर में दहाड़ने की गहरी और तेज आवाजें निकालता है। एक समागम काल में एक नर अनेक मादाओं के साथ एवं एक मादा अनेक नरों के साथ समागम करती है। कभी-कभी समागम की इच्छुक मादा के निकट एक ही समय पर दो नर पहुँच जाते हैं। ऐसी स्थिति में दोनों नरों में लड़ाई होती है। यह लड़ाई हिंसक भी हो सकती है। अन्त में विजेता नर मादा के साथ समागम करता है। किन्तु यह आवश्यक नहीं है। कभी-कभी मादा विजेता नर को अपने पास नहीं आने देती और पराजित नर के साथ समागम करती है।

समागम काल में नर के निकट आने पर पहले मादा कुछ आक्रामक व्यवहार करती है। नर इसे सहन करता है। धीरे-धीरे मादा के व्यवहार में परिवर्तन होने लगता है। कुछ समय बाद वह स्वयं नर को आमन्त्रित करने वाले संकेत देने लगती है। इससे नर मादा के निकट आ जाता है और समागम करता है। ये श्वान परिवार के जीवों के समान खड़े होकर समागम नहीं करते। समागम हेतु मादा पीठ ऊपर करके लेट जाती है। नर मादा के ऊपर आ जाता है और उत्तेजना में मादा की गर्दन अपने मुँह में भर लेता है। किन्तु इससे मादा को कोई कष्ट नहीं होता। नर यह कार्य उसी प्रकार करता है, जिस प्रकार मादा अपने बच्चों को मुँह में दबाकर उठाती है। कभी-कभी नर और मादा अपने बच्चों की उपस्थिति में समागम करते हैं। ऐसी स्थिति में मादा बच्चे बहुत चीखते और शोर मचाते हैं।

गर्भकाल पूरा होने पर मादा दो से लेकर सात तक बच्चों को जन्म देती है। मार्जार परिवार के बड़े जीव, विशेष रूप से बाघ और तेंदुआ किसी सुरक्षित माँद अथवा चट्टान के नीचे बच्चे देते हैं। छोटी होने के कारण मादा तेंदुआ वृक्ष के कोटर अथवा माँद में भी बच्चों को जन्म दे सकती है। मार्जार परिवार की मादाएँ जिस स्थान पर बच्चों को जन्म देती हैं, वह स्थान सभी तरफ से बन्द और पूरी तरह सुरक्षित होता है। उस स्थान पर अँधेरा रहता है। ये ऐसे प्रजनन स्थल का चुनाव करती हैं, जिसकी अवसर पड़ने पर सुरक्षा की जा सके। इनके नवजात बच्चों की आँखें बन्द रहती हैं एवं ये पूरी तरह असहाय होते हैं। केवल सिंह के कुछ बच्चे जन्म लेते ही आँखें खोल लेते हैं, सभी नहीं। बच्चों का पालन-पोषण प्रायः मादा करती है। वह बच्चों को दूध पिलाती है और उनकी सुरक्षा करती है। नर बाघ बच्चों के जन्म के

पूर्व ही मादा से अलग हो जाता है। किन्तु नर सिंह और नर तेंदुआ मादा के साथ रहते हैं। यद्यपि ये बच्चों के पालन-पोषण में बहुत कम सहयोग करते हैं। ये बच्चों की सुरक्षा करने का काम करते हैं और कुछ बड़े हो जाने पर इन्हें भोजन उपलब्ध करा सकते हैं। मादाएँ सभी तरह से बच्चों का पालन-पोषण करती हैं। ये बच्चों के जन्मस्थल से लेकर उनके मल-मूत्र तक की सफाई करती हैं। इसके साथ ही अपनी जीभ से चाट-चाटकर बच्चों की तब तक सफाई करती हैं, जब तक कि वे एक-दूसरे को चाटकर सफाई करने योग्य नहीं हो जाते। ये भूल से बच्चों के इधर-उधर हो जाने पर उनकी खोज करती हैं और उनकी गर्दन की ढीली त्वचा को अपने दाँतों से पकड़कर उन्हें वापस सही स्थान पर ले आती हैं। इस व्यवहार को घरेलू बिल्ली में भी सरलता से देखा जा सकता है।

मार्जार परिवार के नवजात बच्चों की आवाज बहुत धीमी होती है। ये मादा का दूध पीते हैं और अपना विकास करते हैं। ये कुछ दिनों अथवा कुछ सप्ताह का हो जाने पर घरेलू बिल्ली की तरह आवाज निकालने लगते हैं। ये भूख लगने पर और ठंड लगने पर रोते-चिल्लाते हैं। मादा पहले कुछ दिन पूरे समय इनके साथ रहती है। इसके बाद भूख के कारण शिकार पर जाना आरम्भ कर देती है। कुछ समय बाद बच्चे मादा के दूध के साथ ही उसके द्वारा लाया गया शिकार भी खाने लगते हैं। इसके बाद खेल-खेल में शिकार का प्रशिक्षण आरम्भ हो जाता है। इनके आपसी खेल को देखने से ऐसा लगता है, मानो ये शिकार का अभ्यास कर रहे हों। इनके बड़े और शक्तिशाली हो जाने पर केवल मादा अथवा नर-मादा दोनों ही इन्हें आवास से कुछ दूरी पर ले जाते हैं और शिकार का प्रशिक्षण देते हैं। कभी-कभी ये शिकार को इतना घायल करके छोड़ देते हैं कि वह भाग न सके और बच्चे उसका शिकार कर सकें।

मार्जार परिवार के वन्यजीवों, विशेष रूप से बड़े वन्यजीवों का अपनी सत्ता बनाए रखने के लिए जंगल के अन्य जीवों से तेज और बुद्धिमान होना आवश्यक है। अतः इनके बच्चों को वे सभी तरीके सीखने पड़ते हैं, जिनसे उन्हें जीवित रहने के लिए आवश्यक भोजन प्राप्त हो सके। कब? कैसे? और किसका शिकार करना आवश्यक है? किस शिकार के लिए कहाँ छिपना चाहिए? नाखूनों और दाँतों का उपयोग किस प्रकार करना चाहिए? आदि का प्रशिक्षण इनके लिए आवश्यक होता है। आरम्भ में बच्चे अनाड़ीपन से शिकार करते हैं। इसके बाद धीरे-धीरे इनके शिकार के ढंग में सुधार होता है और कुछ समय पश्चात ये वयस्कों के समान शिकार करने लगते हैं।

मार्जार परिवार के वन्यजीव अलग-अलग आयु में वयस्क होते हैं। बाघ और सिंह के बच्चों को वयस्क होने में 3 से 5 वर्ष तक का समय लग जाता है। ये वयस्क होने के तुरन्त बाद अथवा कुछ समय पहले ही प्रजनन के योग्य हो जाते हैं। कभी-कभी ये तीन वर्ष के होने के पूर्व ही प्रजनन आरम्भ कर देते हैं। तेंदुआ

वनबिलाव (लिंक) और स्याहगोश (कैराकल) डेढ़ वर्ष से तीन वर्ष के मध्य प्रजनन योग्य हो जाते हैं। छोटी बिल्लियाँ बहुत जल्दी प्रजनन योग्य हो जाती हैं। ये एक वर्ष की आयु में ही प्रजनन आरम्भ कर देती हैं।

मार्जार परिवार के सर्वाधिक महत्त्वपूर्ण उपपरिवार पैंथेरिनी के अन्तर्गत बाघ, सिंह, तेंदुआ, जगुआर और हिम तेंदुए को रखा गया है। इसमें इन पाँचों जातियों के वन्यजीवों एवं इनकी उपजातियों का अध्ययन किया जाता है। ये सभी वन्यजीव पैंथरा वंश के अन्तर्गत आते हैं।

## बाघ

मार्जार परिवार के सभी जीवों में बाघ सबसे बड़ा होता है। यह केवल एशिया में पाया जाता है। इसकी सभी उपजातियों में साइबेरिया का नर बाघ सबसे बड़ा होता है। इसका वजन 300 किलोग्राम से भी अधिक होता है। एक बार साइबेरिया का एक ऐसा बाघ मिला था, जिसका वजन 384 किलोग्राम था। यह एक विश्व कीर्तिमान है। इसके शरीर के रंगों और डिजाइनों में पर्याप्त विविधता होती है। अलग-अलग उपजातियों के बाघ तो अलग-अलग रंगों और डिजाइनों वाले होते ही हैं, एक ही उपजाति के बाघों में भी यह विविधता देखी जा सकती है।

बाघ खुले जंगलों और घास के मैदानों में पानी के निकट रहना अधिक पसन्द करता है। यह हिमालय के पर्वतीय क्षेत्रों में 3000 मीटर तक की ऊँचाई वाले भागों में भी मिल जाता है, किन्तु पानी रहित भागों में नहीं पाया जाता। यह सीमाक्षेत्र

बनाकर रहने वाला वन्यजीव है। इसके क्षेत्र की सीमा परिवेश, आवास और शिकार की उपलब्धता पर निर्भर करती है। भारत में नर बाघ 60 वर्ग किलोमीटर से 100 वर्ग किलोमीटर तक का सीमाक्षेत्र बनाता है। मादा का सीमाक्षेत्र लगभग 20 वर्ग किलोमीटर का होता है। साइबेरिया का बाघ बहुत बड़ा सीमाक्षेत्र बनाता है। इसका सीमाक्षेत्र 1000 वर्ग किलोमीटर तक का हो सकता है। नर का सीमाक्षेत्र निश्चित होता है। इसमें मादाएँ आ सकती हैं, नर नहीं।

बाघ की शारीरिक संरचना इस प्रकार की होती है कि यह छोटे हाथी और जंगली भैंसे तक का सरलता से शिकार कर सकता है। इसका प्रमुख शिकार हिरन, जंगली सुअर और गवय हैं। इनके साथ ही यह तेंदुआ, भालू, भेड़िया, वनबिलाव, जंगली बिल्ली आदि का शिकार करता है। यह बड़े शिकार को लगभग 20 मिनट तक दौड़ाकर पकड़ता है और उसके गले अथवा सिर पर काटता है। इसके लम्बे और तेज भेदक दाँत इसे इस कार्य में विशेष सहयोग करते हैं। यह बड़े शिकार को प्रायः गले के नीचे अथवा बगल से काटता है। बाघ अच्छा वृक्षारोही नहीं है। इसका शिकार यदि वृक्ष पर चढ़ जाए तो यह प्रायः उसे छोड़ देता है। बाघ बहुत अच्छा तैराक होता है। यह भोजन की कमी होने पर अथवा भोजन न मिलने पर मछली, मेढक, साँप आदि का भी शिकार करता है।

समागम काल में कभी-कभी एक ही बाघिन के पास दो बाघ पहुँच जाते हैं। ऐसा होने पर दोनों में लड़ाई होती है। अन्त में विजेता बाघ बाघिन के साथ समागम करता है। समागम के बाद कुछ समय तक नर-मादा दोनों साथ रहते हैं। कभी-कभी ये बच्चों के जन्म के समय तक साथ रहते हैं और कभी इससे भी लम्बे समय तक। समागम काल में जो मादाएँ गर्भधारण नहीं कर पातीं, वे दो माह बाद पुनः गर्मी पर आती हैं। बाघिन का गर्भकाल 105 से 115 दिन तक का होता है। गर्भकाल पूरा होने पर यह सामान्यतया 2 से 4 तक बच्चों को जन्म देती है। इसके बच्चे दो-तीन वर्ष इसके साथ रहते हैं। इसके बाद ये अपना स्वतन्त्र जीवन आरम्भ कर देते हैं और यदि मानव से बचे रहते हैं तो लगभग 20 वर्ष की आयु तक जीवित रहते हैं।

कभी-कभी वृद्ध और बीमार बाघ आदमखोर हो जाते हैं। किसी कारण घायल हो जाने पर युवा बाघों को भी आदमखोर बनते हुए देखा गया है। वियतनाम के बहुत से बाघ, युद्ध में मारे गए लोगों के शव खाकर नरभक्षी बने। नरभक्षी बाघ बहुत खतरनाक होता है। यह फन्दे, पिंजड़े से बचकर निकल जाता है और प्रत्येक नए शिकार पर नए ढंग से आक्रमण करता है। अन्त में प्रायः इसे भी मार दिया जाता है।

एशिया में बाघों का बहुत अधिक शिकार किया गया है। कुछ स्थानों पर तो इसे इतना मारा गया है कि यह इन स्थानों से पूरी तरह विलुप्त हो गया है और बहुत से स्थानों पर विलुप्ति के कगार पर है।

## सिंह

मार्जार परिवार का दूसरा सबसे बड़ा वन्यजीव है–सिंह। किसी समय यह दक्षिण-पश्चिमी एशिया और सहारा एवं नमी वाले भागों को छोड़कर सम्पूर्ण अफ्रीका में पाया जाता था। किन्तु वर्तमान समय में यह एक बहुत छोटे से क्षेत्र में सिमटकर रह गया है। भारत में इसे केवल गिर के जंगलों में ही जंगली अवस्था में देखा जा सकता है।

सिंह को हमेशा शक्ति का प्रतीक माना गया है। यह वृक्षहीन घास के मैदानों, अर्धरेगिस्तानी भागों और खुले जंगलों का वन्यजीव है। इसे सागर की सतह से 300 मीटर तक की ऊँचाई वाले भागों में देखा जा सकता है। कभी-कभी यह 5000 मीटर तक की ऊँचाई वाले भागों तक में मिल जाता है। यह सामान्यतया दिन में आराम करता है और रात में सक्रिय होता है किन्तु कभी-कभी इसे दिन में भी विचरण करते हुए देखा जा सकता है। सिंह प्रायः समूह में रहता है। इसके समूह को प्राइड कहते हैं। एक प्राइड में 1 से 6 तक वयस्क नर, 4 से 12 तक वयस्क मादाएँ तथा इनके बच्चे रहते हैं। इनकी अधिकतम संख्या 30 तक हो सकती है। कभी-कभी एकाधिक नर मिलकर अलग समूह बना लेते हैं। प्रत्येक प्राइड का एक सीमाक्षेत्र होता है। इसकी सुरक्षा प्राइड के नर सिंह करते हैं। कुछ नर सिंह अकेले विचरण करते हैं। ये प्रायः युवा अथवा प्राइड से निकाले गए नर होते हैं। अकेले विचरण करने वाले नर सिंह सीमाक्षेत्र नहीं बनाते। इनके पास हरम भी नहीं होता। अकेले विचरण करनेवाले नरों में सशक्त विरोधी द्वारा पराजित नर भी होते हैं। इनका राज्य और हरम छिन चुका होता है। ये अनुपयोगी जमीन पर शिकार और साथी की तलाश करते हैं। ये प्रायः स्वयं शिकार करते हैं अथवा अन्य मांसाहारी जीवों–तेंदुआ, चीता, सियार आदि का छोड़ा हुआ शिकार खाकर अपना काम चलाते हैं। कभी-कभी वृद्ध सिंह बस्तियों के पास आ जाते हैं और पालतू भेड़-बकरियों का शिकार करने लगते हैं। इनमें से कुछ नरभक्षी भी हो जाते हैं। अतः शीघ्र ही मानव द्वारा मार दिए जाते हैं।

जार्ज बी. सेलर ने तन्जानिया के सेरेनगेटी राष्ट्रीय उद्यान के सिंहों का गहन अध्ययन करने के बाद यह निष्कर्ष निकाला है कि 'प्राइड' के मुखिया नर की बहुत कम और साधारण भूमिका होती है। वास्तव में पूरा प्राइड मातृसत्तात्मक होता है। प्राइड की एक मादा का पूरे प्राइड पर शासन चलता है। नर सीमाक्षेत्र की सुरक्षा का कार्य अच्छे ढंग से करते हैं। ये अपने क्षेत्र के स्वामी के समान अपने क्षेत्र की सीमाओं का ध्यान रखते हैं। इसके लिए ये सीमा पर जाकर दहाड़ते हैं, प्रायः शाम के समय। इनके दहाड़ने की आवाज 8 किलोमीटर दूर तक सुनी जा सकती हैं। इनकी दहाड़ अन्य नरों के लिए एक चेतावनी होती है। किन्तु जेब्रा हिरन, गवय आदि शिकार के जीवों पर इसका कोई प्रभाव नहीं पड़ता। ये पहले की तरह पास ही चरते रहते हैं। क्षेत्र सीमा की सुरक्षा के कारण ही नर शिकार पर नहीं जाते। यदि नर शिकार पर

चले जाएँ तो अन्य नर आकर उनके क्षेत्र पर अधिकार कर लेंगे और इससे उनका राज्य समाप्त हो जाएगा।

एक प्राइड का सीमाक्षेत्र कितना बड़ा होगा? यह निश्चित नहीं होता। क्योंकि सीमाक्षेत्र का निर्धारण शिकार की उपलब्धता पर आधारित होता है। शिकार की कमी होने पर प्राइड का सीमाक्षेत्र 400 वर्ग किलोमीटर तक का हो सकता है। सिंह भी मार्जार परिवार के अन्य जीवों के समान, अपने क्षेत्र की सीमा का निर्धारण करने के लिए सीमा के पास की झाड़ियों, वृक्षों के तनों एवं चट्टानों आदि पर अपने पैरों के पास की ग्रन्थियों से निकलने वाला गन्धयुक्त द्रव पदार्थ और मूत्र छिड़कते हैं। इसे पड़ोसी सिंह सरलता से समझ लेते हैं। इनमें शिकार प्रायः मादाएँ ही करती हैं। नर उनका लाया हुआ शिकार खाते हैं। ये हमेशा भोजन की प्रतीक्षा करते रहते हैं। मादाएँ भेड़ियों की तरह समूह बनाकर अथवा जोड़े में शिकार करती हैं। इन्होंने जिराफ, जेब्रा, गवय और जंगली भैंसे आदि जीवों को मारने के लिए विशिष्ट ढंग विकसित कर लिए हैं। शिकार की सफलता प्राइड के श्रम विभाजन पर निर्भर करती है। जैसे ही प्राइड को वन्यजीवों का एक झुंड दिखाई देता है, उससे एक शिकार का चयन कर लिया जाता है। अब कुछ मादाएँ एक ओर से जाती हैं और लेटकर शिकार के निकट आने की प्रतीक्षा करती हैं। इसी समय कुछ मादाएँ पीछे पहुँच जाती हैं। कभी-कभी ये लम्बे रास्ते से शिकार के निकट पहुँचती हैं, जिससे झुंड को इनका पता

न चल सके। प्राइड की मादाओं से साधारण सी भूल हो जाने पर झुंड को इनकी उपस्थिति का पता चल जाता है और इनके शिकार के निकट पहुँचने के पहले ही झुंड किसी सुरक्षित स्थान पर, दूर चला जाता है। झुंड के पास पहुँच जाने पर प्राइड की मादाएँ पूर्व निश्चित शिकार पर अचानक आक्रमण करती हैं। सामान्यतया शिकार डरकर भाग नहीं पाता। कभी-कभी जंगली भैंसा अथवा नर जेब्रा सामना करता है, लेकिन बच नहीं पाता। सिंहनी द्वारा दाँतों से गर्दन पकड़ने के बाद बचने का प्रश्न ही नहीं उठता। सिंहनियाँ हमेशा समूह बनाकर ही शिकार नहीं करतीं। कभी-कभी ये अकेले भी शिकार करती हैं।

शिकार हो जाने के बाद पहले नर भोजन करता है। प्रायः इसके शिकार के निकट सियार और गिद्ध आ जाते हैं। ऐसा होने पर यह बड़ा उत्तेजित हो जाता है और कभी-कभी इन्हें मार डालता है। किन्तु पेट भर जाने के बाद यह इन जीवों के प्रति कुछ उदार हो जाता है। ये जीव शिकार का कुछ भाग नोचकर ले जाने में सफल भी हो जाते हैं। केवल लकड़बग्घा ऐसा जीव है, जो खाते हुए नर का शिकार नोचने का साहस कर सकता है। कभी-कभी लकड़बग्घों का झुंड इससे इसका शिकार छीनने में भी सफल हो जाता है।

सिंहनियाँ अवसरवादी शिकारी होती हैं। ये इम्पाला, हिप्पो, हाथी, ज़ेब्रा आदि के साथ मगर, साँप और खरगोश जैसे जीवों का भी शिकार कर लेती हैं। कभी-कभी इन्हें चिड़ियों का शिकार करते हुए भी देखा गया है। ये अपने शिकार के पीछे अधिकतम 60 किलोमीटर प्रति घंटा की गति से भाग सकती हैं, किन्तु लगभग 100 मीटर तक। यही कारण है कि प्राइड की कुछ सिंहनियाँ शिकार को उसी ओर खदेड़ती हैं, जिधर उनके साथ की सिंहनियाँ छिपी होती हैं। ये बड़े शिकार की गर्दन पर बगल में काटती हैं और फिर उसे अपने वजन से जमीन पर गिरा देती हैं। इनका शिकार तुरन्त नहीं मरता, बल्कि गर्दन पर काटने के कारण दम घुटने अथवा खून बहने से मरता है। ये शिकार के मरने की प्रतीक्षा करती हैं। सिंह अपने प्राइड की सिंहनियों को अपने आधिपत्य में रखते हैं। ये सिंहनियों से अधिक शक्तिशाली और 50 प्रतिशत अधिक भारी होते हैं। अतः पहले ये शिकार खाते हैं। कभी-कभी तो ये पूरे-पूरे शिकार पर अधिकार कर लेते हैं।

सिंह के भोजन करने के बाद सिंहनियाँ शिकार खाती हैं। बच्चे सबसे अन्त में शिकार खाते हैं। कभी-कभी ये सिंहनियों के साथ शिकार खाने लगते हैं। ऐसा करने पर सिंहनियाँ प्रायः इन्हें रोकती नहीं। शिकार में अपना हिस्सा प्राप्त करनेवालों में बीमार और कमजोर बच्चे सबसे पीछे रह जाते हैं तथा कभी-कभी भोजन न मिल पाने के कारण मर जाते हैं। सिंह के लिए सबसे पहले भोजन करना और शिकार का सर्वाधिक भाग खाकर अपनी शक्ति बनाए रखना अनिवार्य होता है। इससे प्राइड

पर उसका अधिकार बना रहता है। इसके साथ ही यदि वह पहले न खाए तो कमजोर हो जाएगा और किसी अन्य सिंह द्वारा मार दिया जाएगा। इनमें यदि पराजित सिंह भागने में सफल नहीं हो पाता तो विजेता नर उसे मार डालता है और खा जाता है।

सिंह का समागम और प्रजनन मार्जार परिवार के अन्य जीवों के समान होता है। समागम काल में नरों के मध्य आपसी लड़ाइयाँ होती हैं। अन्त में प्रायः विजेता नर प्राइड की सिंहनियों के साथ समागम करता है। यह एक दिन में अनेक बार समागम करता है और लगातार कई दिनों तक समागम करता है। सिंहनी का गर्भकाल लगभग 3 माह का होता है। गर्भकाल पूरा होने पर यह झाड़ियों के नीचे, चट्टानों की दरारों में अथवा माँदों में 2 से 4 तक बच्चों को जन्म देती है। बच्चे देने का कार्य बहुत अधिक सुरक्षित स्थान पर किया जाता है एवं बच्चों को प्राइड के सिंहों से छिपाकर रखा जाता है। नवजात बच्चों के शरीर का रंग वयस्कों के समान होता है। इनके शरीर पर कुछ निशान होते हैं, किन्तु जैसे-जैसे ये बड़े होते हैं, निशान हल्के पड़ते जाते हैं और वयस्क होते होते ये निशान पूरी तरह समाप्त हो जाते हैं। कुछ सप्ताह बाद सिंहनियाँ अपने बच्चों के साथ प्राइड में लौट आती हैं।

कभी-कभी कुछ सिंहनियाँ आपस में मिलकर एक समूह बना लेती हैं। इसमें इनके बच्चे भी होते हैं। इस समूह में कुछ सिंहनियाँ ऐसी भी सम्मिलित हो जाती हैं, जिनके साथ बच्चे नहीं होते हैं। एक बार एक ऐसी ही सिंहनी को एक ऐसे बच्चे को दूध पिलाते हुए देखा गया था, जिसकी माँ शिकार पर गई थी। कभी-कभी कोई सिंहनी अपने अनाड़ीपन से अपने ही बच्चे को मार डालती है और खा जाती है। यह स्थिति मार्जार परिवार के अन्य जीवों में भी देखी जा सकती है।

सिंह शावक सिंहनियों के साथ लम्बे समय तक रह सकते हैं। ये आरम्भ में इनका दूध पीते हैं और अपना विकास करते हैं। 3 माह के होने पर ये सिंहनियों के साथ शिकार सीखना आरम्भ कर देते हैं। लगभग 7 माह के होने पर इनके दूध के दाँत निकलने लगते हैं। 7 से 12 माह के मध्य इनके दूध के दाँत पूरी तरह गिर जाते हैं। इस काल में इन्हें तेज बुखार आता है और दर्द होता है। इसमें कभी-कभी इनकी मृत्यु भी हो जाती है। एक वर्ष के हो जाने पर वयस्कों के समान दाँत आ जाने के बाद ये आत्मनिर्भर हो जाते हैं। इसके बाद भी ये लगभग दो वर्षों तक समूह में बने रहते हैं एवं विभिन्न प्रकार के प्रशिक्षण लेते हैं। नर शावक दो-ढाई वर्ष के होने पर सीमाक्षेत्र बनाना सीखने लगते हैं एवं सिंहनियाँ समूह बनाकर शिकार करने लगती हैं। लगभग 3 वर्ष में सिंह शावक वयस्क हो जाते हैं। इसके बाद नव वयस्क नर समूह छोड़ देते हैं, किन्तु नव वयस्क मादाएँ समूह में बनी रहती हैं। वयस्क सिंहों के गले पर घने और कड़े बालों की अयाल आ जाती है। अयाल के रंगों में प्रजातीय आधार पर भिन्नता होती है।

## तेंदुआ

तेंदुए को शक्ति और सौन्दर्य का प्रतीक माना जाता है। यह मार्जार परिवार का एक सफल वन्यजीव है। यह एशिया और अफ्रीका के बहुत बड़े क्षेत्र में पाया जाता है। अफ्रीका के मध्य सहारा को छोड़कर यह पूरे अफ्रीका में है। दक्षिण एशिया में इसे टर्की से मंचूरिया तक देखा जा सकता है। यह पहाड़ों, जंगलों, रेगिस्तानों सभी में सरलता से रह सकता है। इसके लिए पानी आवश्यक नहीं है। यह 2-3 दिन में एक बार पानी पीता है। जहाँ भी थोड़ा बहुत शिकार उपलब्ध हो, वहाँ यह मिल जाता है।

तेंदुआ बाघ के समान सीमाक्षेत्र बनाता है। इसके लिए यह क्षेत्र की सीमा के वृक्षों, झाड़ियों, चट्टानों आदि पर अपना मल-मूत्र छिड़कता है और दहाड़कर इसकी घोषणा करता है। दहाड़ने की आवृत्ति अलग-अलग जातियों में अलग-अलग होती है। इसके साथ ही वृक्षों के तनों और चट्टानों पर खरोंचें लगाकर भी यह अपना सीमाक्षेत्र निर्धारित करता है। इसका सीमाक्षेत्र शिकार की उपलब्धता पर आधारित होता है। अतः विविधतापूर्ण होता है। श्रीलंका का तेंदुआ लगभग 10 वर्ग किलोमीटर की क्षेत्र सीमा बनाता है।

बाघ और सिंह की तुलना में तेंदुआ बहुत छोटा होता है। नर तेंदुए के शरीर का वजन लगभग 50 किलोग्राम और मादा का वजन लगभग 40 किलोग्राम होता है। तेंदुए के शरीर का रंग जंग जैसा पीला होता है एवं इस पर काले रंग के निशान होते हैं। तेंदुए के समूर के आकार और रंगों में भी पर्याप्त विविधता होती है। इस विविधता का प्रमुख कारण है–परिवेश। घने जंगलों में पाए जानेवाले तेंदुए गहरे रंग के होते हैं। यहाँ पूरे काले तेंदुए भी मिलते हैं। पहले इन दोनों को अलग-अलग जाति का जीव समझा जाता था, किन्तु अब यह स्पष्ट हो गया है कि दोनों एक ही जाति

के दो प्रतिरूप हैं। तेंदुए का शरीर लम्बा, सिर चौड़ा, कान गोल और पूँछ लम्बी होती है। इसके पैर छोटे, किन्तु शक्तिशाली होते हैं। इसकी विशिष्ट शारीरिक संरचना ने इसे कुशल शिकारी जीव बना दिया है।

तेंदुआ निशाचर है। यह अँधेरा होते ही अकेले शिकार की खोज में निकल पड़ता है। कभी-कभी यह जोड़े में शिकार करता है। जोड़े में यह बड़े जीवों पर आक्रमण करता है। यह भारत में हिरन, जंगली सुअर, गाय, भैंस, बकरी, टट्टू, भेड़, बन्दर, लंगूर, कुत्ता आदि को अपना आहार बनाता है। भूटान में यह चँवरी गाय और कच्छ में ऊँट का शिकार करता है। अफ्रीका के तेंदुए जेब्रा, जिराफ, हिरन, गवय, बबून आदि को मारते हैं। तेंदुआ बिजली की तेजी से अपने शिकार पर आक्रमण करता है और एक ही वार में शिकार की गर्दन के पास की रीढ़ की हड्डी तोड़ देता है। सियार और पालतू कुत्ते इसका प्रिय भोजन हैं। कभी-कभी यह सिंह और चीते के बच्चों को भी मारकर चट कर जाता है। एक बार मध्यप्रदेश के कान्हा राष्ट्रीय उद्यान में एक तेंदुआ एक बाघ के बच्चों के पीछे लग गया। बच्चे छोटे थे, अतः अपनी सुरक्षा करने में असमर्थ थे। बाघिन ने बुद्धिमानी से काम लिया। उसने तेंदुए की एक भूल का लाभ उठाया और उसे मार डाला। तेंदुआ इतना दुस्साहसी होता है कि मचान से शिकारी को खींच लाता है और उसकी जीवन लीला समाप्त कर देता है। भूखा तेंदुआ दूसरे तेंदुए को खा जाता है। तेंदुआ अपना छोटा-मोटा शिकार तो तुरन्त चट कर जाता है, किन्तु यदि शिकार हिरन जैसा जीव हो तो यह उसका उपयोग कई दिनों तक करता है। जहाँ तेंदुए के साथ सिंह और चीते भी रहते हैं, वहाँ यह अपना अधिकांश समय वृक्षों पर व्यतीत करता है एवं बचे हुए शिकार को भी वृक्षों पर लगभग 10 मीटर की ऊँचाई तक खींच ले जाता है। वृक्षों पर इसका शिकार सियारों से भी सुरक्षित रहता है।

तेंदुआ चूहे, मूस, छिपकली और खरगोश जैसे छोटे जीवों का भी शिकार करता है। शिकार की कमी होने पर यह कीड़े-मकोड़े और सड़ा-गला मांस भी खा जाता है। इसे ऐसा मांस भी खाते हुए देखा गया है, जिसमें कीड़े बिलबिला रहे हों। बूढ़ा, बीमार, घायल अथवा कमजोर तेंदुआ कभी-कभी नरभक्षी हो जाता है। नरभक्षी तेंदुआ नरभक्षी बाघ और सिंह से अधिक खतरनाक होता है। विख्यात भारतीय वन्यजीव विशेषज्ञ रामेश बेदी ने ऐसे अनेक तेंदुओं का विस्तार से विवरण दिया है। इनमें एक तेंदुआ तो ऐसा था, जिसने 200 लोगों को मार डाला था।

तेंदुए का समागम और प्रजनन बाघ और सिंह के समान होता है। समागम काल में नर-मादा दोनों साथ-साथ रहते हैं, शिकार करते हैं और एक दिन में अनेक बार समागम करते हैं। मादा तेंदुए का गर्भकाल 87 से 105 दिन तक का होता है। गर्भकाल पूरा होने पर मादा तेंदुआ 1 से 6 तक बच्चों को किसी सुरक्षित स्थान पर जन्म देती है। इसके बच्चों की मृत्युदर बहुत अधिक है। तेंदुए के कुछ बच्चे तो पहले

कुछ सप्ताहों में ही समाप्त हो जाते हैं। ये ढाई से चार वर्षों के मध्य पूर्णतया वयस्क अर्थात् प्रजनन योग्य हो जाते हैं और यदि मानव से बचे रहते हैं तो 15-20 वर्षों तक जीवित रहते हैं।

तेंदुए, शिकार के साथ ही अन्य अनेक कारणों से भी अस्वाभाविक मौत मरते हैं। ये प्रायः शिकार का पीछा करते-करते कुओं में गिर जाते हैं और कुएँ के भीतर ही मर जाते हैं। कभी-कभी ये सड़क पार करते समय ट्रक, कार अथवा इसी तरह के वाहनों से टकरा जाते हैं।

तेंदुआ एक भावुक वन्यजीव है। सामान्यतया जंगल में एक जीव को मार दो तो अन्य जीव दूर भाग जाते हैं। किन्तु एक तेंदुए को मार दो तो पास खड़ा दूसरा तेंदुआ आक्रमण कर सकता है। इसके इसी गुण के कारण इसे सरलता से पालतू बनाया जा सकता है और चिड़ियाघरों में रखा जा सकता है। एक बार बीसवीं सदी के आठवें दशक में मैनचेस्टर के बेल्ले व्यू चिड़ियाघर के प्रबन्धक ने एक तेंदुए और एक चिम्पैन्जी को पाला और इन्हें साथ-साथ रखा। ये दोनों बड़े हो जाने पर भी साथ-साथ खाते और खेलते थे, जबकि प्राकृतिक अवस्था में चिम्पैन्जी तेंदुए का भोजन है।

सन 1920 में 'बॉम्बे नेचरल हिस्ट्री सोसाइटी' में विख्यात शिकारी एवं पक्षी विशेषज्ञ ई.सी. स्टुअर्ट बेकर का एक आलेख प्रकाशित हुआ था, जिसमें उन्होंने एक तेंदुए द्वारा मानव के एक बच्चे के पालन-पोषण का वर्णन किया है। बाद में अनुसन्धानकर्ताओं ने इसकी पुष्टि भी की।

उत्तर कछार की पर्वत शृंखलाओं पर बहुत से डाक बँगले बने हुए हैं। इन्हीं में से एक डाकबँगले पर काम करने वाले एक मजदूर ने एक बार छुट्टी हेतु आवेदन किया। छुट्टी का कारण बड़ा विचित्र था। मजदूर का कहना था कि उसके घर में एक जंगली लड़का है। माँ के अभाव के कारण लड़के की देखभाल के लिए उसे छुट्टी लेनी पड़ रही है। मजदूर ने यह भी बताया कि यदि वह काम पर आ गया तो बच्चा पुनः जंगल भाग जाएगा।

अधिकारी महोदय को यह बात बड़ी अद्‌भुत लगी। वास्तविकता को जानने के लिए वे वह स्वयं मजदूर के घर गए। उन्होंने देखा कि 6-7 वर्ष का एक लड़का जमीन पर बैठा था। उसने उन्हें देखते ही सिर उठाकर हवा को सूँघा और इसके बाद चारों टाँगों से दौड़ता हुआ पिता के पास पहुँच गया तथा उनके पैरों के मध्य इस प्रकार छिपने का प्रयास करने लगा जैसे कोई वन्यजीव अपनी माँद में पनाह लेता है। लड़का अन्धा था। उसके शरीर पर सफेद निशान थे, जो झाड़ियों के बीच से गुजरते हुए खरोंच लगने से आ गए थे।

अधिकारी महोदय ने जब इस विषय पर पूरी खोजबीन की तो एक अत्यन्त रोमांचक कहानी सामने आई। लगभग पाँच वर्ष पूर्व कुछ लोगों ने दिहुंगी गाँव के

पास तेंदुए के दो बच्चे देखे। उन्होंने इन्हें मार डाला। मादा तेंदुआ इनकी खोज में जुट गई और शीघ्र ही उसने अपने शावकों के हत्यारों को ढूँढ़ निकाला।

तेंदुआ शावकों की हत्या के तीसरे दिन गाँव की एक स्त्री पास ही बच्चे को लिटा कर धान काट रही थी। अचानक उसने बच्चे के रोने की आवाज सुनी। वह तेजी से उठकर आई, किन्तु तब तक देर हो चुकी थी। मादा तेंदुआ बच्चे को मुँह में दबाए भागी जा रही थी।

गाँव वाले पीछे भागे। उन्होंने बच्चे को बहुत तलाश किया, किन्तु वह नहीं मिला। अँधेरा अधिक होने के कारण उन्हें बच्चा छोड़कर लौटने हेतु विवश होना पड़ा। इस घटना के लगभग तीन वर्ष बाद एक शिकारी ने उस मादा तेंदुए को मार डाला। शिकारी ने गाँव वालों को यह भी बताया कि मादा तेंदुए के साथ दो बच्चे भी थे। यह सुनकर गाँव वाले उन्हें ढूँढ़ने निकल पड़े। उन्हें अधिक परेशान नहीं होना पड़ा और शीघ्र ही उन्होंने तेंदुए के दो बच्चे ढूँढ़ निकाले। इनके साथ एक लड़का भी था। गाँव वाले तीनों को पकड़कर गाँव ले आए।

लड़के को उसके माता-पिता ने पहचाना। वह उन्हीं का बेटा था। गाँव वालों ने भी उनकी बात मान ली। यह बच्चा कच्चा मांस खाता था, तेंदुए के समान चारों पैरों से दौड़ता था और ऊँची-नीची कटीली पथरीली जमीन पर दौड़ने और इन्हें कूदकर पार करने की कला गें दक्ष था। तह पास जाने वालों से लड़ता था और उन्हें काटता था। उस समय उसकी आँखों में मोतियाबिन्द था, किन्तु वह देख सकता था। धीरे-धीरे उसमें कुछ परिवर्तन आए और वह मानव के समान दो पैरों पर चलना भी सीख गया, किन्तु भयभीत अथवा क्रोधित होने पर तेंदुए के समान ही व्यवहार करता था।

अधिकारी महोदय ने निष्कर्ष निकाला कि अपने बच्चों की मौत से दुखी मादा तेंदुआ आई तो थी बदला लेने, किन्तु बच्चे को उठाने के बाद उसकी ममता ने अपना प्रभाव दिखाया और उसने बच्चे को मारने के स्थान पर पाल लिया।

तेंदुए के प्राकृतिक शत्रु बहुत कम हैं। अजगर, मगर और जंगली कुत्ते जैसे कुछ जीव इसका शिकार करते हैं। इन सबसे तो यह बच जाता है, किन्तु मानव से नहीं बच पाता। तेंदुआ मानव की चिन्ता किए बिना शिकार के पास सरलता से आ जाता है, अतः मानव बिना किसी परेशानी से इसका शिकार कर लेता है। अफ्रीका और एशिया के कुछ आदिवासी स्प्रिंग वाले फन्दे से इसका शिकार करते हैं। इसका शिकार मुख्य रूप से इसके सुन्दर समूर के लिए किया जाता है। इसके समूर से कोट, जैकेट, हैंडबैग, सूटकेस आदि बनाए जाते हैं। कुछ लोग देशी दवाएँ बनाने के लिए इसका शिकार करते हैं। आदिवासियों का मत है कि इसकी चर्बी से बनाई गई कुछ देशी दवाएँ मोच और मांसपेशियों के दर्द में बहुत उपयोगी सिद्ध होती हैं।

## जगुआर

जगुआर को नई दुनिया का तेंदुआ कहा जा सकता है। यह देखने में तेंदुए के समान होता है। किन्तु वास्तव में यह तेंदुए से बड़ा और सुगठित शरीर वाला वन्यजीव है। जगुआर मध्य और दक्षिण अमरीका के बहुत बड़े क्षेत्र में फैला हुआ है। इसका निवास विविधतापूर्ण होता है किन्तु यह पानी के निकट रहना अधिक पसन्द करता है।

जगुआर की शारीरिक संरचना तेंदुए के समान होती है। इसका शरीर जंग के समान पीले रंग का होता है एवं इस पर अव्यवस्थित निशान होते हैं। यह बहुत अच्छा तैराक है और हिरन, तापीर आदि वन्यजीवों का पानी के भीतर घुसकर पीछा करता है। जबकि बाघ, सिंह आदि अच्छे तैराक होते हुए भी प्रायः शिकार का पीछा करते हुए पानी के भीतर नहीं जाते और शिकार को छोड़ देते हैं। जगुआर मछली सहित पानी के अन्य जीवों का शिकार भी करता है। यह कैमान को भी मार देता है। यह अच्छा वृक्षारोही नहीं है, अतः बन्दरों का बहुत कम शिकार करता है। जगुआर मानव का सामना नहीं करता, किन्तु मानव बस्तियों के भीतर आ जाता है और पालतू भेड़-बकरी, सुअर, घोड़े, कुत्ते आदि उठा ले जाता है। यह अधिक पुराना शिकार नहीं खाता। जगुआर शिकार खाने के बाद बाकी बचा हुआ भाग छिपाकर अवश्य रख देता है, किन्तु प्रायः यह उसे दुबारा नहीं खाता। जगुआर का समागम और प्रजनन तेंदुए के समान होता है।

मार्जार परिवार के चार बड़े जीव–बाघ, सिंह, तेंदुआ और जगुआर एक-दूसरे के निकट सम्बन्धी हैं। इन्हें सरलता से पालतू बनाया जा सकता है और चिड़ियाघरों में रखा जा सकता है। चिड़ियाघरों में इनमें अन्तः समागम और प्रजनन कराने में भी सफलता मिली है।

## हिम तेंदुआ

हिम तेंदुआ भी मार्जार परिवार (फेलिडी) के उपपरिवार पैंथरिनी का वन्यजीव है। अर्थात् इसे भी बाघ और सिंह के समान बड़ी बिल्ली परिवार का जीव माना गया है, किन्तु इसकी कुछ विशेषताएँ मार्जार परिवार के छोटे जीवों के समान होती हैं। इसमें बाघ, सिंह, तेंदुआ आदि के समान दहाड़ने की क्षमता नहीं होती। इसका शिकार करने का ढंग भी इन जीवों से भिन्न होता है।

हिम तेंदुआ सामान्य तेंदुए के बराबर होता है। इसका चेहरा छोटा और गोल होता है। हिम तेंदुए के शरीर का रंग धूसर अथवा पीलापन लिये सफेद होता है एवं इस पर गुलाब की पंखुड़ियों जैसे निशान होते हैं। इसके सिर और पीछे वाले पैरों पर भी इसी प्रकार के निशान होते हैं। ये निशान छोटे हिम तेंदुओं में अधिक स्पष्ट दिखाई देते हैं।

हिम तेंदुआ मध्य एशिया और हिमालय के पर्वतीय भागों का जीव है। यह बर्फ से ढँके पहाड़ी क्षेत्रों में 4000 से 6000 मीटर तक की ऊँचाई वाले भागों में मिलता है। सर्दियों में यह अपने शिकार के साथ नीचे उतर आता है। इसके पंजे चौड़े होते हैं, अतः यह बर्फ पर सरलता से चल सकता है। इसका समूर इसे कठोर सर्दी से बचाता है। हिम तेंदुआ रात्रिचर है। यह चूहे से लेकर कस्तूरी मृग तक का शिकार करता है। इसका सीमाक्षेत्र बहुत बड़ा होता है। अतः ये प्रायः एक दूसरे से कम ही मिल पाते हैं।

हिम तेंदुए का समागम काल फरवरी-मार्च में आता है। समागम काल में मादा नर तेंदुए की खोज करती है। इसके बाद दोनों साथ-साथ रहते हैं, शिकार करते हैं और प्रतिदिन कई बार समागम करते हैं। मादा का गर्भकाल लगभग 100 दिन का होता है। गर्भकाल पूरा होने पर यह प्रायः 2-3 बच्चों को जन्म देती है। यह बच्चों को जन्म देने के पूर्व किसी माँद में अथवा चट्टान के नीचे अपने समूर के बालों से घोंसला तैयार करती है। नर तेंदुआ बच्चों के पालन-पोषण में मादा को सहयोग कर सकता है। इसके नवजात बच्चों का समूर जन्म के समय गहरे रंग का होता है। धीरे-धीरे यह हल्का होने लगता है और बड़ा होने पर वयस्कों के समान हो जाता है।

हिम तेंदुए का समूर मार्जार परिवार के सभी जीवों से अधिक शानदार, कोमल और आकर्षक होता है। इसी समूर के लिए इसका बहुत अधिक शिकार किया गया है। इसे बचाने के लिए राष्ट्रीय एवं अन्तर्राष्ट्रीय स्तर पर संरक्षण प्रदान किया गया है। किन्तु फिर भी चोरी-छिपे अभी भी इसका शिकार जारी है, अतः इसकी संख्या तेजी से कम हो रही है और यह कभी भी विलुप्त हो सकता है।

## छोटी जंगली बिल्लियाँ

मार्जार परिवार (फेलिडी) के उपपरिवार फेलिनी में 4 वंशों की जातियों और उपजातियों के जीव आते हैं। इन सभी को छोटी जंगली बिल्लियों के नाम से जाना जाता है। इनमें से अधिकांश का वजन 3 किलोग्राम से 6 किलोग्राम तक होता है एवं आकार में ये पालतू बिल्ली के बराबर अथवा इससे कुछ बड़ी होती हैं। इनमें प्लूमा, लिंक और जंगली बिल्ली काफी विख्यात हैं।

## प्यूमा

विश्व की सभी छोटी जंगली बिल्लियों में प्यूमा सबसे बड़ा होता है। इसे कॉगर भी कहते हैं। पूर्ण विकसित प्यूमा तेंदुए से कुछ ही छोटा होता है। इसकी भी अनेक उपजातियाँ हैं। प्यूमा को उत्तर अमरीका में कनाडा से लेकर टिपेरा डेल फ्यूगो तक ऊँचे-ऊँचे वृक्षों वाले पर्वतीय वनों, पहाड़ी ढलानों, उष्ण-कटिबन्धीय वनों और रेगिस्तानी क्षेत्रों में देखा जा सकता है। तेंदुए के समान प्यूमा भी विविधतापूर्ण परिवेश और परिस्थितियों में सरलता से रह सकता है।

तेंदुए के समान प्यूमा भी अपना सीमाक्षेत्र बनाता है। नर प्यूमा का सीमाक्षेत्र लगभग 65 वर्ग किलोमीटर तक एवं मादा का सीमाक्षेत्र 13 वर्ग किलोमीटर से 50 वर्ग किलोमीटर तक का होता है। मादा का सीमाक्षेत्र इसके बच्चों की संख्या पर निर्भर करता है। कभी-कभी नर प्यूमा मादा के सीमाक्षेत्र के कुछ भाग पर अधिकार कर लेता है। इनमें सीमाक्षेत्र को लेकर प्रायः आपसी लड़ाई नहीं होती। यह देखा गया

है कि किसी नए प्यूमा के आने पर सीमाक्षेत्र वाला प्यूमा उसे कोई हानि पहुँचाए बिना अपने क्षेत्र से गुजर जाने की अनुमति दे देता है।

प्यूमा देखने में छोटी बाघिन जैसा लगता है। इसका शरीर मजबूत, फुर्तीला और कसा हुआ होता है। यह एक अच्छा वृक्षारोही है। यह 6-7 मीटर तक लम्बी छलाँग भी लगा सकता है एवं कुछ दूरी तक तेज गति से दौड़ सकता है। इन्हीं गुणों ने इसे एक सफल शिकारी वन्यजीव बना दिया है। यह चूहे से लेकर हिरन, कोयोट और छोटे बायसन तक का शिकार कर सकता है। प्यूमा की भोजन सम्बन्धी एक विशिष्ट आदत होती है। यह बचपन में ही किसी एक जीव को चुन लेता है और इसी का शिकार करता है। धीरे-धीरे इसी जीव का शिकार करने में इसे महारथ हासिल हो जाता है और यह इसी जीव का अधिक शिकार करने लगता है। यही कारण है कि खरगोश खाने वाला केवल खरगोश, स्कंक खाने वाला केवल स्कंक और बिज्जू खाने वाला केवल बिज्जू का शिकार प्रमुखता से करता है। इसके साथ ही इसे जो जीव सरलता से मिल जाता है, उसे भी चट कर जाता है। यह हिरन और बायसन के बच्चे एवं इसी आकार के वन्यजीवों को अपने पंजों से गिराता है और दाँतों से गर्दन पर काटकर मारता है। उष्ण-कटिबन्धीय वनों में पाए जाने वाले प्यूमा बन्दर का अधिक शिकार करते हैं। प्यूमा पक्षियों का भी कुशल शिकारी होता है। यह मानव से प्रायः दूर ही रहता है। अभी तक किसी भी प्यूमा के नरभक्षी होने की जानकारी नहीं मिली है।

प्यूमा का समागम और प्रजनन सामान्य तेंदुए के समान होता है। समागम काल में कभी-कभी एक मादा के पास दो नर पहुँच जाते हैं। ऐसा होने पर इनमें पारस्परिक लड़ाई होती है। इस लड़ाई में मादा कोई रुचि नहीं लेती और दूर खड़ी रहती है। अन्त में यह विजेता नर का चयन करती है। इसके बाद दोनों साथ रहते हैं, शिकार करते हैं और कई दिन तक प्रतिदिन अनेक बार समागम करते हैं।

मादा प्यूमा का गर्भकाल लगभग 100 दिन का होता है। गर्भकाल पूरा होने पर यह किसी प्राकृतिक गुफा अथवा ऐसे ही किसी सुरक्षित स्थान पर प्रायः दो-तीन बच्चों को जन्म देती है। बच्चों का पालन-पोषण केवल मादा करती है। यह अपने बच्चों को दूध पिलाती है, शिकार करना सिखाती है और वयस्क होने तक इन्हें अपने साथ रखती है।

बाघ, सिंह, तेंदुआ आदि के समान कभी-कभी प्यूमा भी परिस्थितियों वश पालतू भेड़-बकरी, मुर्गी-मुर्गा आदि का शिकार करने लगता है। यह इसके लिए बड़ा घातक सिद्ध होता है। ऐसे प्यूमा को लोग प्रायः मार डालते हैं।

## वनबिलाव

वनबिलाव (लिंक्स) के सम्बन्ध में जीव वैज्ञानिकों में मतभेद हैं। इसके अन्तर्गत मुख्य रूप से सामान्य बनबिलाव (फेलिस रूफस) को रखा जा सकता है। पहले ऐसे बहुत से वन्यजीव वनबिलाव के अन्तर्गत आते थे, जो इससे मिलते-जुलते थे। आधुनिक जीव वैज्ञानिकों ने इन्हें अलग-अलग जातियों का वन्यजीव माना है एवं इन्हें अलग-अलग वैज्ञानिक नाम भी दिए हैं। स्याहगोश (कैराकल) और बॉबकैट (रेड लिंक्स) इसी प्रकार के वन्यजीव हैं।

वनबिलाव एशिया, यूरोप और उत्तर अमरीका में पाया जाता है। यह जंगलों में रहना अधिक पसन्द करता है। विशेष रूप से झाड़ी वाले क्षेत्रों में। इसके शरीर पर घने बालों वाला समूर होता है। वनबिलाव का रंग विविधतापूर्ण होता है। सामान्यतया इसकी पीठ और शरीर का ऊपरी भाग लाली लिये हुए और पेट सहित शरीर के नीचे का भाग पीलापन लिये हुए होता है। इसके शरीर पर धारियाँ और चित्तियाँ बहुत कम ही होती हैं, किन्तु दक्षिण भारत में पाए जाने वाले वनबिलाव के शरीर पर ये निशान काफी स्पष्ट दिखाई देते हैं। इसके शरीर की लम्बाई 85 सेन्टीमीटर से 90 सेन्टीमीटर तक होती है। इसमें इसकी लगभग 15 सेन्टीमीटर लम्बी पूँछ भी सम्मिलित है। इसकी कन्धों तक की ऊँचाई 50 सेन्टीमीटर से 65 सेन्टीमीटर एवं वजन लगभग 17 किलोग्राम होता है। कभी-कभी इससे बड़े और भारी वनबिलाव भी देखने को मिल जाते हैं। इसके कान विशेष प्रकार के होते हैं। इन्हीं की सहायता से इसे सरलता से पहचाना जा सकता है। वनबिलाव चूहों से लेकर छोटे हिरन तक का शिकार करता है। खरगोश इसका प्रिय भोजन है। इसके सीमाक्षेत्र के भीतर यदि किसी अन्य जाति की बिल्ली आ जाए तो यह उसे मार डालता है। भेड़िया और तेंदुआ इसके प्रमुख शत्रु हैं।

## स्याहगोश

वनबिलाव से मिलता-जुलता दूसरा वन्यजीव है—स्याहगोश। अंग्रेजी में इसे कैराकल कहते हैं। किसी समय इसे भी वनबिलाव माना जाता था। किन्तु अब इसे एक अलग जाति का वन्यजीव मान लिया गया है। यह एशिया और अफ्रीका के वृक्षविहीन घास के मैदानों और रेगिस्तानी भागों का वन्यजीव है। यह पानी के बिना लम्बे समय तक रह सकता है। वास्तव में यह शरीर के पानी की कमी को शिकार से पूरा कर लेता है।

स्याहगोश के शरीर का रंग विविधतापूर्ण होता है। इसका रंग लाली लिये हुए भूरे से लेकर रेतीला पीला रंग तक हो सकता है। रंगों की यह विविधता स्थानों पर आधारित है। अर्थात् अलग-अलग स्थानों के स्याहगोशों का रंग अलग-अलग होता है। यह रात्रिचर है। यह दिन में आराम करता है अथवा सोता है और रात में शिकार की खोज में निकलता है। यह छोटे कुतरने वाले जीवों से लेकर हिरन और गवय तक का शिकार करता है। उछलकर शिकार करने की कला में इसे महारथ हासिल है। यह वृक्ष पर बैठे हुए बन्दर तक को बड़ी सरलता से उछलकर पकड़ लेता है। स्याहगोश पक्षियों का शिकार बड़ी क्रूरता से करता है। यह दाना चुगते हुए असावधान कबूतरों पर बड़ी तेजी से झपटता है और उनके सावधान होने के पहले ही आठ-दस को मार डालता है। कभी-कभी यह सरीसृपों का भी शिकार करता है। एक बार मैसूर के चिड़ियाघर में इसने एक बड़े कोबरे को मार डाला था और चट कर गया था। किसी समय भारत में इसे चीते के समान पालतू बनाया जाता था और इसकी सहायता से हिरनों, गवयों और पक्षियों का शिकार किया जाता था।

स्याहगोश का समागम और प्रजनन मार्जार परिवार के अन्य जीवों की तरह होता है। इसका गर्भकाल 75 दिनों का होता है। अर्थात् मादा 75 दिन बाद 2 से 4 तक बच्चों को जन्म देती है। इसकी सबसे बड़ी विशेषता यह है कि इसके बच्चे जिस दिन जन्म लेते हैं, उसीदिन आँखें खोल देते हैं, जबकि मार्जार परिवार के अधिकांश जीवों के नवजाते बच्चों की आँखें 10-15 दिन बाद खुलती हैं। स्याहगोश के नवजात बच्चे एक सप्ताह में अच्छी तरह देखने लगते हैं। ये लगभग दो माह तक मादा का दूध पीते हैं। इसके बाद दूध के साथ ही मादा द्वारा लाया गया शिकार भी खाने लगते हैं तथा लगभग दो वर्षों में वयस्क अर्थात् प्रजनन योग्य हो जाते हैं।

## लाल वनबिलाव

उत्तर अमरीका में कनाडा से मैक्सिको तक मार्जार परिवार का एक अन्य वन्यजीव पाया जाता है, जो वनबिलाव जैसा दिखाई देता है। इसे बॉब कैट अथवा लाल वनबिलाव (रेडलिंक्स) कहते हैं। यह संयुक्त राज्य अमरीका की सर्वाधिक सामान्य जंगली बिल्ली है।

लाल वनबिलाव सामान्य वनबिलाव से छोटा होता है। इसका आवास विविधतापूर्ण होता है एवं इसमें जटिल परिस्थितियों में भी अनुकूलन करने की विशिष्ट क्षमता होती है। यही कारण है कि बढ़ते हुए आवासीय और औद्योगिक क्षेत्रों का इस पर कोई विशेष प्रभाव नहीं पड़ा है। आवास के समान ही इसका भोजन भी विविधतापूर्ण होता है तथा यह सामान्य चूहे और खरगोश से लेकर छोटे हिरन तक से अपना काम चला लेता है।

## जंगली बिल्ली

फेलिनी उप परिवार में वनबिलाव, स्याहगोश और लाल वनबिलाव के बाद जंगली बिल्ली का स्थान आता है। मार्जार परिवार के सभी जीव जंगली बिल्ली कहलाते हैं। किन्तु यह जंगली बिल्ली (फेलिस सिलवेस्ट्राइज) विशेष रूप से महत्त्वपूर्ण है। इसे इसी नाम से जाना जाता है। जंगली बिल्ली भारत सहित एशिया के अनेक भागों,

अफ्रीका और यूरोप में पाई जाती है। इसकी एक उपजाति अफ्रीकी जंगली बिल्ली (फेलिस सिल्वेट्राज लिबिका) को विश्व की अधिकांश पालतू बिल्लियों का पूर्वज माना जाता है।

## सुनहरी बिल्लियाँ

मार्जार परिवार के छोटे जीवों में सुनहरी बिल्लियों का महत्त्वपूर्ण स्थान है। इनकी तीन जातियाँ हैं—खाड़ी की बिल्ली (फेलिस वाडिया) अफ्रीका की सुनहरी बिल्ली (फेलिस औराटा) और एशिया की सुनहरी बिल्ली (फेलिस टेमिंस्की) है। खाड़ी की सुनहली बिल्ली को बोर्नियो की लाल बिल्ली भी कहते हैं। ये सभी जंगली बिल्लियाँ आकार में पालतू बिल्ली की दुगनी होती हैं। इनका समूर छोटा और कोमल होता है एवं समूर का रंग सुनहरे से लेकर धूसर तक अथवा लाली लिये हुए चमकीला भूरा तक हो सकता है। इनके शरीर पर चित्तियाँ और धब्बे भी हो सकते हैं।

सुनहरी बिल्लियों का आवास विविधतापूर्ण होता है। ये नमी वाले भागों से लेकर शुष्क वृक्षहीन घास के मैदानों, पहाड़ी ढलानों और मैदानी जंगलों तक में सरलता से मिल जाती हैं। ये अपना अधिकांश समय जमीन पर व्यतीत करती हैं। ये अच्छी वृक्षारोही भी होती हैं। एशिया की सुनहरी बिल्ली तो वृक्षों पर शिकार भी करती हैं। आवास के समान इनका भोजन भी विविधतापूर्ण होता है। ये चूहे, मूस, खरगोश आदि से लेकर भेड़-बकरी हिरन आदि का शिकार करती हैं।

## एशिया की छोटी जंगली बिल्लियाँ

मार्जार परिवार के छोटे वन्यजीवों में एशिया की तीन बिल्लियाँ प्रमुख हैं। ये तीनों एक-दूसरे से बहुत मिलती-जुलती हैं। ये हैं—चीता बिल्ली (फेलिस बंगालिंसेस) बिटारी बिल्ली (फेलिस रूबी जिनोसिस) और मछुआ बिल्ली (फेलिस विवेरिना) ये जंगलों और नमी वाले भागों में रहती हैं। बिटारी बिल्ली शुष्क भागों में भी मिलती है। इनकी शारीरिक संरचना में अनेक समानताएँ हैं। सभी के सिर छोटे एवं कान गोल होते हैं तथा इनका रंग काला होता है। इनके समूर पर धारियाँ अथवा चित्तियाँ होती हैं। ये तीनों निशाचर हैं और अच्छी वृक्षारोही हैं। ये वृक्षों और जमीन पर शिकार करती हैं। मछुआ बिल्ली पानी के जीवों का शिकार करती है। मछली इसका प्रिय भोजन है।

सन 1967 में जापान और ताइवान के मध्य आइरियोमोट और सूकू द्वीपों पर एक नई जंगली बिल्ली की खोज की गई और इसे नाम दिया गया आइरियोमोट बिल्ली (फेलिस आइरियोमोटेन्सिस)। यह चीता बिल्ली और ऑसलाट से बहुत मिलती-जुलती है, किन्तु चीता बिल्ली के अधिक निकट है।

चपटे सिर वाली जंगली बिल्ली (फेलिस प्लेनीसेप्स) एशिया की अन्य जंगली बिल्लियों से अलग दिखाई देती है। इसका समूर ऊपर से लाली लिये हुए भूरा और नीचे से सफेद होता है। इसकी पूँछ और पैर छोटे होते हैं। चपटे सिर वाली बिल्ली की प्रमुख विशेषता यह है कि इसके पंजों के नाखून बाघ, सिंह, तेंदुआ आदि बड़ी बिल्लियों की तरह आंशिक रूप से भीतर की ओर मुड़ने वाले होते हैं। इसका प्रमुख भोजन उभयचर और मछलियाँ हैं।

एशिया की छोटी जंगली बिल्लियों में एक अन्य बिल्ली है–सिकमार। अंग्रेजी में इसे मार्बल्ड कैट कहते हैं। यह देखने में छोटे से बादली तेंदुए की तरह दिखाई देती है। यह भारत के साथ ही नेपाल, म्याँमार, मलाया, जावा, सुमात्रा, बोर्नियो आदि में भी मिलती है। सिकमार घरेलू बिल्ली से कुछ बड़ी होती है तथा प्रायः जमीन पर शिकार करती है। यह बहुत अच्छी वृक्षारोही है एवं वृक्षों पर चढ़ते समय अपना शारीरिक सन्तुलन बनाए रखने के लिए अपनी लम्बी पूँछ का उपयोग करती है।

एशिया की जंगली बिल्लियों में यदि मानुल (फेलिस मानुल) बिल्ली का उल्लेख न किया जाए तो बात अधूरी ही रह जाएगी। मानुल मध्य एशिया की बिल्ली है और पालास बिल्ली के नाम से विश्वविख्यात है। यह जंगलों के साथ ही पर्वतीय भागों और चट्टानों में भी पाई जाती है। मानुल का चौड़ा चेहरा, चपटा मस्तक एवं एक-दूसरे से काफी दूरी पर स्थित छोटे-छोटे कान, इसे एक विशिष्ट पहचान देते हैं। इनकी सहायता से इसे सरलता से पहचाना जा सकता है।

## नई दुनिया की बिल्लियाँ

मार्जार परिवार की अनेक जातियाँ नई दुनिया में भी पाई जाती हैं। इनमें से प्यूमा और जगुआर से तो अधिकांश लोग परिचित हैं। अन्य जंगली बिल्लियों में प्रमुख हैं– जगुआरुंडी (फेलिस यगुआरौंडी), पम्पास बिल्ली (फेलिस कोलोकोलो), मार्गे (फेलिस वीडी), ऑसलॉट (फेलिस पारडालिस), बाघ बिल्ली (फेलिस टाइग्रीनस), जैकोबिट बिल्ली (फेलिस जैकोबिट), कॉड कॉड (फेलिस गुइगना), और जियोफ्रायस बिल्ली (फेलिस जियोफ्रायस)।

## जगुआरुंडी

जगुआरुंडी को यगुआरुंडी भी कहते हैं। इसके नाम से ऐसा लगता है कि यह जगुआर की निकट सम्बन्धी है, किन्तु जगुआर से इसका कोई सम्बन्ध नहीं है। जगुआरुंडी मध्य और दक्षिण अमरीका की प्रमुख जंगली बिल्ली है। इसका शरीर पतला, पैर छोटे और समूर एक जैसा होता है। इसके शरीर पर किसी प्रकार की धारियाँ, धब्बे या चित्तियाँ नहीं होतीं, किन्तु रंगों की विविधता पाई जाती है। इसका रंग धूसर पीलापन लिये धूसर भूरा अथवा गहरा भूरा तक हो सकता है। यह देखने में ऊदबिलाव जैसी दिखाई देती है, अतः इसे ऊदबिलाव बिल्ली भी कहा जाता है। जगुआरुंडी नई दुनिया के बहुत बड़े क्षेत्र में पाई जाती है। इसे संयुक्त राज्य अमरीका के दक्षिण से पैराग्वे

और अर्जेन्टीना तक के झाड़ी वाले क्षेत्रों से लेकर ऊँचे-ऊँचे वृक्षों वाले जंगलों तक देखा जा सकता है। यह अच्छी तैराक है, किन्तु पानी के भीतर कम ही जाती है। जगुआरुंडी अपना अधिकांश समय जमीन पर व्यतीत करती है और जमीन के जीवों का शिकार करती है। इसका प्रमुख भोजन चूहे, मूस, खरगोश आदि से लेकर हिरन तक है। कभी-कभी यह पक्षियों और मछलियों का भी शिकार करती है। यह शिकार की गर्दन को अपने जबड़ों में दबोचकर पकड़ती है, जिससे शिकार का दम घुट जाता है और वह मर जाता है।

## पम्पास बिल्ली

पम्पास बिल्ली पेरू के एंडीज से लेकर टिपेरा डलफ्यूगो तक के जंगलों और घास के मैदानों में पाई जाती है। जंगलों में पाई जाने वाली पम्पास बिल्ली के शरीर पर स्पष्ट डिजाइनें दिखाई देती हैं। किन्तु पेटागोनिया के शुष्क भागों में पाई जानेवाली पम्पास बिल्ली के शरीर का रंग समान होता है और इसके शरीर पर कोई डिजाइन

नहीं होता। पम्पास बिल्ली का समूर घना और बड़े बालों वाला होता है। इसकी पीठ के समूर के बाल बहुत लम्बे होते हैं और अयाल जैसे दिखाई देते हैं। यह क्रोधित होने पर अपने शरीर के बाल खड़े कर लेती है, अतः बहुत बड़ी दिखाई देती है।

## मार्गे

नई दुनिया की बिल्लियों में मार्गे सर्वोत्तम वृक्षारोही बिल्ली है। इसे टाइग्रिलो भी कहते हैं। इसके चारों पैरों के पंजे चौड़े और बहुत लोचदार होते हैं। इन्हीं से यह वृक्षों की शाखाएँ पकड़ती हैं। इसके पैरों में इतना अधिक लोच होता है कि यह अवसर पड़ने पर अचानक 180 डिग्री तक घूम सकती है। इसकी इन्हीं शारीरिक विशेषताओं ने इसे एक कलाबाज जंगली बिल्ली बना दिया है। यह कुशल कलाबाजों के समान तने के चारों ओर घूमती हुई वृक्ष से नीचे उतरती है। मार्गे नई दुनिया की एकमात्र ऐसी

जंगली बिल्ली है, जो वृक्ष की किसी शाखा पर अपने पीछे के एक पैर से उलटी लटककर अन्य शाखाओं तक पहुँच जाती है। कभी-कभी शिकार करते समय यह इस कला का प्रदर्शन करती है। यह उल्टी लटककर जमीन का स्पर्श किए बिना, जमीन पर विचरण करते हुए शिकार को ऊपर उठा लेती है। इस प्रकार से शिकार केवल बादली तेंदुआ ही कर सकता है।

## ऑसलॉट

ऑसलॉट भी मार्गे के समान होती है, किन्तु यह अच्छी वृक्षारोही नहीं है। यह वृक्षों के साथ ही जमीन पर आकर भी शिकार करती है। यह कैपीबार जैसे कुतरने वाले

जीवों से लेकर हिरन तक का शिकार बड़ी सरलता से कर लेती है। ऑसलॉट आत्मरक्षा के लिए अपने शरीर से दुर्गन्धयुक्त एक पदार्थ निकालती है। इससे प्राय इसका शिकार घबराकर भाग जाता है। इसी पदार्थ से यह अपना सीमाक्षेत्र भी बनाती है। ऑसलॉट की एक अन्य विशेषता यह है कि इनमें एक बार जोड़ा बनाने के बाद

नर-मादा हमेशा साथ-साथ रहते हैं। इनमें चक्रीय समागम क्रम नहीं होता। अर्थात् इनमें पूरे वर्ष भर समागम और प्रजनन देखा जा सकता है। इसके गर्भकाल के सम्बन्ध में मतभेद है। कुछ लोग इसका गर्भकाल 115 दिन का मानते हैं, जबकि कुछ लोगों के अनुसार इसका गर्भकाल 70 से 74 दिन तक का ही होता है।

## अन्य बिल्लियाँ

नई दुनिया की अन्य बिल्लियों में बाघ बिल्ली, एन्डीन बिल्ली, कॉडकॉड और जियोफ्राइज बिल्ली प्रमुख हैं। बाघ बिल्ली मध्य और दक्षिण अमरीका के जंगलों में बोलविया और अर्जेन्टीना तक पाई जाती है। एन्डीन बिल्ली पेरू और चिली के पर्वतीय जंगलों की बिल्ली है और बहुत कम दिखाई देती है। कॉडकॉड दक्षिण अमरीका की जंगली बिल्ली है। इसका मूल स्थान चिली और अर्जेन्टीना को माना गया है। जियोफ्रायस बिल्ली बोलविया से लेकर पेटेगोनिया तक पाई जाती है। इसका बहुत अधिक शिकार किया गया है, अतः इसकी संख्या बहुत कम हो गई है। ये चारों छोटे

से लेकर मध्यम आकार तक की जंगली बिल्लियाँ हैं। इन सभी के शरीर पर धारियाँ, धब्बे अथवा चित्तियाँ होती हैं एवं इनके कानों के पीछे सफेद निशान होता है। इनमें कॉडकॉड को छोड़कर प्रायः सभी कुशल वृक्षारोही हैं एवं अपना अधिकांश समय उष्ण-कटिबन्धीय और उपउष्ण-कटिबन्धीय जंगलों के वृक्षों पर व्यतीत करती हैं।

## चीता

मार्जार परिवार के वन्यजीवों की बात अधूरी रह जाएगी, यदि चीता को सम्मिलित न किया जाए। यह जमीन पर, सबसे तेज गति से दौड़ने वाला वन्यजीव है। इसका वैज्ञानिक नाम एसिनोनिकस जुबाटस है। इसकी शारीरिक संरचना में कुछ विशेषताएँ कुत्ते की पाई जाती हैं, अतः इसे एक अलग उपपरिवार में रखा गया है। यह मूलरूप से वृक्षहीन घास के मैदानों और रेगिस्तानी भागों का वन्यजीव है एवं एशिया और अफ्रीका में पाया जाता है। किसी समय भारत में इसकी संख्या बहुत अधिक थी, किन्तु अब यह भारत के साथ ही एशिया के अनेक देशों से विलुप्त हो चुका है। एशिया में यह कुछ अरब देशों में ही शेष बचा है। अफ्रीका में भी इसकी संख्या में कमी आई है और यह कुछ ही क्षेत्रों में सिमटकर रह गया है। चीता पर्यावरण के प्रति अत्यन्त संवेदनशील होता है। इसमें अन्य बिल्लियों के समान बदलते हुए परिवेश के साथ अनुकूलन की बहुत कम क्षमता होती है। अतः इसकी संख्या निरन्तर कम हो रही है।

चीता एकान्त में विचरण करने वाला वन्यजीव है। यह वृक्षों के तनों, झाड़ियों, चट्टानों आदि पर अपना मूत्र छिड़ककर सीमाक्षेत्र बनाता है। इसका सीमाक्षेत्र लगभग 50 वर्ग किलोमीटर का होता है। चीता अपने सीमाक्षेत्र के प्रति अधिक कठोर नहीं होता एवं अन्य चीतों को अपने सीमाक्षेत्र में सहन कर लेता है।

चीते की शारीरिक संरचना बिल्ली परिवार के जीवों से कुछ भिन्न होती है। इसका शरीर लम्बा और पतला होता है। इसके पैर और पंजे भी पतले होते हैं एवं पंजों के नाखून आंशिक रूप से भीतर मुड़ने वाले होते हैं। इसकी इसी शारीरिक संरचना ने इसे विश्व का सबसे तेज धावक बना दिया है। यह लगभग 500 मीटर की दूरी तक 100 किलोमीटर प्रति घंटा की गति से भाग सकता है। चीते के शरीर का रंग भूरापन लिये पीला होता है एवं इस पर चित्तियाँ होती हैं। जिम्बाम्वे में इसकी एक उपजाति पाई जाती है, जिसके शरीर पर चित्तियों के साथ धारियाँ भी होती हैं।

चीता कुशल शिकारी वन्यजीव है। मार्जार परिवार के अन्य जीवों के विपरीत यह दिन में शिकार करता है। यह प्रातःकाल अधिक सक्रिय होता है, और दोपहर में अकेले अथवा छोटे समूह में आराम करता है। सामान्यतया यह रात में शिकार नहीं करता, किन्तु चाँदनी रात में यह कभी-कभी शिकार पर निकल पड़ता है। चीता प्रायः अकेले शिकार करता है। किन्तु कभी-कभी जोड़े में अथवा 6 तक के समूह में भी शिकार कर लेता है। वास्तव में जब शिकार कम होता है तो यह अकेले शिकार पर निकलता है और जब शिकार की अधिकता होती है तो यह झुंड बना लेता है। इसका शिकार करने का ढंग बिल्ली परिवार के अन्य जीवों से अलग होता है। यह चुपचाप सर्वप्रथम अपने शिकार के निकट 50 मीटर की दूरी तक पहुँच जाता है और शिकार के सचेत होते ही उसे दौड़कर दबोच लेता है। अकेला चीता इम्पाला और थामसन गजेल तक का शिकार कर लेता है। झुंड में यह बड़े शिकार करता है और वाइल्ड बीस्ट तक को सरलता से मार देता है।

चीता अकेले विचरण करते हुए जीव का शिकार के लिए चुनाव करता है। झुंड होने पर यह झुंड के एक जीव का चयन कर लेता है और उसको दौड़ाकर उसका शिकार करता है। झुंड से अलग होने वाला जीव प्रायः इसका शिकार बन जाता है। यह प्रायः बीमार, वृद्ध और कमजोर जीवों का अथवा इनके बच्चों का शिकार करता है। चीते के भेदक दाँत बिल्ली परिवार के अन्य जीवों से छोटे होते हैं। इसकी दाढ़ें भी बहुत कमजोर होती हैं, अतः यह बाघ और सिंह के समान शिकार की गर्दन तोड़कर उसे मार नहीं सकता। इसका शिकार को खाने का ढंग भी बाघ और सिंह से अलग होता है। यह अपने शिकार के टुकड़े नहीं करता। चीता हमेशा पहले शिकार की जाँघें खाता है और इसके बाद पेट एवं फिर अन्य अंग खाता है। यह अपने शिकार का खून नहीं बहाता, बल्कि शिकार को इस प्रकार मारता है कि उसका सारा खून पेट में एकत्रित हो जाता है, जिसे यह पी जाता है। बाघ और सिंह शिकार का खून बह जाने देते हैं। शुष्क भागों के निवासी चीते के लिए खून पीना आवश्यक भी है। यह इसके शरीर की पानी की कमी को पूरा करता है।

चीते का समागम और प्रजनन बिल्ली परिवार के अन्य जीवों के समान होता है। मादा का गर्भकाल 90 से 95 दिन तक होता है। गर्भकाल पूरा होने पर यह प्रायः 2 से 4 तक बच्चों को जन्म देती है। इनमें मृत्युदर अधिक है। अतः 4 में केवल 1 बच्चा ही वयस्क होने तक जीवित रह पाता है। इसके नवजात बच्चों की पीठ पर सफेद बालों की अयाल होती है, जो वयस्क होने के पूर्व समाप्त हो जाती है। नर चीता बच्चों के जन्म के बाद भी मादा के साथ रहता है। यह बच्चों को एक स्थान से दूसरे स्थान तक पहुँचाता है और उन्हें भोजन उपलब्ध कराने में मादा को सहयोग करता है। कभी-कभी युवा बच्चे मादा के साथ बने रहते हैं और उसके पुनः गर्मी पर आने पर उसके साथ समागम करते हैं।

बाघ, सिंह और तेंदुए के समान चीता खतरनाक जीव नहीं है। इसे सरलता से पालतू बनाया जा सकता है और चिड़ियाघरों में रखा जा सकता है। चिड़ियाघरों में इसका समागम और प्रजनन कराने में भी सफलता प्राप्त हुई है।

## मार्जार परिवार के विलुप्त जीव

अब आइए! बिल्ली परिवार के उन जीवों की चर्चा की जाए, जिन्हें हम कभी नहीं देख पाएँगे। ये जीव हमेशा-हमेशा के लिए इस धरती से विलुप्त हो चुके हैं। इस प्रकार के जीवों में प्रमुख है—बार्बरी सिंह (पैंथरा लियो लियो)। इसे शानदार अयाल के लिए आज भी याद किया जाता है। बार्बरी सिंह सभी सिंहों से बड़ा था। इसके आगे के भाग पर लगभग आधे शरीर पर लम्बे और घने बालों वाली अयाल थी। यह पूँछ सहित लगभग 3 मीटर लम्बा और 227 किलोग्राम से अधिक वजन वाला

था। उत्तर अफ्रीका के घने जंगलों में रहने वाला यह सिंह त्रिपोली से ट्यूनीशिया होता हुआ अल्जीरिया और मोरक्को तक फैला हुआ था, किन्तु आवास स्थलों के नष्ट होने और शिकार के कारण यह धरती से विलुप्त हुआ।

सर्वप्रथम त्रिपोली का बार्बरी सिंह समाप्त हुआ। इसे सन् 1700 के आसपास मारा गया। ट्यूनीशिया का अन्तिम बार्बरी सिंह 1891 में मारा गया। इसी वर्ष अल्जीरिया का अन्तिम बार्बरी सिंह भी मौत के घाट उतारा गया, किन्तु एच.ए. ब्राइडेन का माना है कि अल्जीरिया का अन्तिम बार्बरी सिंह 1899 अथवा इसके बाद मारा गया। अन्तिम बार्बरी सिंह उत्तरी अफ्रीका के सर्वाधिक पिछड़े क्षेत्र एटलस पर्वत के जंगलों में देखा गया। यह मोरक्को का बार्बरी सिंह था। इसे 1922 में मार दिया गया। इस प्रकार विश्व का सबसे बड़ा सिंह धरती से विलुप्त हो गया।

बार्बरी सिंह वास्तव में धरती से विलुप्त होने वाला पहला सिंह नहीं था। इसके पहले यूनान और मैसोडोनिया का यूरोपीय सिंह ईसा के 200 वर्ष पूर्व समाप्त हो चुका था।

धरती से विलुप्त होने वाला तीसरा महत्त्वपूर्ण वन्यजीव केप सिंह (पैंथरा लियो मैलानोसाइटस) है। दक्षिण अफ्रीका का यह सिंह धरती से विलुप्त होने वाला पहला अफ्रीकी सिंह था।

केप सिंह एक शानदार वन्यजीव था। यह भी लगभग 3 मीटर लम्बा था एवं बार्बरी सिंह के बाद दूसरा सबसे बड़ा सिंह माना जाता था। इसके शरीर का रंग गहरा था और गले एवं कन्धों पर काले रंग की अयाल थी, किन्तु इसकी अयाल पीठ तक नहीं फैली थी। इसके पेट पर काले रंग के बाल थे। केप सिंह का सिर बुलडॉग जैसा एवं कान लम्बे और नुकीले थे तथा कानों के सिरे काले रंग के थे। यह विभिन्न जाति के गवयों, जेब्रा, जिराफ, जंगली भैंसे आदि का शिकार करता था। केप सिंह के निवास की प्रामाणिक जानकारी का अभाव है। जीव वैज्ञानिकों का मत है कि यह केपटाउन के आसपास के क्षेत्र में रहता होगा। अन्तिम

केप सिंह केपटाउन के पास ही 1858 में देखा गया था। इसकी उपजाति का एक सिंह बच गया था, जिसे जनरल बाइसेट ने 1865 में नाटाल में मारा। इस प्रकार केप सिंह हमेशा-हमेशा के लिए धरती से विलुप्त हो गया।

मार्जार परिवार का सबसे बड़ा जीव है—बाघ। सन् 1930 तक एक लाख बाघ धरती पर थे। इसकी 8 प्रमुख उपजातियाँ हैं। इन्साइक्लोपीडिया ऑफ वेनिस्ड स्पेसीज के अनुसार इनमें से तीन उपजातियाँ बाली का बाघ, कैस्पियन बाघ और जावा का बाघ विलुप्त हो चुके हैं और 4 उपजातियाँ विलुप्ति के कगार पर हैं। बाली का बाघ (पैंथरा टिग्रिस बालीका) सबसे छोटा था। इसका समूर चमकीला था एवं इस पर छोटे-छोटे घने बाल थे और सफेद निशान थे। इसकी लम्बाई लगभग 211 सेन्टीमीटर थी। इसमें 58 सेन्टीमीटर लम्बी पूँछ भी सम्मिलित है। द्वितीय विश्वयुद्ध के समय तक इसकी स्थिति सामान्य थी। इसके बाद डचों ने स्थानीय लोगों के साथ मिलकर इसका बहुत अधिक शिकार किया। अन्तिम बाघ (मादा) को पश्चिमी बाली के सम्बर कीमा में 27 सितम्बर, 1937 को मारा गया।

कैस्पियन बाघ (पैंथर टिग्रिस विरगाटा) धरती से विलुप्त होने वाला दूसरा बाघ है। यह सोवियत संघ, ईरान और अफगानिस्तान के जंगलों में पाया जाता था। सन् 1970 में लगभग एक दर्जन बाघ उत्तरी ईरान के पर्वतीय क्षेत्रों में देखे गए थे। सन् 1980 तक ये सभी समाप्त हो गए।

जावा का बाघ (पैंथरा टिग्रिस सोनाडाइका) धरती से विलुप्त होने वाला अन्तिम बाघ है। 'प्रोजेक्ट टाइगर' के बाद भी इसे बचाने में सफलता नहीं मिली। सन् 1971 में दक्षिण-पूर्व जावा में मात्र 12 माघ बचे थे। इनके लिए संरक्षित क्षेत्र बनाया गया, किन्तु कोई सफलता नहीं मिली और 1981 तक केवल दो बाघ बचे। सन् 1988 तक

ये भी समाप्त हो गए। इस प्रकार एक बाघ बीसवीं सदी के पूर्वार्द्ध में और दो बाघ बीसवीं सदी के उत्तरार्ध में इस धरती से विलुप्त हो गए।

नई दुनिया का मार्जार परिवार का सबसे बड़ा जीव है–जगुआर। यह पुरानी दुनिया के तेंदुए के समान होता है। जगुआर की अनेक जातियाँ पाई जाती हैं। इनका, सुन्दर समूर के लिए शिकार किया जाता है। सन् 1968 से 1969 के मध्य केवल संयुक्त राज्य अमरीका ने जगुआर की 24,000 खालों का आयात किया था। इसी से इसके शिकार का अनुमान लगाया जा सकता है। जगुआर के अन्धाधुन्ध शिकार का परिणाम यह हुआ कि इसकी एक उपजाति आरीजोना का जगुआर (पैंथरा औंका ऑरीजोनेसिस) 1905 में समाप्त हो गया। उन्नीसवीं सदी के आरम्भ में इस जगुआर की स्थिति बहुत अच्छी थी। यह ऑरीजोना के पूर्वी भाग में पर्वतों और पूर्वी सोनारा में बहुत बड़ी संख्या में पाया जाता था। उन्नीसवीं सदी के आरम्भ में यह केलीफोर्निया में भी था, किन्तु शिकार के कारण, बीसवीं सदी का आरम्भ होते-होते यह गम्भीर स्थिति में पहुँच गया। अन्तिम ऑरीजोना जगुआर 1904-05 में न्यू मैक्सिको के सीरिया डी लास केबालेस में मारा गया।

भारत से विलुप्त होने वाले मार्जार परिवार के वन्यजीवों में एक वन्यजीव है– भारतीय चीता (एसिनोनिकलस जुबाटस वेनाटिकस)। मुगलकाल तक चीतों की स्थिति सामान्य थी। मुगल शासक अकबर ने कृष्णमृगों का शिकार करने के लिए 1000 चीते पाले थे। धीरे-धीरे चीतों की संख्या कम होती गई। अन्तिम चीता 28-29 मार्च 1952 को तमिलनाडु के चित्तूर जिले में देखा गया था। जीव वैज्ञानिकों का मत

है कि यद्यपि भारतीय चीता भारत से समाप्त हो चुका है, किन्तु पाकिस्तान और ईरान सीमा के रेगिस्तानी क्षेत्रों मे अभी भी यह बचा हुआ है। भारत में चीतों को पुनः बसाने के लिए 1949 से 1990 के मध्य 35 चीते आयात किए गए और इनके विकास का प्रयास किया गया। किन्तु इसमें सफलता नहीं मिली और आयात किए गए चीतों में भी अन्तिम चीता 11 जनवरी, 1995 को समाप्त हो गया।

## और अब अन्त में

मार्जार परिवार के वन्यजीवों के विलुप्त होने का प्रमख कारण इनका शिकार है। इनका शिकार इनके शानदार समूर के लिए किया जाता है। इसके बने कोट 50-50 लाख के बिकते हैं। विदेशों में इनकी भारी माँग है। यही कारण है कि विलुप्ति के कगार पर खड़े इन जीवों का शिकार आज भी जारी है।

प्रायः बूढ़े, बीमार, कमजोर बाघ, सिंह, तेंदुए मानव बस्तियों में आकर भेड़-बकरी, गाय आदि पालतू पशुओं का शिकार करने लगते हैं। ये वन्यजीव गोली लगने से घायल हो जाने पर अथवा ऐसी ही अन्य पस्थितियों में भी पालतू जीवों का शिकार करने लगते हैं अथवा नरभक्षी हो जाते हैं। ये आत्मरक्षा के लिए अथवा अपने बच्चों की सुरक्षा के लिए भी मानव पर आक्रमण कर देते हैं और एक बार मानव मांस का स्वाद लगने के बाद ये पूरी तरह नरभक्षी हो जाते हैं। इस प्रकार के वन्यजीवों को भी मार दिया जाता है।

मार्जार परिवार के वन्यजीवों की संख्या में होने वाली निरन्तर कमी का एक अन्य महत्त्वपूर्ण कारण भी है। कृषि भूमि और शहरों के विकास के लिए बड़ी तेजी से जंगल काटे जा रहे हैं। इससे इनके आवास दिन-प्रतिदिन छोटे होते जा रहे हैं। परिणामस्वरूप इनकी संख्या तेजी से कम हो रही है।

मार्जार परिवार के वन्यजीव प्रकृति की अनुपम धरोहर हैं। प्राकृतिक सन्तुलन बनाए रखने में इनकी महत्त्वपूर्ण भूमिका है। ये हिरन और गवय (एन्टीलोप) जैसे जीवों का शिकार करके इनकी संख्या पर नियन्त्रण रखते हैं। कुत्ते, भेड़िये, लकड़बग्घे आदि भी यही कार्य करते हैं। किन्तु मार्जार परिवार के जीवों की विशिष्ट भूमिका होती है। इस परिवार के अन्तर्गत 2-3 किलोग्राम की पालतू घरेलू बिल्ली से लेकर 300 किलोग्राम का बाघ तक आता है। ये सामान्यतया अपने आकार और शक्ति के अनुसार जीवों का शिकार करते हैं। बाघ जैसे बड़े जीव हिरनों की संख्या बढ़ने नहीं देते तो तेंदुआ मध्यम आकार के जीवों को नियन्त्रित करता है। छोटी जंगली बिल्लियाँ चूहे, मूस, गिलहरी, खरगोश जैसे जीवों का शिकार करती है। प्राकृतिक सन्तुलन बनाए रखने में भारत में जो भूमिका बाघ की है, अफ्रीका में वही भूमिका सिंह की है। नई दुनिया में यह कार्य जगुआर और प्यूमा करते हैं। मांसाहारी जीव

भी मांसाहारी जीवों को खाकर इन पर नियन्त्रण रखते हैं। कभी-कभी बाघ तेंदुए को मार डालता है और चट कर जाता है। सिंह को तो अपने ही बच्चे खाते हुए देखा गया है। तेंदुआ भी तेंदुए का शिकार कर सकता है।

मार्जार परिवार के वन्यजीव मानव के लिए अत्यन्त उपयोगी हैं। मानव का अस्तित्व बनाए रखने के लिए इनका होना आवश्यक है। वनों और वन्यजीवों का सीधा सम्बन्ध है। वनों की निरन्तर कटाई के कारण प्राकृतिक सन्तुलन नष्ट हो रहा है। परिणामस्वरूप प्राकृतिक समस्याओं की बाढ़ सी आ गई है। वनों की कमी के कारण वर्षा कम होने लगी है। भूमिगत पानी का स्तर बड़ी तेजी से गिर रहा है। पृथ्वी का तापमान बढ़ रहा है। बाढ़ और भूकम्प से होने वाली बर्बादी बढ़ती जा रही है। इन्हें देखने से ऐसा लगता है कि प्राकृतिक सन्तुलन नष्ट करके मानव स्वयं अपने विनाश के निकट पहुँचता जा रहा है।

मानव एक बौद्धिक एवं सामाजिक प्राणी है। उसे इस गम्भीर समस्या के विषय में विचार करना होगा और अपने अस्तित्व को बनाए रखने के लिए वन्यजीवों को मारने के स्थान पर इन्हें संरक्षण प्रदान करना होगा। डब्ल्यू.डब्ल्यू.एफ. एवं इसी तरह की कुछ अन्य अन्तर्राष्ट्रीय संस्थाओं ने इस दिशा में महत्त्वपूर्ण प्रयास आरम्भ कर दिए हैं। भारत में भी बाघों को बचाने के लिए प्रोजेक्ट टाइगर जैसी योजनाएँ आरम्भ की गई हैं। किन्तु अभी भी मार्जार परिवार के वन्यजीवों का चोरी-छिपे शिकार किया जा रहा है, अतः इन्हें बचाने के लिए कुछ कठोर कदम उठाने की आवश्यकता है।

# अनुक्रम

# बाघ

बाघ भारत का राष्ट्रीय पशु है। इसकी गणना विश्व के सर्वाधिक रोचक, आकर्षक और शानदार जीवों में की जाती है। बाघ का मूलस्थान साइबेरिया का बर्फीला क्षेत्र है। हिमयुग में यह सम्पूर्ण यूरेशिया में फैल गया। वर्तमान समय में यह केवल एशिया में पाया जाता है। बाघ की 8 प्रजातियाँ हैं। साइबेरिया का बाघ, कैस्पियन बाघ, इंडोचीन का बाघ, भारत का बाघ, चीन का बाघ, सुमात्रा का बाघ, जावा का बाघ और बाली का बाघ। भारत में पाए जानेवाले बाघ को रॉयल बंगाल टाइगर कहते हैं। यही भारत का राष्ट्रीय पशु है।

बाघ के रहने और विकास के लिए तीन चीजें आवश्यक होती हैं–भोजन के लिए आसपास हिरन और जंगली सुअर जैसे बड़े जीव, आराम से सोने के लिए पर्याप्त छायादार एकान्त स्थान तथा पानी। इसमें सभी प्रकार की परिस्थितियों में

रहने की अद्‌भुत क्षमता होती है। बर्फीले साइबेरिया क्षेत्र का यह जीव पथरीले पहाड़ी क्षेत्रों, घने जंगलों और दलदल वाले भागों तथा पानी से घिरे छोटे-छोटे द्वीपों में भी सरलता से रह सकता है, किन्तु रेगिस्तान के बहुत अधिक गर्म भागों में बाघ देखने को नहीं मिलता। बाघ अधिक गर्मी नहीं सहन कर पाता। यही कारण है कि यह दिन के समय गुफाओं, खंडहरों, लम्बी-लम्बी घासों के मध्य, उथले पानी अथवा दलदल में पड़ा रहता है। बाघ बहुत अच्छा तैराक होता है। सुन्दरवन के बाघ तो प्रायः तैरते हुए एक द्वीप से दूसरे द्वीप तक चले जाते हैं। सिंह, तेंदुआ आदि बिल्ली परिवार के अन्य सदस्यों के समान बाघ को वृक्षों पर चढ़ना ठीक से नहीं आता है। इसे वृक्षों पर बहुत कम ही देखा गया है। कभी-कभी यह ऐसे वृक्षों पर चढ़ जाता है, जो जमीन पर बहुत झुके हुए होते हैं। यह वृक्षों पर अधिक ऊँचाई तक कभी नहीं चढ़ता। बाघ की शारीरिक संरचना इस प्रकार की होती है कि यह काफी ऊँचाई तक छलाँग लगा सकता है। यह वृक्षों पर बैठे हुए मानव को पकड़ने के लिए कई बार 6 मीटर तक ऊँची छलाँग लगा चुका है। इसमें विभिन्न प्रकार की आवाजें निकालने की विलक्षण क्षमता होती है। यह आश्चर्य, अशान्ति, सन्तुष्टि, चेतावनी आदि के समय अलग-अलग तरह की आवाजें निकालता है। बाघ के विषय में यह कहा जाता है कि इसकी दृष्टि बहुत कमजोर होती है तथा यह अपने निकट के जीव को भी तब तक नहीं देख पाता, जब तक कि वह हिलडुल न रहा हो। यह एक भ्रामक तथ्य है। वास्तव में बाघ की दृष्टि मानव की दृष्टि से छह गुना अधिक तेज होती है।

बाघ विश्व में भारत, बांग्लादेश, चीन, रूस, कोरिया, थाईलैंड, म्याँमार (बर्मा), इंडोनेशिया, मंगोलिया, ईरान, तुर्की आदि देशों में पाया जाता है। भारत में यह पंजाब, कच्छ, सिन्ध और राजस्थान के रेगिस्तानी भागों को छोड़कर हिमालय से कन्याकुमारी

तक सभी स्थानों पर, सदाबहार वनों, शुष्क एवं खुले जंगलों, तराई क्षेत्रों, घास के मैदानों एवं दलदल वाले भागों में देखने को मिलता है। यह सुन्दरवन के जंगलों के दलदल, कीचड़ और पानी वाले भागों में एक उभयचर के रूप में रहता है। यहाँ इसे कभी-कभी वृक्षों पर भी देखा जा सकता है।

बाघ की शारीरिक संरचना सिंह से बहुत मिलती-जुलती है। इन दोनों के कंकाल में इतनी समानता होती है कि एक विशेषज्ञ जीव वैज्ञानिक ही इनमें अन्तर बता सकता है। बाघ बिल्ली परिवार के सभी जीवों में सबसे बड़ा होता है। यह सिंह से भी बड़ा होता है, किन्तु सिंह से पतला होता है। बाघ की विभिन्न प्रजातियों की शारीरिक संरचना समान नहीं होती। इसकी सभी प्रजातियों के बाघ के आकार, रंग और धारियों के डिजाइन में काफी भिन्नता होती है। सामान्यतया बाघों का अध्ययन करने वाले बाघों के चेहरों की धारियाँ देखकर उन्हें पहचान लेते हैं।

विश्व का सबसे बड़ा और शक्तिशाली बाघ साइबेरिया का बाघ है। इसकी पूँछ सहित शरीर की लम्बाई 4 मीटर तक एवं वजन 290 किलोग्राम तक होता है। इसकी शारीरिक संरचना और आकार को देखकर जीव वैज्ञानिकों ने यह अनुमान लगाया है कि साइबेरिया का वर्तमान बाघ ही सभी बाघों के मूल पूर्वज का निकटतम सम्बन्धी है।

सुमात्रा का बाघ सबसे छोटा होता है। इसकी कन्धों तक की ऊँचाई लगभग 75 सेन्टीमीटर होती है। भारतीय बाघ साइबेरिया के बाघ से छोटा होता है। इसके शरीर की लम्बाई 3 मीटर से 3.25 मीटर तक, वजन 175 किलोग्राम से 250

किलोग्राम तक तथा कन्धों तक की ऊँचाई लगभग एक मीटर होती है। बाघिन के शरीर की लम्बाई बाघ से लगभग 30 सेन्टीमीटर कम होती है तथा इसका वजन भी बाघ से लगभग 45 किलोग्राम कम होता है।

बाघ की त्वचा के रंग बड़े शानदार होते हैं। इसके शरीर का अधिकांश भाग भूरापन लिये हुए सुनहरे रंग का होता है तथा पेट और नीचे का भाग सफेदी लिये हुए मटमैले रंग का होता है। इसके पूरे शरीर पर काली अथवा कालापन लिये हुए लम्बी-लम्बी आड़ी धारियाँ होती हैं। इनसे इसे कॉमाफ्लास मिलता है। सभी बाघों के शरीर पर काले और सुनहरे रंग के बाल होते हैं। साइबेरिया और मंचूरिया के बाघ के शरीर पर घने और लम्बे बाल होते हैं। ये बाल शरीर के अन्य बालों की अपेक्षा अधिक लम्बे होते हैं। बाघ की पूँछ काफी लम्बी होती है तथा इस पर धारियाँ और बाल होते हैं।

बाघ एक शक्तिशाली शिकारी वन्यजीव है। इसके दाँत शिकार को पकड़ने और उसे फाड़ने के योग्य होते हैं। बाघ के चारों पैर बड़े शक्तिशाली होते हैं। यह अपने पीछे के पैरों का उपयोग छलाँग लगाने के लिए करता है, जबकि आगे के दोनों पैर शिकार करने और उसे खींचने के काम आते हैं। बाघ की दृष्टि और श्रवणशक्ति बहुत तेज होती है। इन्हीं के सहारे यह शिकार करता है। इसकी घ्राणशक्ति दृष्टि और श्रवणशक्ति की अपेक्षा कमजोर होती है। बाघ की एक प्रमुख विशेषता यह है कि इसके पसीना नहीं आता। सुन्दरवन के जंगलों में गर्मियों के मौसम में तापक्रम 40 डिग्री सेल्सियस के आसपास पहुँच जाता है एवं दिन में लगभग 8 घंटे तेज गर्मी पड़ती है। ऐसे समय पर बाघ किसी छायादार अथवा नमी वाले स्थान पर पड़ा हाँफता रहता है। इससे इसके शरीर का तापक्रम नियन्त्रण में रहता है।

बाघ जंगल का सर्वाधिक सफल शिकारी वन्यजीव है। यह निशाचर है। अर्थात् दिन के समय गर्मी से बचने के लिए किसी छायादार स्थान पर आराम करता है और रात में शिकार करता है। यह शाम को सूरज ढलने के समय शिकार की खोज में निकलता है और प्रातःकाल तक शिकार करता है। ठंडक और बादलों वाले मौसम में यह दिन के समय भी सक्रिय रहता है। बाघ हमेशा अकेले शिकार करता है, किन्तु कभी-कभी इसे जोड़े में भी शिकार करते हुए देखा गया है। इसका प्रमुख भोजन विभिन्न प्रकार के हिरन, गवय (एन्टीलोप), जंगली सुअर आदि हैं। इनके साथ ही यह भालू, गौर और जंगली भैंसे पर भी आक्रमण करता है। बड़े जीवों का शिकार करते समय यह प्रायः मादाओं अथवा बच्चों को अपना निशाना बनाता है। एक शक्तिशाली बाघ तेंदुए अथवा अन्य बाघ पर भी आक्रमण कर सकता है और इन्हें अपना आहार बना सकता है।

बाघ के भोजन में पर्याप्त विविधता होती है। यह अच्छा शिकार न मिलने पर छिपकलियों और चिड़ियों से अपना काम चला लेता है। सुन्दरवन का बाघ विभिन्न प्रकार की मछलियों, कछुओं, मेढकों आदि से लेकर मगर तक शौक से खाता है।

बाघ का विभिन्न जीवों पर आक्रमण करने का ढंग और उन्हें खाने का ढंग विविधतापूर्ण होता है। यह प्रायः शिकार पर पीछे से वार करता है। जंगली भैंसा और गौर जैसे जीवों का शिकार करने के लिए यह पीछे से इनकी पीठ पर आक्रमण करके इनकी गर्दन तोड़ देता है। इसके लिए यह इनकी पीठ पर सवार होकर एक हाथ से इनका कन्धा पकड़ता है और दूसरे हाथ से गला पकड़ता है। इसके बाद ऊपर की तरफ दबाव डालकर गले की हड्डी तोड़ देता है। बाघ सामान्यतया अपने शिकार को मारने के बाद किसी एकान्त स्थान पर ले जाकर आराम से खाता है, किन्तु यदि शिकार बहुत भारी हो तो यह उसी स्थान पर जल्दी-जल्दी खाता है और बचा हुआ शिकार चीलों, गिद्धों, लकड़बग्घों आदि के लिए छोड़कर चला जाता है।

बाघ जंगली सुअर जैसे छोटे जीवों पर पीछे से आक्रमण न करके सामने से आक्रमण करता है और गला पकड़कर इन्हें मार देता है। इसका शिकार करने का ढंग बड़ा रोचक और शानदार होता है। बाघ कभी भी अपने शिकार का लम्बी दूरी तक पीछा नहीं करता। यह प्रायः बिना आवाज किए, चुपचाप अपने शिकार के निकट पहुँचने का प्रयास करता है। इस समय इसके शरीर की धारियाँ कॉमाफ्लास का काम करती हैं और यह छोटी-छोटी घास के मध्य भी इस प्रकार छिप जाता है कि सरलता से दिखाई नहीं देता। बाघ को सफलतापूर्वक शिकार करने के लिए अपने शिकार के लगभग 20 मीटर तक पास पहुँचना आवश्यक है। इसके बाद यह थोड़ा-सा दौड़कर और फिर छलाँग लगाकर शिकार को दबोच सकता है। सुन्दरवन का बाघ बहुत अच्छा तैराक होता है। यह पानी में घुसकर शिकार पकड़ता है।

बाघ का भोजन करने का एक निश्चित ढंग होता है। यह शिकार को पीछे से खाना आरम्भ करता है तथा सिर और शरीर का आगे का भाग अन्त में खाता है। इसमें मृत शिकार को घसीटकर ले जाने की अद्‌भुत क्षमता होती है। एक बार एक बाघ 90 किलोग्राम के एक जंगली सुअर को लगभग एक किलोमीटर तक घसीटकर ले गया था। एक वयस्क बाघ एक बार में 18 से 27 किलोग्राम तक मांस खाता है। इसके बाद इसे एक दो दिन शिकार की आवश्यकता नहीं पड़ती। अर्थात् यह औसत 9 किलोग्राम मांस प्रतिदिन खाता है। इस प्रकार जंगल में एक बाघ को अपना अस्तित्व बनाए रखने के लिए प्रतिवर्ष 45 से 50 तक हिरनों की आवश्यकता पड़ती है। जंगल में शिकार की कमी होने पर बाघ प्रायः मानव बस्तियों में आने लगता है। इस प्रकार का बाघ घरों के भीतर तक घुस जाता है और गाय, बैल, भैंस, भेड़, बकरी आदि पालतू जीवों को उठा ले जाता है। कभी-कभी सेही के काँटों से घायल हो जाने

पर, गोली लगने पर, वृद्ध हो जाने पर अथवा इसी प्रकार के कुछ अन्य कारणों से बाघ शिकार करने के योग्य नहीं रह जाता और मानव भक्षी बन जाता है। एक बार मानव भक्षी हो जाने के बाद बाघ प्रायः मानव को ही अपना आहार बनाता है। इस प्रकार का बाघ बहुत खतरनाक होता है।

बाघ का समागम और प्रजनन बड़ा रोचक और रोमांचक होता है। नर बाघ वर्ष भर अकेले ही विचरण करता है। यह केवल समागम काल में ही बाघिन के साथ रहता है। नर और मादा दोनों के एक साथ रहने के लिए आवश्यक है कि बाघिन भी समागम की इच्छुक हो। यह काल कभी-कभी दो सप्ताह से भी कम होता है। इस काल में नर बाघ मादा के निकट किसी अन्य बाघ को नहीं आने देता। यदि अन्य बाघ आता है तो दोनों बाघों में लड़ाई होती है। यह लड़ाई इतनी भयानक होती है कि इसमें कभी-कभी एक नर बाघ की मृत्यु तक हो जाती है। विजेता नर बाघ बाघिन के साथ रहता है और समागम करता है। अलग-अलग भागों में बाघों का समागम काल अलग-अलग होता है। मंचूरिया में ये दिसम्बर में समागम करते हैं। मलाया में बाघों का समागम काल नवम्बर से आरम्भ होकर मार्च तक चलता है।

नर बाघ चार वर्ष की आयु में प्रजनन के योग्य हो जाता है, जबकि मादा तीन वर्ष की आयु में ही गर्भ धारण करने योग्य हो जाती है। इसका गर्भकाल 105 दिन से लेकर 115 दिन तक का होता है। अर्थात् यह गर्भधारण करने के बाद साढ़े तीन माह से चार माह के मध्य बच्चों को जन्म देती है। बाघिन एक बार में 2 से 7 तक बच्चों को जन्म देती है। इसके बच्चों का जन्म के समय वजन एक किलोग्राम से डेढ़ किलोग्राम के मध्य होता है। इनकी आँखें बन्द रहती हैं तथा ये पूरी तरह असहाय होते हैं। बाघ के नवजात शावकों के शरीर पर जन्म से ही काली धारियाँ होती हैं। इनका डिजाइन इन्हें जन्म देनेवाले बाघ और बाघिन की काली धारियों के समान होता है। बाघिन बच्चों को जन्म देने के बाद इन्हें दूध पिलाती है। तथा इनकी सुरक्षा करती है। इस समय यह बड़ी हिंसक और उग्र दिखाई देने लगती है। बच्चों के पालन-पोषण में जन्म देने वाले नर बाघ की कोई विशेष भूमिका नहीं होती, अर्थात् केवल बाघिन ही बच्चों का पालन-पोषण करती है। बाघ एक समागम काल में अनेक मादाओं के साथ समागम करता है तथा समागम काल समाप्त हो जाने के बाद वह मादाओं से अलग हो जाता है और पहले की तरह एकान्त में विचरण करने लगता है। शावकों के जन्म के बाद कभी-कभी बाघ बाघिन मिलकर शिकार करते हैं। इससे बाघिन और उसके शावकों को सरलता से भोजन मिल जाता है। शावकों के पालन-पोषण में नर बाघ का बस इतना ही सहयोग होता है। सामान्यतया बाघिन अकेले ही शिकार करती है और अपने बच्चों को खिलाती है। इन शावकों के पास यदि किसी अन्य बाघ के शावक अथवा बाघ आ जाए तो ये बच्चे उसे सहन नहीं कर पाते और गुर्राने लगते

हैं। बाघिन को अपने लिए सप्ताह में केवल एक बार शिकार करना पड़ता है, किन्तु उसके यदि दो या तीन शावक हों तो उसे तीसरे दिन शिकार करना पड़ता है। शावकों के साथ भोजन करती हुई बाघिन के निकट यदि कोई अन्य बाघ आ जाए तो बाघिन उग्र रूप धारण कर लेती है, किन्तु यदि शावकों का पिता आ जाए तो शान्त बनी रहती है।

बाघ के नवजात शावक लगभग दो सप्ताह तक पूरी तरह असहाय से रहते हैं। चौदह दिन में इनकी आँखें खुल जाती हैं। ये लगभग 6 माह तक बाघिन का दूध पीते हैं और इसके बाद बहुत छोटे-छोटे जीवों का शिकार करने लगते हैं। बाघिन अपने शावकों को लगभग दो वर्षों तक अपने साथ रखती है और इन्हें शिकार करना सिखाती है। इस मध्य यह गर्भधारण नहीं करती। बाघ के बच्चे दो से ढाई वर्ष के मध्य वयस्क हो जाते हैं और स्वतन्त्र रूप से विचरण करने लगते हैं। बच्चों के पालन-पोषण के उत्तरदायित्व से मुक्त होने के बाद मादा पुनः गर्भधारण करती है। दो गर्भकालों के मध्य का अन्तराल दो से तीन वर्ष तक हो सकता है। यह अन्तराल बच्चों के पालन-पोषण पर लगने वाले समय पर निर्भर करता है। चिड़ियाघरों में बाघिन को बच्चों का पालन-पोषण नहीं करना पड़ता, अतः यह अन्तराल बहुत छोटा होता है। एक स्वस्थ और निरोग बाघिन ग्यारह वर्ष की आयु तक समागम और प्रजनन कर सकती है।

बाघ शावकों की मृत्यु दर बहुत अधिक है। प्रायः यह देखा गया है कि सामान्य परिस्थितियों में भी बाघ के चार-पाँच शावकों में केवल एक-दो ही वयस्क होने की आयु तक पहुँच पाते हैं। बाघिन अपने बच्चों का पालन-पोषण बहुत अच्छी तरह करती है, किन्तु वह बीमार और कमजोर बच्चों पर ध्यान नहीं देती, इसके परिणामस्वरूप भी कई बच्चे मर जाते हैं। बाघ शावकों की मृत्यु का दूसरा बड़ा कारण इनका मानव द्वारा शिकार है। इन सबसे यदि ये बचे रहते हैं तो लगभग 20 वर्ष की आयु तक जीवित रहते हैं।

भारतीय बाघ और एशिया के अन्य भागों में पाए जाने वाले बाघ के विषय में तो लोगों को जानकारी है, किन्तु इस बात को बहुत कम लोग जानते हैं कि भारत में एक अद्भुत बाघ और भी पाया जाता है—सफेद बाघ। सफेद बाघ की संरचना, आकार, आदतें और व्यवहार आदि सामान्य बाघ की तरह होता है, किन्तु इसका रंग क्रीम की तरह सफेद होता है तथा इसके शरीर पर भूरे रंग की धारियाँ होती हैं। सफेद बाघ एक दुर्लभ वन्यजीव है। यह विश्व में कहीं भी किसी भी जंगल में नहीं पाया जाता। इसे केवल कुछ विशेष अभयारण्यों और चिड़ियाघरों में ही देखा जा सकता है। इस समय विश्व में केवल 70 सफेद बाघ हैं। इनमें 25 भारत में, 40 अमरीका में, 4 इंग्लैंड और 1 जापान में है।

सफेद बाघ की खोज का श्रेय भूतपूर्व रीवा नरेश महाराज मार्तण्ड सिंह जू देव को है। महाराज मार्तण्ड सिंह को वन्यजीवों में, विशेष रूप से बाघ में बचपन से बहुत रुचि थी, किन्तु वह अन्य राजा-महाराजाओं के समान वन्यजीवों का शिकार करने के स्थान पर उन्हें संरक्षण देना अधिक पसन्द करते थे।

25 मई, 1951 की बात है। देवा गाँव के एक किसान ने महाराज मार्तण्ड सिंह को सूचना दी कि, उसने बरगढ़ी के जंगलों में बाघ का एक अद्भुत बच्चा देखा है, जो क्रीम की तरह सफेद रंग का है। महाराज मार्तण्ड सिंह तो बाघों के शौकीन थे ही। उन्होंने तुरन्त शिकार अभियान की तैयारी की और अगले दिन ही बरगढ़ी के जंगलों में शिकारियों के कैम्प लग गए। इस अभियान में महाराज मार्तण्ड सिंह के साथ उनके प्रमुख सहयोगी सुरेन्द्र सिंह और अरिमर्दन सिंह भी थे।

बरगढ़ी के जंगल सीधी जिले की गोपदबनास तहसील के अन्तर्गत आते हैं। ये जंगल इतने फैले हुए हैं कि यहाँ सरलता से वन्यजीवों को ढूँढ़ा नहीं जा सकता है, किन्तु महाराज मार्तण्ड सिंह के साथियों ने 27 मई, 1951 की सुबह सफेद बाघ को जन्म देने वाली बाघिन को ढूँढ़ निकाला। बाघिन अपने चार बच्चों के साथ थी। उसके तीन बच्चे तो बाघ के सामान्य बच्चों की तरह थे, किन्तु चौथा बच्चा बड़ा अद्भुत था। उसका रंग क्रीम की तरह सफेद था और उस पर भूरे रंग की धारियाँ थीं तथा उसकी आँखें आसमानी नीले रंग की थीं। महाराज मार्तण्ड सिंह

ने इस बाघ शावक को देखा तो देखते ही रह गए। उन्होंने अपने जीवन में बाघों के बहुत से बच्चे देखे थे, किन्तु यह बाघ शावक उन सबसे अच्छा था। महाराज मार्तण्ड सिंह इस बच्चे को अपने साथ गोविन्दगढ़ ले गए और उन्होंने इसे नाम दिया—मोहन।

भारत में सफेद बाघ की उपस्थिति ने विश्वभर के लोगों को चौंका दिया। सर्वप्रथम तो इस बात पर किसी ने विश्वास नहीं किया, किन्तु जब विश्व की पत्र-पत्रिकाओं में मोहन पर सचित्र लेख प्रकाशित हुए तो सभी को विश्वास हो गया। इसके बाद तो गोविन्दगढ़ पर्यटकों का केन्द्र बन गया। इस स्थान पर दूर-दूर से लोग मोहन को देखने आने लगे।

महाराज मार्तण्ड सिंह वन्यजीवों के प्रेमी तो थे ही, उन्हें मोहन और उसके दर्शकों ने इतना प्रभावित किया कि कुछ समय बाद उन्होंने सफेद बाघों का विकास करने का निश्चय किया। इसके लिए सर्वप्रथम मोहन को एक साधारण बाघिन सुकेशी के साथ रखा गया। मोहन और सुकेशी की जोड़ी ने तीन बार में आठ बच्चों को जन्म दिया, किन्तु ये सभी बच्चे बाघ के सामान्य बच्चों की तरह थे। महाराज मार्तण्ड सिंह का पहला प्रयोग असफल रहा। अचानक उनके मन में एक नया विचार आया। उन्होंने मोहन और सुकेशी से उत्पन्न एक मादा बाघिन राधा को मोहन के पास रखा।

महाराज मार्तण्ड सिंह का यह प्रयोग सफल रहा। मोहन और राधा की जोड़ी ने पहली बार 30 अक्टूबर, 1958 को चार बच्चों को जन्म दिया। ये चारों बच्चे मोहन की तरह क्रीम जैसे सफेद थे। इसके बाद इसी जोड़े ने सन् 1960 में तीन बच्चों को जन्म दिया। इनमें एक बच्चा साधारण और दो सफेद थे। इस प्रकार मोहन और राधा की जोड़ी ने कुछ 29 बच्चों को जन्म दिया, जिनमें 8 सफेद बाघ नर, 10 सफेद मादाएँ तथा 11 सामान्य बाघ शावक थे।

सन् 1960 में नई दिल्ली में प्रथम विश्व कृषि मेले का आयोजन किया गया। इस मेले में मध्यप्रदेश का भी मण्डप था, जिसमें मध्यप्रदेश सरकार ने महाराज मार्तण्ड सिंह से मोहन को कुछ समय के लिए लेकर प्रदर्शित किया था। मोहन की सुरक्षा के लिए विशेष प्रबन्ध किए गए थे। मोहन का भारी बीमा कराया गया था। मध्यप्रदेश पुलिस और महाराज के सुरक्षाकर्मी हमेशा उसके पास रहते थे और दिल्ली प्राणी उद्यान का एक डॉक्टर उसकी स्थिति पर नजर रखता था। मोहन की एक झलक पाने के लिए जनता उतावली थी तथा देश-विदेश के टी.वी. और प्रेस फोटोग्राफर्स उसके चित्र लेने के लिए बेचैन थे। इस प्रदर्शनी के द्वारा मोहन को अन्तर्राष्ट्रीय स्तर पर विशेष रूप से ख्याति मिली।

इस प्रदर्शनी में संयुक्त राज्य अमरीका के तत्कालीन राष्ट्रपति आइजनहॉवर भी पधारे थे। उन्हें मोहन ने सर्वाधिक प्रभावित किया तथा उन्होंने सफेद बाघ का एक जोड़ा अमरीका भिजवाने की इच्छा व्यक्त की। उस समय बाघों को भारत से बाहर

भेजने पर प्रतिबन्ध था तथा सफेद बाघ महाराज मार्तण्ड सिंह की व्यक्तिगत सम्पत्ति थे। अतः आइजनहॉवर की यह इच्छा तत्काल पूरी नहीं हो सकी। अमरीका लौटने पर आइजनहॉवर ने अपने देश के पत्रकारों से सफेद बाघ की चर्चा की और एक प्रसारण संस्था को सफेद बाघ अमरीका लाने का दायित्व सौंपा। इस प्रसारण संस्था के अधिकारी भारत आए और उन्होंने भारत सरकार और महाराज मार्तण्ड सिंह से चर्चा की। इस चर्चा के परिणामस्वरूप महाराज मार्तण्ड सिंह और भारत सरकार के मध्य एक समझौता हुआ, जिससे सफेद बाघों का विदेश जाने का रास्ता खुल गया।

भारत के सफेद बाघों का जोड़ा पहली बार अमरीका पहुँचा। इसके बाद सन् 1963 में इंग्लैंड के ब्रिस्टल वन्यप्राणी पार्क में सफेद बाघों का दूसरा जोड़ा 'चम्पा-चमेली' भेजा गया। इसके बाद कुछ अन्य देशों में भी सफेद बाघ भेजे गए। भारत में भी लोग सफेद बाघ देखने के लिए लालायित थे, अतः देश के कुछ महत्त्वपूर्ण चिड़ियाघरों में सफेद बाघ भेजे गए। अब महाराज मार्तण्ड सिंह के पास केवल मोहन और राधा रह गए थे।

भारत से विदेश भेजे गए बाघ पूरी तरह फल-फूल रहे हैं, किन्तु भारत में सफेद बाघों की स्थिति अच्छी नहीं है। सरकारी आँकड़ों के अनुसार देश के विभिन्न चिड़ियाघरों में 1981 में इनकी संख्या 19 थी, जो 1985 में बढ़कर 26 हो गए, सन् 1993 में इनकी संख्या में और विकास हुआ तथा ये 39 हो गए, किन्तु इसके बाद इनकी संख्या घटती गई और वर्तमान में यह संख्या 25 से भी कम रह गई है।

विख्यात भारतीय जीव वैज्ञानिक एवं बाधवगढ़ राष्ट्रीय उधान के पूर्व निदेशक श्री एस. हसन ने सफेद बाघों का अध्ययन करके यह निष्कर्ष निकाला था कि सफेद बाघों में 'इन ब्रीडिंग' होती है तथा ये तीसरी पीढ़ी में अपनी प्रजाति की तरह के बच्चे नहीं उत्पन्न कर पाते। सफेद व सामान्य नर-मादा से उत्पन्न आधे बच्चे सफेद होते हैं। जब इस पीढ़ी के बाघ का सफेद या सामान्य नर मादा से समागम कराया जाता है तो इनसे उत्पन्न बच्चे पूर्णतया सफेद होते हैं। श्री हसन ने सफेद बाघों की संख्या बढ़ाने के लिए एक अभिनव योजना तैयार की थी। इस योजना के अन्तर्गत पालतू सफेद बाघों को बाँधवगढ़ के खुले जंगलों में सामान्य बाघिनों के मध्य रखकर उनका प्रजनन कराना था, किन्तु लाल फीताशाही के इस युग में श्री हसन की योजना केवल कागजों पर रह गई।

मध्यप्रदेश शासन ने सफेद बाघों की संख्या बढ़ाने के लिए भोपाल के वन विहार में दो बार प्रयास किए, किन्तु दोनों प्रयास असफल रहे। 1991 में भोपाल वन विहार के श्यामू नामक नर बाघ को भुवनेश्वर के नन्दन कानन से लाई गई सफेद बाघिन

रेशमा के पास लाया गया। आरम्भ में दोनों में एक दूसरे के प्रति कुछ आकर्षण उत्पन्न हुआ तथा वन विभाग के अधिकारियों को ऐसा लगा कि दोनों के मध्य समागम हो सकता है, किन्तु यह उनकी भूल थी। 19 जून, 1991 को श्यामू और रेशमा के पिंजरों के मध्य पड़ी लोहे की जाली हटा दी गई और उन्हें एक दूसरे से मिलने का अवसर दिया गया। रेशमा ने आगे बढ़कर पहल की, किन्तु श्यामू क्रोधित हो उठा। उसने रेशमा पर हमला कर दिया और उसकी गर्दन अपने जबड़ों में दबोच ली। श्यामू ने क्रोध शान्त होने पर रेशमा को छोड़ दिया, किन्तु रेशमा के गले में घाव इतने गहरे थे कि आधे घंटे में ही उसने दम तोड़ दिया। इसी तरह 1989 में रुस्तम नामक सफेद बाघ लता नामक बाघिन को मार चुका था।

सफेद बाघों का प्रथम पूर्वज मोहन अब धरती पर नहीं है। वृद्धावस्था में उसे लकवा हो गया था। महाराज मार्तण्ड सिंह ने उसका सभी तरह से इलाज किया, किन्तु उसे बचा नहीं सके। मोहन तो अब इस दुनिया में नहीं है, किन्तु उसके वंशज अमरीका, इंग्लैंड, जापान आदि देशों में फल-फूल रहे हैं।

यह आश्चर्य की बात है कि विश्व को सफेद बाघों की भेंट देने वाले भारत में सफेद बाघ की स्थिति अच्छी नहीं है और सफेद बाघ की जन्मभूमि मध्यप्रदेश में तो यह विलुप्ति के कगार पर खड़ा है। सफेद बाघों को बचाने के लिए यदि शीघ्र ही कोई प्रभावशाली प्रयास नहीं किए गए तो वह दिन दूर नहीं, जब भारत से भारतीय चीते की तरह सफेद बाघ भी पूरी तरह विलुप्त हो जाएगा।

बाघ जंगल का सर्वाधिक शक्तिशाली और कुशल शिकारी वन्यजीव है। इसका कोई प्राकृतिक शत्रु नहीं है। बाघ का एकमात्र शत्रु है—मानव। मानव लम्बे समय से बाघ का शिकार कर रहा है। आरम्भ में स्थानीय लोगों द्वारा बाघ को मारा जाता था। इसके बाद एक खेल के रूप में बाघ के शिकार का प्रचलन आरम्भ हुआ। भारत में अंग्रेजों और बन्दूकों के आगमन के बाद बाघों के शिकार में बहुत अधिक वृद्धि हुई। इस काल में कितने अधिक बाघ मारे गए, इसका अनुमान इसी बात से लगाया जा सकता है कि केवल 1871 में 1579 बाघों को गोली का निशाना बनाया गया। शिकार के साथ ही हिरन और गवय जैसे वन्यजीवों की कमी के कारण भी बाघों की संख्या घटी है, क्योंकि ये बाघ का प्रमुख भोजन हैं। मानव की संख्या में वृद्धि के साथ ही भूमि पर दबाव बढ़ा, अतः जंगलों को कृषि भूमि में परिवर्तित करने का क्रम आरम्भ हुआ। इससे बाघों के प्राकृतिक निवास नष्ट हुए और ये विलुप्ति के कगार पर पहुँच गए। बीसवीं सदी के आरम्भ में भारत में 40000 से अधिक बाघ थे, जो घटते-घटते 1970 तक मात्र 2000 रह गए। बाघ की इस स्थिति को देखते हुए भारत सरकार ने 1973 में 9 वन क्षेत्रों में 'प्रोजेक्ट टाइगर' योजना आरम्भ की। इस योजना को पर्याप्त सफलता मिली और बाघों की संख्या बढ़ी। अतः भारत सरकार ने इसका विस्तार किया। वर्तमान समय में 'प्रोजेक्ट टाइगर' योजना कार्बेट, कान्हा, इन्द्रावती, रणथम्भौर, सरिस्का, उत्तरी सिमलीपल, सुन्दरतन, नामदाफा, बान्दीपुर, पेरियार, दुधवा आदि राष्ट्रीय उद्यानों तथा मेलघाट, पालामऊ, बुक्सा, मानस, नागार्जुन सागर, श्री शैलभ आदि अभयारण्यों में चलाई जा रही है। यह 'प्रोजेक्ट टाइगर' का ही परिणाम है कि मात्र तीस वर्षों में भारत में बाघों की संख्या 2000 से बढ़कर 4000 हो गई है। इसके बाद इनकी संख्या में पुनः गिरावट आई और अप्रैल 2010 में इनकी संख्या 1411 रह गई। यह चिन्ता का विषय है।

बाघ मानव का मित्र है। यह मानव से डरता है और मानव का सम्मान करता है। सामान्यतया यह मानव द्वारा परेशान करने पर भी उत्तेजित नहीं होता, किन्तु इसे यदि अधिक परेशान किया जाए तो यह आक्रमण कर देता है। मानव बाघ के आवास के सामने से निडर होकर आ-जा सकता है। इस बात के अनेक प्रमाण मिले हैं कि मानव बाघ के पास से गुजर गया और बाघ ने कुछ नहीं किया। कभी-कभी बाघ भी मानव के पास से गुजर जाता है और उसे कोई हानि नहीं पहुँचाता। यह भी देखने में आया है कि जंगल में बाघ ने मानव का कई किलोमीटर तक पीछा किया, किन्तु उसे कोई हानि नहीं पहुँचाई। हो सकता है कि बाघ ने मानव को अपनी सीमा से बाहर करने के लिए ऐसा किया हो। बाघ को जब तक सामान्य रूप से शिकार मिलता रहता है, तब तक वह खतरनाक नहीं होता। शिकार न मिलने पर अथवा घायल हो जाने पर बाघ पालतू पशुओं का शिकार करने लगते हैं। वृद्ध और बीमार बाघ भी

प्रायः पालतू पशुओं को अपना आहार बनाते हैं अथवा नरभक्षी हो जाते हैं। सामान्यतया इस प्रकार के बाघों को पकड़कर चिड़ियाघरों में पहुँचा देना चाहिए। इससे मानव को भी कोई हानि नहीं होगी और बाघ भी विलुप्त होने से बच जाएगा।

अब आइए, अफ्रीका के बाघ की चर्चा की आए। अफ्रीका में बाघ नहीं पाया जाता, किन्तु शीघ्र ही अफ्रीका में बाघ देखने को मिलेंगे। वन्यजीव विशेषज्ञ जॉन और डेव ने इक्कीसवीं सदी के आरम्भ में दो भारतीय बाघों रोन (नर) और जूली (मादा) को सभी प्रकार के प्रशिक्षण देकर दक्षिण अफ्रीका के एक बहुत बड़े क्षेत्र में बसाया है। ये दोनों बाघ ढाई-तीन वर्ष के हो चुके हैं और सफलतापूर्वक अफ्रीकी जीवों का शिकार कर रहे हैं। अर्थात् अपने पहले चरण में जॉन और डेव का प्रयोग सफल रहा है। यदि इनका प्रयोग पूरी तरह सफल रहा तो शीघ्र ही आपको अफ्रीका में भी बाघ दिखाई देंगे। इतना ही नहीं, सम्भवतः एक लम्बे समय बाद बाघ की एक नई उपजाति भी सामने आ सकती है, जो अफ्रीकी बाघ के नाम से जानी जाएगी।

# सिंह

सिंह मार्जार परिवार का एकमात्र ऐसा वन्यजीव है, जो अपने परिवार के साथ अर्थात् समूह में रहता है। इसका वैज्ञानिक नाम पैंथरा लियो है। अंग्रेजी में इसे लॉयन कहते हैं। यह बाघ से छोटा होता है। विश्व में सिंह की आठ उपजातियाँ पाई जाती हैं– भारतीय सिंह, फारस का सिंह, मसाई सिंह, सेनेगल सिंह, अंगोला सिंह, ट्रान्सवाल सिंह, बर्बर सिंह और केप सिंह। इनमें पहली दो उपजातियों के सिंह एशिया महाद्वीप में मिलते हैं। शेष सभी सिंह अफ्रीका में पाए जाते हैं।

एक किंवदन्ती के अनुसार-सिंह मूल रूप से अफ्रीका का वन्यजीव है। सन् 1780 के आसपास जूनागढ़ के नवाब अफ्रीका गए थे। वहाँ से वे अफ्रीकी गुलामों

के साथ कुछ सिंह शावक भी भारत लाए। गुलामों ने शावकों को पाला। जब ये बड़े हो गए तो इन्हें गिर के वनों में छोड़ दिया गया। यहाँ अनुकूल परिवेश में इनका तेजी से विकास हुआ और ये बहुत बड़े क्षेत्र में फैल गए।

एशियाई सिंह और अफ्रीकी सिंह देखने में एक जैसे लगते हैं, किन्तु इनकी शारीरिक संरचना में थोड़ा-बहुत अन्तर होता है। एशियाई सिंह की लम्बाई 3 मीटर तक एवं वजन 210 किलोग्राम से 255 किलोग्राम तक होता है। जबकि अफ्रीकी सिंह की लम्बाई 3.25 मीटर तक एवं वजन 225 किलोग्राम से लेकर 250 किलोग्राम तक हो सकता है। यह एशियाई सिंह से अधिक ऊँचा भी होता है। इसके साथ ही एशियाई सिंह की अयाल कम घनी और छोटी होती है। इसके विपरीत अफ्रीकी सिंह की अयाल अधिक घनी और लम्बी होती है। एशियाई सिंह की पूँछ लम्बी होती है एवं पूँछ का बालों वाला गुच्छा बड़ा होता है तथा पेट पर बालों की झालर होती है। जबकि अफ्रीकी सिंह की पूँछ तुलनात्मक रूप से छोटी होती है, बालों का गुच्छा भी छोटा होता है एवं पेट पर कम बाल होते हैं।

विश्व में सफेद बाघ ने तो बहुत ख्याति अर्जित की है, किन्तु इस बात को बहुत कम लोग जानते हैं कि सफेद बाघ की तरह सफेद सिंह भी होते हैं। वन्यजीव विशेषज्ञ क्रिस मैकब्राइड के अनुसार-दक्षिण अफ्रीका के क्रुगेर नेशनल पार्क के निकट 1975 में टैबी नामक सिंहनी ने 3 बच्चों को जन्म दिया था। इनमें एक सामान्य और दो सफेद थे। इस प्रकार विश्व में पहली बार सफेद सिंह की खोज हुई। कुछ समय बाद 1976 में मैकब्राइड ने एक और सफेद सिंह शावक खोज निकाला। यह मादा थी।

इससे यह स्पष्ट हो गया है कि दक्षिण अफ्रीका के जंगलों में सफेद सिंह हैं एवं इसकी संख्या अधिक भी हो सकती है।

सिंह उष्ण-कटिबन्धीय वनों में ऐसे स्थानों पर रहना पसन्द करता है, जहाँ दूर-दूर तक फैली हुई काँटेदार झाड़ियाँ, सागौन जैसे वृक्ष और लम्बी-लम्बी घास हो। जैसा कि अभी-अभी बताया जा चुका है कि सिंह बिल्ली परिवार का एकमात्र ऐसा जीव है, जो समूह बना कर रहता है। इसके समूह को प्राइड कहते हैं। कुछ सिंह और सिंहनियाँ खानाबदोश होते हैं। ये समूह नहीं बनाते। ये प्रायः समूह से निष्कासित सदस्य होते हैं। सिंहों के एक समूह में लगभग 20 सदस्य होते हैं, किन्तु इनकी संख्या 37 तक हो सकती है। इससे बड़े समूह अभी तक नहीं देखे गए हैं। इनके एक समूह में एक या दो वयस्क नर कुछ वयस्क मादाएँ और इनके बच्चे होते हैं। समूह के सभी सदस्य शिकार एवं सुरक्षा के समय एक-दूसरे को सहयोग करते हैं। सिंहों के प्रत्येक समूह में एक शक्तिशाली नर अवश्य होता है और यही समूह का नेतृत्व करता है। किन्तु समूह का नेता स्थायी नहीं होता। उसके थोड़ा सा कमजोर होते ही कोई सशक्त नर उसे चुनौती देता है और समूह का नेता बन जाता है। इस प्रकार एक सिंह अधिकतम दो वर्षों तक ही समूह के नेता पद पर रह पाता है। समूह का पूर्व नेता अर्थात् पराजित सिंह एक बैचलर के साथ समूह छोड़ देता है एवं उसी के साथ रहता है और उसी के साथ शिकार करता है। शिकार की अधिकता होने पर कभी-कभी सिंहों के दो समूह आपस मे मिल जाते हैं और एक समूह बना लेते हैं। ऐसे समूह में दो सिंह नेतृत्व का कार्य करते हैं।

सिंहों के प्रत्येक समूह का एक निश्चित सीमा क्षेत्र होता है। इसी सीमाक्षेत्र में ये रहते हैं और शिकार करते हैं। ये कभी-कभी सीमा क्षेत्र का उल्लंघन भी करते हैं, किन्तु ऐसा होने पर इनमें प्रायः आपसी संघर्ष एवं लड़ाई नहीं होती।

सिंह रात्रिचर होता है। यह दिन के समय चट्टानों के साये में अथवा छायादार वृक्षों के नीचे आराम करता है और रात में शिकार की खोज में मिलता है। यह शिकार की कमी होने पर लम्बी-लम्बी यात्राएँ भी करता है। सामान्यतया एक समूह एक घन्टे में 5 किलोमीटर की दूरी तय कर लेता है। कभी-कभी समूह रात भर यात्राएँ करता है और एक रात में 50 किलोमीटर तक की यात्रा कर लेता है।

सिंह की शारीरिक संरचना बाघ से बहुत मिलती-जुलती है। इन दोनों के कंकालों में तो इतनी समानता होती है कि एक विशेषज्ञ जीव वैज्ञानिक ही इनमें अन्तर बता सकता है। सिंह के शरीर का मध्य भाग बाघ से अधिक मोटा होता है तथा इसकी गर्दन के चारों ओर लम्बे और घने बालों की अयाल होती है, अतः यह बाघ से बड़ा दिखाई देता है, किन्तु वास्तव में यह बाघ से छोटा होता है। सिंह की कन्धों तक की ऊँचाई 90 सेन्टीमीटर, लम्बाई 2.5 मीटर से 2.75 मीटर तक और शरीर का वजन

180 किलोग्राम से लेकर 225 किलोग्राम तक होता है। सिंहनी का आकार सिंह से छोटा होता है। इसकी कन्धों तक की ऊँचाई .75 मीटर अथवा इससे भी कम होती है तथा इसके अयाल नहीं होती। सिंह की पूँछ लम्बी और हल्के बालों वाली होती है तथा पूँछ के अन्त मे बालों का एक गुच्छा होता है। सिंह का शरीर मजबूत और गठा हुआ होता है। इसके आगे के दोनों पैर बड़े शक्तिशाली होते हैं। इनकी सहायता से अफ्रीकी सिंह एक ही वार में जेब्रा की गर्दन तोड़ सकता है। सिंह का सिर बिल्ली प्रजाति के सभी वन्यजीवों से बड़ा होता है। इसका सिर बाघ के सिर से भी बड़ा होता है। सिंह के जबड़े भारी और मजबूत होते हैं तथा इनकी संरचना इस प्रकार की होती है कि यह इनकी सहायता से बड़े-से-बड़े जीव को अपना आहार बना सकता है। सिंह के आगे के पैरों के नाखून बड़े मजबूत तथा तेज होते हैं और इनमें भीतर की ओर मुड़ने की अद्‌भुत क्षमता होती है। इनकी सहायता से इसे भागने और शिकार करने में विशेष सुविधा रहती है।

सिंह की त्वचा बाघ के समान सुन्दर और आकर्षक नहीं होती। इसके शरीर का रंग हल्के भूरे से लेकर गहरा भूरा तक होता है। इसका मस्तक चौड़ा और आँखें बड़ी होती हैं तथा आँखों का रंग हल्का पीलापन लिए हुए होता है। सिंह के कन्धों और गर्दन के चारों तरफ अयाल होती है। कभी-कभी इसके पेट पर भी अयाल देखने को मिल जाती है। अफ्रीकी सिंह की अयाल भारतीय सिंह की अयाल से बड़ी और अधिक घनी होती है। अफ्रीका में कुछ सिंह ऐसे भी पाए जाते हैं, जिनके अयाल नहीं होती। सिंह की अयाल के बाल जंगलों की कँटीली झाड़ियों में फँस कर प्रायः टूटते रहते हैं। यही कारण है कि चिड़ियाघरों में रहने वाले सिंहों की अयाल घनी हो जाती है, क्योंकि वे कँटीली झाड़ियों से बचे रहते हैं।

सिंह पूर्णतया मांसाहारी जीव है, किन्तु कभी-कभी इसे वृक्षों से गिरे हुए फल खाते हुए देखा गया है। सिंह एक शक्तिशाली एवं कुशल शिकारी वन्यजीव है। यह शिकार के समय 3.7 मीटर तक ऊँची और 11 मीटर तक लम्बी छलाँग लगा सकता है। यह आवश्यकता पड़ने पर 48 किलोमीटर प्रति घंटा तक की गति से भाग सकता है, किन्तु इसकी शारीरिक संरचना इस प्रकार की होती है कि यह लम्बी दूरी तक तेज गति से नहीं भाग सकता।

सिंह निशाचर है। यह दिन के समय किसी छायादार स्थान पर विश्राम करता है और सूरज ढलने के बाद शिकार की खोज में निकलता है, किन्तु ऐसा आवश्यक नहीं है। आवश्यकता पड़ने पर यह दिन में भी शिकार कर सकता है। सिंह का शिकार करने का ढंग बाघ से पूरी तरह अलग होता है। बाघ प्रायः अकेले शिकार करता है, जबकि सिंह समूह में शिकार करता है। बाघ प्रायः अपने शिकार पर पीछे से आक्रमण करता है, जबकि सिंह अपने शिकार पर सामने से आक्रमण करता है। सिंह लम्बी दूरी तक तेज गति से शिकार का पीछा नहीं कर सकता, अतः यह शिकार के लिए एक विशेष ढंग अपनाता है। यह शिकार की गन्ध मिल जाने के बाद उसके निकट पहुँचने का प्रयास करता है और फिर आसपास की घास में अपने को छिपाते हुए जमीन से चिपक कर शिकार की ओर बढ़ता है और लगभग 30 मीटर की दूरी रह जाने पर अचानक घात लगा कर हमला कर देता है। भारतीय सिंह प्रायः हिरन, गवय, जंगली सुअर आदि का शिकार करता है। सिंह कभी-कभी पराजित होने वाले सिंह को भी

मार डालता है और अपना आहार बना लेता है। अफ्रीकी सिंह हाथी, जिराफ, हिप्पेपोटामस, जंगली भैंसा, इम्पाला, वाइल्ड बीस्ट, कुडु, रीडबक एवं शुतुरमुर्ग आदि का शिकार करता है। वृद्ध और बीमार सिंह प्रायः कुतरने वाले छोटे-छोटे जीवों (रोडेन्ट्स) सेही भेड़, बकरी आदि को अपना निशाना बनाता है। यह कभी-कभी नरभक्षी भी हो जाता है। नरभक्षी सिंह प्रायः स्त्रियों और बच्चों को मारता है, किन्तु कभी-कभी पुरुषों पर भी आक्रमण कर देता है। नर भक्षी सिंह बड़ा खतरनाक होता है। एक बार नर मांस का स्वाद चख लेने के बाद इसकी आदत मानव का शिकार करने की बन जाती है। सिंह कभी-कभी लकड़बग्घे द्वारा मारे गए ताजे शिकार को भी उससे झपट लेता है एवं कभी-कभी उस स्थान पर पहुँच जाता है, जहाँ गिद्ध भोजन कर रहे होते हैं। यह गिद्धों को वहाँ से भगा कर उनका भोजन चट कर जाता है।

सिंह सामान्यतया मानव बस्तियों से दूर रहना पसन्द करता है, किन्तु भोजन की कमी होने पर यह पालतू पशुओं के बाड़े में घुस जाता है तथा बड़ी निर्दयता से शिकार करता है। यह पशुओं के बाड़े में घुस कर किसी एक जानवर को जिन्दा ही पकड़कर बाहर खींच लाता है। इस मध्य यदि जानवर वापस बाड़े में जाने का प्रयास करता है तो 'प्राइड' के अन्य सदस्य उसे ऐसा नहीं करने देते और सभी मिल कर उसे बाहर खींच लाते हैं तथा मार कर खा जाते हैं। सिंह के आगे के पैर बहुत शक्तिशाली होते हैं तथा किसी भी वस्तु को खींचने की इनकी क्षमता दस आदमियों के बराबर होती है।

सिंह का शिकार करने का ढंग विविधतापूर्ण होता है। यह प्रायः घात लगा कर शिकार पर छलाँग लगाता है और फिर अपने आगे वाले पंजों से शिकार की गर्दन तोड़ देता है अथवा उसका गला दबा कर उसे मार डालता है। कभी-कभी यह अपने दाँतों से शिकार का गला पकड़ लेता है और फिर अपने आगे के पंजे शिकार की नाक के छेदों में डाल कर उसे मार देता है। कभी-कभी यह शिकार का पीछे वाला भाग पकड़कर उसे गिरा देता है और उसे मार डालता है। सिंह पालतू पशुओं के समान ही हिप्पो का शिकार बड़ी निर्दयता से करता है। यह डर कर भागते हुए हिप्पो का मांस नोंच-नोंच कर खाता है। सिंह बहुत अच्छा तैराक होता है, किन्तु यह पानी के जीवों का शिकार नहीं करता, किन्तु इसे मगर का शिकार करते हुए देखा गया है। इसी तरह कभी-कभी यह कछुओं को पकड़कर खा जाता है।

सिंह के सम्बन्ध में यह कहा जाता है कि इसे वृक्षों पर चढ़ना नहीं आता। यह एक भ्रामक तथ्य है। मैंने स्वयं सिंहनियों को छतवीर (चंडीगढ़) में वृक्षों पर बैठे हुए देखा है और इनके चित्र लिए हैं। यह सामान्यतया विश्राम करने, सोने अथवा धूप खाने के लिए वृक्षों पर चढ़ता है। सिंह कभी-कभी शिकार को प्राप्त करने के लिए भी वृक्षों पर चढ़ता है। एक बार एक तेंदुए ने एक छोटा हिरन मारा और उसे लेकर एक वृक्ष पर चढ़ गया। एक सिंहनी ने उसका शिकार देख लिया। वह भी उसी वृक्ष पर चढ़ गई

और तेंदुए का पीछा करने लगी। तेंदुए ने अपना शिकार नहीं छोड़ा और वृक्ष पर काफी ऊँचाई तक पहुँच गया। वृक्ष पर जहाँ तेंदुआ था, वहाँ की शाखाएँ बहुत पतली थीं तथा सिंहनी का बोझ नहीं सहन कर सकती थीं, अतः सिंहनी नीचे उतर आई।

सिंह सिंहनी से अधिक शक्तिशाली और कुशल शिकारी होता है, किन्तु यह देखा गया है कि प्रायः सिंहनी शिकार करती है और सिंहनी का शिकार सबसे पहले सिंह खाता है। सिंह के बाद सिंहनी शिकार खाती है और अन्त में बच्चों को मिलता है। सिंहों का समूह यदि बहुत बड़ा होता है और कई दिनों का भूखा होता है तो शिकार की बड़ी खींचातानी होती है। ऐसी स्थिति में कमजोर शावकों को पूरा भोजन नहीं मिल पाता। कमजोर शावकों पर सिंहनी कभी ध्यान नहीं देती। इतना ही नहीं पूरा का पूरा 'प्राइड' कमजोर शावकों की उपेक्षा करता है अथवा इन्हें हमेशा परेशान करता रहता है, जिससे कभी-कभी इन शावकों की मृत्यु तक हो जाती है।

सिंह प्रायः अपने शिकार पर सामने से आक्रमण करता है तथा सिंहनी द्वारा किए गए शिकार को भी सबसे पहले वही खाता है। सम्भवतः इसीलिए सिंह को जंगल का राजा कहा जाता है। सिंह का भोजन बाघों के समान ही होता है। एक जंगली सुअर एक सिंह के लिए दो समय का पर्याप्त आहार होता है, किन्तु एक सिंह को एक जंगली भैंसा खाने में पाँच दिन लग जाते हैं। सिंह का शिकार को खाने का ढंग बाघ से कुछ भिन्न होता है। सिंह सर्वप्रथम अपने शिकार की आँतें खाता है। इसके बाद पीछे का भाग खाता है और अन्त में सिर वाला भाग खाता है।

सिंह एक दिन में अर्थात् 24 घंटों में लगभग 20 घंटे आराम करता है। यह सुरक्षा और शिकार के लिए आवश्यक है। सिंह के विश्राम करने से उसमें ऊर्जा अथवा शक्ति एकत्रित हो जाती है, जिसका उपयोग अन्य सिंहों से लड़ने अथवा शिकार के

लिए किया जाता है। सिंह में बिना भोजन लिए लम्बे समय तक जीवित रहने की विलक्षण क्षमता होती है। यह तीन सप्ताह तक बिना भोजन किए जीवित रह सकता है। शिकार की कमी होने पर सिंह बड़ा दुबला-पतला और कमजोर हो जाता है। ऐसी स्थिति जंगल में प्रायः आती रहती है, क्योकि बहुत अधिक गर्मी और सूखे के समय हिरन और गवय आदि प्रवास कर जाते हैं, किन्तु सिंह अपने क्षेत्र में ही रहता है। सूखे और गर्मी तथा शिकार की कमी का प्रभाव 'प्राइड' पर भी पड़ता है। शिकार की कमी होने पर 'प्राइड' के सदस्य बिखर जाते हैं, किन्तु वर्षा होने के बाद, हिरन आदि वन्यजीवों के लौट आने पर प्राइड पुनः पहले जैसा हो जाता है।

सिंह को हिरन, गवय, जेब्रा, जिराफ आदि जीवों में भोजन के सभी आवश्यक तत्व सरलता से मिल जाते हैं, जिससे यह सामान्य स्थिति में बना रहता है, किन्तु चिड़ियाघरों में इसका जीवन जंगल के समान प्राकृतिक और स्वच्छन्द नहीं रह पाता। इसका सिंह की प्रजनन क्षमता पर विपरीत प्रभाव पड़ता है। यही कारण है कि चिड़ियाघरों में रहने वाले सिंह को भोजन के साथ विटामिन आदि मिला कर दिया जाता है। इससे इनकी प्रजनन क्षमता सामान्य बनी रहती है अथवा कभी-कभी बढ़ जाती है।

जीव वैज्ञानिकों के एक बहुत बड़े वर्ग का यह मत है कि सिंह अच्छा शिकारी नहीं होता है। एक अनुभवहीन सिंह को एक जेब्रा अथवा एक गवय (एन्टीलोप) घायल कर सकता है। यह भी सम्भव है कि जंगली भैंसों का कोई झुंड आए और किसी सिंह को कुचलता हुआ निकल जाए अथवा कुछ जंगली भैंसे सिंह को अपने सींगों से तब तक हवा में उछालते रहें, जब तक कि वह मर न जाए। एक अमरीकी जीव वैज्ञानिक ने अपनी पुस्तक में लिखा है कि एक बार एक मादा जिराफ ने एक ऐसी सिंहनी पर आक्रमण कर दिया, जो उसके बच्चे का शिकार करने के लिए आगे बढ़ रही थी। मादा जिराफ ने अपने खुरों, पीछे के पैरों और अपनी गर्दन से सिंहनी को बुरी तरह घायल कर दिया तथा लगभग 100 मीटर तक खदेड़ दिया।

सिंह का समागम और प्रजनन बड़ा रोचक और रोमांचक होता है। भारत और अफ्रीका में सिंहों का समागम काल अलग-अलग होता है। भारत में सिंह का समागम काल अक्टूबर से आरम्भ हो जाता है तथा नवम्बर के मध्य तक चलता है। सिंहनी का गर्भकाल 105 दिन से 115 दिन तक का होता है। गर्भकाल पूरा होने पर यह जनवरी-फरवरी में बच्चों को जन्म देती है। यह पहले ही बताया जा चुका है कि 'प्राइड' में एक-दो नर सिंह, अनेक मादाएँ और उनके छोटे-छोटे बच्चे रहते हैं, अतः समागम हेतु सिंह को सिंहनी की खोज में नहीं जाना पड़ता। एक सिंह समागम काल में अपने समूह की अनेक मादाओं के साथ समागम करता है। सिंह समागम काल में उग्र हो जाता है और जोर-जोर से दहाड़ता है। कभी-कभी ऐसे में कोई नया सिंह आ जाता है और पहले वाले सिंह को चुनौती देता है। ऐसी स्थिति में दोनों सिंहों के मध्य भयानक

युद्ध होता है। यह युद्ध इतना भयानक होता है कि कभी-कभी इसमें एक सिंह की मृत्यु तक हो जाती है। विजेता सिंह 'प्राइड' का स्वामी बन जाता है और 'प्राइड' की अधिकांश मादाओं के साथ समागम करता है। सामान्यतया सिंहनी दो वर्ष की आयु में वयस्क एवं समागम के योग्य हो जाती है तथा ढाई-तीन वर्ष की आयु में प्रजनन करने लगती है। पाँच वर्ष की आयु में इसकी प्रजनन क्षमता अपने चरम पर होती है।

सिंहनी एक बार में 2 से 5 तक शावकों को जन्म देती है। जन्म के समय शावकों की लम्बाई लगभग 30 सेन्टीमीटर और वजन 450 ग्राम से 500 ग्राम तक होता है। इनके शरीर पर जन्म के समय धब्बेदार कोट होता है। सिंह शावकों की पूँछ जन्म के समय काफी चौड़ी होती है और इसके अन्त में बालों का गुच्छा नहीं होता। बाघ शावकों के समान सिंह शावक भी जन्म के समय पूर्णतया पराश्रित होते हैं तथा इनकी आँखें बन्द रहती हैं। सिंह शावकों के पालन-पोषण में सिंहनी की महत्त्वपूर्ण भूमिका होती है। सिंह शावकों के पालन-पोषण में सिंहनी की महत्त्वपूर्ण भूमिका होती है। यह बच्चों को अपना दूध पिलाती है तथा बड़ी सावधानी से इनकी सुरक्षा करती है। सिंह शावकों की आँखें 6 दिनों में खुल जाती हैं एवं 3 सप्ताह बाद इनके दाँत निकलना आरम्भ हो जाते हैं। सिंहनी अपने शावकों को 3 माह तक दूध पिलाती है और इसके बाद शिकार करना सिखाती है। सिंह के छोटे-छोटे बच्चे ढूँठ वाले और सूखे वृक्षों पर चढ़ते हैं और आपस में खेलते हैं। ये खेल-खेल में युद्ध का अभ्यास भी करते हैं। यह आवश्यक भी है। आगे चल कर इन्हें 'प्राइड' का स्वामी

बनने के लिए किसी शक्तिशाली नर से युद्ध करना पड़ता है। सिंह शावकों को सर्वाधिक खतरा 'प्राइड' के स्वामी नर सिंह से होता है। यह अवसर मिलते ही बच्चों को मार डालता है और चट कर जाता है। अपने शावकों को नर सिंह से बचाने के लिए सिंहनी शिकार के लिए जाते समय उन्हें छिपा कर जाती है तथा शेष समय भी वह पूरी तरह सचेत रहती है। शावकों की सुरक्षा के लिए मादाओं और बच्चों को हमेशा 'प्राइड' में रहना आवश्यक है, किन्तु बच्चों का जीवन और भविष्य 'प्राइड' के नेता नर सिंह पर निर्भर करता है। सिंह कभी भी किसी भी शावक को मार सकता है। सिंहनी अपने शावकों को बचाने का प्रयास करती है, किन्तु वह सिंह से कमजोर होती है, अतः बचा नहीं पाती। इस प्रकार एक 'प्राइड' के लगभग चौथाई शावक 'प्राइड' के नेता सिंह द्वारा मार दिए जाते हैं। सिंहनी हमेशा अपने शावकों के वयस्क हो जाने के बाद अथवा उनके मर जाने के बाद ही पुनः समागम करती है, अतः सिंह अपने शावकों का शत्रु बन जाता है। सिंह शावकों की अन्य कारणों से भी मृत्युदर अधिक है। सिंह शावकों को सबसे अन्त में भोजन मिलता है, अतः उन्हें कभी भी पूरा भोजन नहीं मिल पाता और उन्हें कई-कई दिन भूखा रहना पड़ता है। 'प्राइड' के अन्य सदस्यों के साथ ही सिंहनी भी अपने कमजोर शावकों पर ध्यान नहीं देती, अतः ये शावक तो प्रायः मर ही जाते हैं। जीव-वैज्ञानिकों का मत है कि शावकों के भोजन में प्रायः विटामिन्स की कमी रहती है, अतः छोटी आयु में इनकी मृत्यु दर अधिक रहती है। इस प्रकार इस खूँखार हिसंक जीव की संख्या पर प्रकृति द्वारा स्वतः

नियन्त्रण होता रहता है। सिंह यदि इन सभी विपदाओं और मानव से बचा रहता है तो 10 से 12 वर्ष की आयु तक जीवित रहता है। चिड़ियाघरों में इसकी आयु बढ़ जाती है तथा यह 16 से 20 वर्ष तक जीवित रहता है।

सिंह शावक एक वर्ष की आयु में स्वतन्त्र रूप से शिकार करने लगते हैं तथा लगभग दो वर्ष में वयस्क हो जाते हैं। 'प्राइड' में नर वयस्कों का कोई स्थान नहीं होता। इन्हें वयस्क होते ही 'प्राइड' छोड़ना पड़ता है, किन्तु मादाएँ 'प्राइड' में बनी रहती हैं। इसीलिए यह कहा जाता है कि एक 'प्राइड' की सभी वयस्क मादाएँ सगी बहनें होती हैं अथवा इनकी मादा सन्तानें। ये सभी एक-दूसरे को गंध से पहचानती हैं। एक प्राइड की बहुत-सी मादाएँ प्रायः एक-दूसरे से अलग हो जाती हैं और फिर एक लम्बे समय बाद एक-दूसरे से मिलती हैं। ये एक-दूसरे को गंध से पहचान तो लेती हैं, किन्तु इनमें पहले जैसी घनिष्ठता का अभाव रहता है।

सिंह के जीवन में 'प्राइड' का सर्वाधिक महत्त्वपूर्ण स्थान होता है। इसे सुरक्षा तथा भोजन आदि 'प्राइड' के सहयोग से ही प्राप्त होता है। किन्तु 'प्राइड' मातृवंशीय होता है। इनमें शिकारगाह अर्थात् सीमाक्षेत्र भी सिंहनी से उसकी मादा सन्तान अथवा सन्तानों को हस्तान्तरित किया जाता है। 'प्राइड' के मातृवंशीय होने के कारण वृद्ध, बीमार एवं कमजोर सिंह की स्थिति 'प्राइड' में बड़ी दयनीय हो जाती है। उसे कोई युवा शक्तिशाली नर आकर पराजित कर देता है और मार कर खा जाता है अथवा वह 'प्राइड' छोड़कर चला जाता है। 'प्राइड' की मादाएँ वृद्ध सिंह को बोझ समझती हैं एवं उसे प्राइड से निष्कासित कर देती हैं। इस प्रकार बहिष्कृत सिंह प्रायः अपना शेष जीवन एकान्त में व्यतीत करता है।

भारतीय सिंह किसी समय दक्षिणी यूरोप, दक्षिणी एशिया, उत्तरी और मध्य भारत के पूर्वी क्षेत्रों और सम्पूर्ण अफ्रीका में बहुत बड़ी संख्या में पाया जाता था। धीरे-धीरे इसकी संख्या में कमी आई। यूरोप में अन्तिम सिंह 80 से 100 ए.डी. के मध्य मारा गया। भारत में भी एक लम्बे समय से सिंह की स्थिति अच्छी नहीं है। यहाँ अठारहवीं और उन्नीसवीं शताब्दी में सिंह का इतना अधिक शिकार किया गया कि यह विलुप्ति के कगार पर पहुँच गया। सन् 1884 में भारत में मात्र 12 सिंह बचे थे। इस समय तक ईरान, ईराक सहित सम्पूर्ण मध्य-पूर्व एशिया में सिंह समाप्त हो चुके थे। बीसवीं सदी के आरम्भ में सिंह को बचाने का कार्य आरम्भ हुआ और शीघ्र ही इसकी संख्या 300 तक पहुँच गई। इसके बाद सिंहों की संख्या पुनः घटने लगी और सन् 1968 तक केवल 175 सिंह बचे। इस समय तक उत्तरी और दक्षिण अफ्रीका से सिंह पूरी तरह समाप्त हो चुके थे।

भारत सरकार सिंह की गिरती हुई स्थिति से चिन्तित थी तथा किसी प्रकार सिंह को विलुप्त होने से बचाना चाहती थी। भारत सरकार के प्रयासों के पूर्व जूनागढ़ के

नवाब ने सन् 1900 में अपने राज्य में सिंहों के शिकार पर आंशिक प्रतिबन्ध लगा दिया था, जिससे सिंहों की संख्या बढ़ी थी। जूनागढ़ राज्य के अन्तर्गत लगभग 400 वर्ग किलोमीटर क्षेत्र में फेले हुए गिर के जंगल आते थे, जो सिंहों के निवास के लिए सर्वाधिक आदर्श स्थान था। आजादी के बाद भारत सरकार ने गिर को राष्ट्रीय उद्यान घोषित कर दिया और सिंहों के शिकार पर पूरी तरह प्रतिबन्ध लगा दिया। इससे सिंहों के शिकार में कुछ कमी तो अवश्य आई, किन्तु कोई उत्साहवर्धक परिणाम सामने नहीं आए। अन्त में भारत सरकार ने सिंहों की संख्या बढ़ाने के लिए 1972 में 'प्रोजेक्ट लॉयन' आरम्भ किया। 'प्रोजेक्ट लॉयन' को 'प्रोजेक्ट टाइगर' के समान तो सफलता नहीं मिली, किन्तु फिर भी लगभग 30 वर्षों में भारतीय सिंह की संख्या 180 से बढ़कर 304 हो गई। इस समय विश्व में लगभग 500 सिंह हैं। इनमें लगभग 300 सिंह गिर राष्ट्रीय उद्यान में हैं तथा 200 सिंह देव-विदेश के विभिन्न चिड़ियाघरों में रखे गए हैं।

भारत में सिंहों की गणना दो प्रकार से की जाती है। मृत सिंहों की गणना द्वारा और पंजों के निशानों द्वारा। कभी-कभी सिंहों की गणना के लिए जंगली भैंसों का उपयोग किया जाता है। इसके लिए जंगल में विभिन्न स्थानों पर 100 जंगली भैंसे बाँध दिए जाते हैं। सिंह इन्हें मार कर खाते हैं जिससे इनकी संख्या का पता चल जाता है। सामान्यतया एक सिंह एक भैंसा पाँच दिन में खा लेता है।

भारतीय सिंह के समान ही अफ्रीकी सिंह की स्थिति भी अच्छी नहीं है। किसी समय सम्पूर्ण अफ्रीका में बहुत बड़ी संख्या में सिंह पाए जाते थे, किन्तु अब ये केवल घाना, युगांडा, तंजानिया जैसे कुछ देशों में शेष बचे हैं। बीसवीं सदी के अन्तिम दशक में एक बार कुत्तों द्वारा फैली बीमारी 'कैनाइन डिस्टेंपर' से तंजानिया के लगभग 3000 सिंह मारे गए। इससे अफ्रीकी सिंह भी तंजानिया में विलुप्ति के कगार पर पहुँच गया। अन्त में तंजानिया सरकार ने भी भारत की तरह अपने देश में 'प्रोजेक्ट लॉयन' आरम्भ किया। इस प्रोजेक्ट के परिणाम स्वरूप अब तंजानिया में सिंहों की संख्या धीरे-धीरे बढ़ रही है।

सिंह की स्थिति अभी भी ठीक नहीं है। इसकी संख्या कभी धीरे-धीरे बढ़ती है तो कभी तेजी से कम होने लगती है। अतः इसके विलुप्त होने की आशंका अभी समाप्त नहीं हो पाई है। सिंह को बचाने के विशेष प्रयास आवश्यक हैं। यदि ऐसा नहीं किया गया तो यह शानदार वन्य प्राणी भारतीय चीते के समान हमेशा-हमेशा के लिए धरती से समाप्त हो जाएगा।

# तेंदुआ

तेंदुआ मार्जार परिवार का सर्वाधिक तेज, फुर्तीला और चालाक वन्यजीव है। इसका वैज्ञानिक नाम पैंथेरा पार्डस है। अंग्रेजी मे इसे पैन्थर और लेपर्ड दोनों नामों से जाना जाता है। उन्नीसवीं सदी के अन्त तक विश्व के अधिकांश जीव वैज्ञानिक पैन्थर और लेपर्ड को अलग-अलग जाति का जीव मानते थे। बड़े आकार के शक्तिशाली वन्यजीव को पैन्थर कहा जाता था और छोटे तथा कम शक्तिशाली वन्यजीव को लेपर्ड कहा जाता था। हिन्दी में भी इन्हें क्रमशः गुलदार और तेंदुए के नाम से जाना जाता था। गुजरात के लोग आज भी यह मानते हैं कि इसकी दो जातियाँ होती हैं। गुजरात में तेंदुए को दीपड़ा कहते हैं। यहाँ पैन्थर अर्थात् गुलदार को सिंह दीपड़ा और सामान्य तेंदुए को कुत्ती दीपड़ा कहा जाता है। इन दोनों प्रकार के तेंदुओं की शारीरिक

संरचना के साथ ही आदतों और व्यवहारों में भी पर्याप्त भिन्नता होती है। सामान्यतया दोनों जोड़ा बनाने हेतु अपनी ही जाति के साथी की तलाश करते हैं तथा उसी के साथ समागम करते हैं, किन्तु विभिन्नताओं के आधार पर दोनों को अलग-अलग जातियों का वन्यजीव माना गया। आधुनिक वैज्ञानिकों ने इनका गहन और सूक्ष्म अध्ययन करने के बाद यह निष्कर्ष निकाला कि गुलदार और सामान्य तेंदुआ दोनों एक ही जाति के जीव हैं।

विश्व में तेंदुए की चौदह प्रजातियाँ पाई जाती हैं–भारतीय तेंदुआ, सिक्किम एवं नेपाल का तेंदुआ, सिन्धी तेंदुआ, कश्मीरी तेंदुआ, श्रीलंका का तेंदुआ, आमूर तेंदुआ, मध्य फारस का तेंदुआ, उत्तरी फारस का तेंदुआ, जावा का तेंदुआ, श्याम का काला तेंदुआ, पश्चिमी अफ्रीका का तेंदुआ और एरित्रिआ का तेंदुआ।

तेंदुए का मूल निवास साइबेरिया है। यह एशिया में सहारा को छोड़कर लगभग सभी भागों में पाया जाता है। यह तिब्बत के पठारों पर भी नहीं मिलता। किसी समय यह अंडमान द्वीप समूह, वाली और मेडागास्कर में पाया जाता था। किन्तु अब यह यहाँ से पूरी तरह समाप्त हो गया है। यह अपने मूल स्थान साइबेरिया में भी समाप्त हो चुका है। यूरोप में यह केवल रूस के काकेशस में शेष बचा है। तेदुआ नई दुनिया

अर्थात् उत्तर अमरीका और दक्षिण अमरीका में नहीं पाया जाता। यह आस्ट्रेलिया और न्यूजीलैंड में भी नहीं मिलता।

तेंदुआ भारत के लगभग सभी भागों में पाया जाता है। यह घास के मैदानों, चारागाहों, वर्षा वनों, खुले जंगलों आदि में सरलता से रह सकता है। इसे अर्ध रेगिस्तानी भागों में भी सरलता से देखा जा सकता है। तेंदुए को चट्टानी भागों, झाड़ियों वाले स्थानों और प्राकृतिक गुफाओं वाले स्थानों में रहना अधिक अच्छा लगता है। कभी-कभी यह टीले जैसे ऊँचाई वाले भागों पर अपना आवास बना लेता है। यहाँ से यह नीचे विचरण करते हुए जीवों को सरलता से देख सकता है और उनका शिकार कर सकता है। तेंदुए में विभिन्न प्रकार की परिस्थितियों और परिवेश के अनुसार अपने को ढालने की अभिनव क्षमता होती है। यही कारण है कि जहाँ कहीं भी थोड़ा-बहुत शिकार उपलब्ध हो, वहाँ यह मिल जाता है।

तेंदुआ कुशल वृक्षारोही है। इसकी गणना मार्जार परिवार के सर्वाधिक सफल वृक्षारोही वन्यजीव के रूप में की जाती है। यह अपना अधिकांश समय वृक्षों पर व्यतीत करता है एवं कभी-कभी वृक्षों पर ही छिप कर जमीन पर विचरण करते हुए हिरन, गवय, जंगली, सुअर आदि का शिकार करता है। यह अच्छा तैराक भी है, किन्तु केवल आवश्यक होने पर ही यह पानी में उतरता है और तैरता है। वास्तव में तेंदुए को पानी से कोई लगाव नहीं होता। यह गर्मियों के मौसम में भी पानी के निकट रहना पसन्द नहीं करता।

तेंदुआ प्रायः अकेले विचरण करता है। इसकी सभी इन्द्रियाँ अति संवेदनशील होती हैं। इसमें छिपने की प्रवृत्ति बाघ और सिंह से अधिक होती है। इसके सम्बन्ध में यह कहा जाता है कि छोटी-छोटी झाड़ियों और घास के मध्य, जहाँ बाघ और सिंह अपना सिर भी नहीं छिपा सकते, वहाँ तेंदुआ अपना पूरा शरीर कुशलता से छिपा लेता है। तेंदुआ दोपहर के समय धूप और गर्मी से बचने के लिए लम्बी-लम्बी घास के मध्य अथवा किसी छायादार स्थान पर आराम करता है और प्रातःकाल एवं सूरज ढलने के बाद शाम से लेकर रात तक सक्रिय रहता है। किन्तु जहाँ इसका अधिक शिकार किया जाता है, वहाँ यह पूरी तरह रात्रिचर हो गया है। तेंदुआ छलाँगें लगाने में बड़ा कुशल होता है। एक बार एक तेंदुआ 6.5 मीटर लम्बी छलाँग लगा कर चलती मालगाड़ी के 2.2 मीटर ऊँचे डब्बे पर चढ़ गया था। तेंदुए की शारीरिक संरचना इस प्रकार की होती है कि काफी ऊँचाई से कूदने पर भी इसे चोट नहीं लगती।

तेंदुए की शारीरिक संरचना मार्जार परिवार के बड़े जीवों, बाघ, सिंह आदि के समान होती है। किन्तु अलग-अलग स्थानों पाए जाने वाले तेंदुओं के आकार में काफी भिन्नता होती है। कभी-कभी एक ही स्थान पर पाए जाने वाले तेंदुओं में भी आकार की भिन्न देखी जा सकती है। गुजरात के सिंह दीपड़ा और कुत्ती दीपड़ा इसके उदाहरण हैं। इसी प्रकार इसकी विभिन्न प्रजातियों के आकार और शरीर के रंगों आदि में भी पर्याप्त विविधता देखी जा सकती है।

सामान्य तेंदुआ बाघ और सिंह से छोटा होता है। इसके शरीर की लम्बाई 210 सेन्टीमीटर से लेकर 250 सेन्टीमीटर तक हो सकती है। इसमें इसकी 70-80 सेन्टीमीटर

लम्बी पूँछ भी सम्मिलित है। कभी-कभी ढाई मीटर से भी बड़े तेंदुए देखने को मिल जाते हैं। 23 मार्च, 1939 को मध्य प्रदेश के जंगलों में श्री यशोधर सिंह ने एक तेंदुआ मारा था, जिसकी लम्बाई 260 सेन्टीमीटर थी। किन्तु इतने लम्बे तेंदुए बहुत कम ही मिलते हैं। तेंदुए की कन्धों तक की ऊँचाई लगभग 60 सेन्टीमीटर एवं वजन 45 किलोग्राम से 60 किलोग्राम तक होता है, किन्तु 80 किलोग्राम तक वजन वाले तेंदुए भी पाए गए हैं। मादा नर तेंदुए से छोटी होती है एवं कम शक्तिशाली होती है। इसकी पूँछ सहित लम्बाई लगभग 185 सेन्टीमीटर और वजन 27 किलोग्राम से 40 किलोग्राम तक होता है। इसकी पूँछ लम्बी और मजबूत होती है एवं इसमें 23 अथवा 24 हड्डियाँ होती हैं।

तेंदुए का शरीर इकहरा और कसा हुआ होता है। इसकी त्वचा के रंगों और बालों की लम्बाई पर परिवेश का सीधा प्रभाव पड़ा है। यही कारण है कि अलग-अलग स्थानों और अलग-अलग परिवेश में रहने वाले तेंदुओं के रंग और बालों की लम्बाई में पर्याप्त भिन्नता होती है। सामान्य तेंदुए के शरीर का रंग भूरापन लिए हुए पीला तथा पेट और शरीर के नीचे का भाग सफेदी लिए हुए हल्के रंग का होता है एवं इसके पूरे शरीर पर काले रंग के धब्बे अथवा चित्तियाँ होती हैं। तेंदुए के चारों पंजे गद्दियों वाले होते हैं। इसके आगे के पंजों में पाँच-पाँच और पीछे के पंजों में चार-चार तेज और नुकीले नाखून होते हैं। किन्तु चारों पंजों में पाँच-पाँच नाखून वाले अर्थात् बीस नाखून वाले तेंदुए भी कभी-कभी देखने को मिल जाते हैं। तेंदुए के नाखूनों की प्रमुख विशेषता यह होती है कि यह जब चाहे, अपने नाखूनों को भीतर की तरफ मोड़कर पंजों की गद्दियों के भीतर छिपा सकता है। इससे इसे शिकार करने में सुविधा रहती है। यदि इसके नाखून भीतर की ओर मुड़ने वाले न होते तो ये चलते समय घिस कर, शिकार करने योग्य नहीं रह जाते। तेंदुआ अपने अँगूठों का उपयोग नहीं करता। यही कारण है कि इसका अँगूठा बहुत पतला हो गया है। तेंदुए की चाल विशिष्ट प्रकार की होती है। इसके चलने का ढंग इस प्रकार का होता है कि जमीन पर इसके पीछे के पैर आगे के पैरों के पद चिह्नों के ठीक ऊपर पड़ते हैं। अतः इसके पद चिह्न दो रेखाओं में दिखाई देते हैं।

तेंदुए का एक दुर्लभ प्रतिरूप भी पाया जाता है-काला तेंदुआ। मार्जार परिवार के बड़े जीवों में यह सर्वाधिक जंगली और खतरनाक होता है। यह एशिया के अनेक भागों में मिलता है। कभी-कभी यह अफ्रीका के घने जंगलों में भी देखने को मिल जाता है। भारत में दक्षिण भारत के पश्चिमी घाट के जंगलों में इसकी संख्या अधिक है। एक बार विख्यात वन्यजीव विशेषज्ञ रोमेश बेदी ने सन् 1958 में ढिकाला से रामनगर जाते हुए, कार्बेट नेशनल पार्क में इसे देखा था। अर्थात् यह उत्तर भारत में भी है। भारत में यह सिक्किम और असम में भी मिलता है। काला तेंदुआ सदाबहार घने वनों में उन स्थानों पर रहना अधिक पसन्द करता है, जहाँ वर्षा अधिक होती हो।

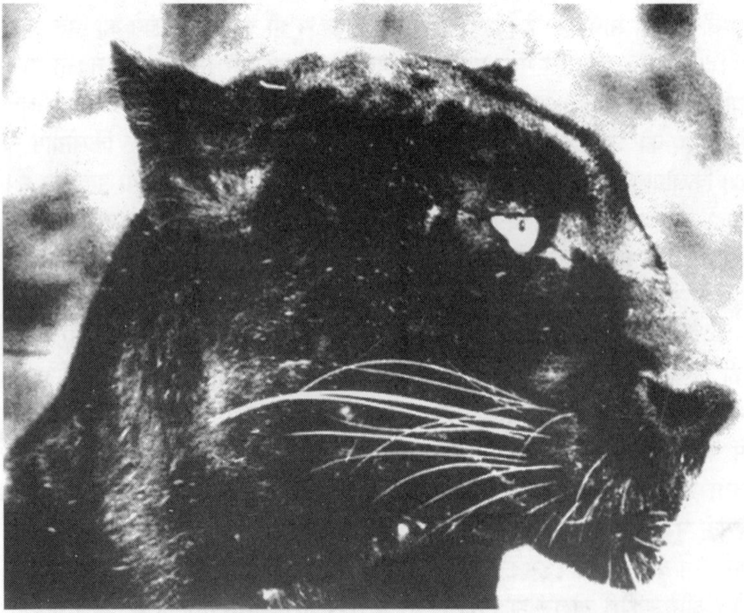

काले तेंदुए की शारीरिक संरचना सामान्य तेंदुए के समान होती है। इसका पूरा शरीर काले रंग का होता है। दिन के समय सूर्य के प्रकाश में यदि इसे ध्यान से देखा जाए तो इसके शरीर पर बहुत हल्के धब्बे अथवा चित्तियाँ देखी जा सकती हैं। ये निशान सामान्य तेंदुए से पूरी तरह मिलते-जुलते हैं। जीव वैज्ञानिकों का मत है कि काला तेंदुआ तेंदुए की कोई विशिष्ट जाति अथवा उपजाति नहीं है। इसका विकास सामान्य तेंदुए के शरीर पर पाए जाने वाले काले रंग के धब्बों और चित्तियों के विकास से हुआ है। काले तेंदुए की सभी आदतें, व्यवहार और शिकार आदि का ढंग सामान्य तेंदुए के समान होता है, अतः यह कहा जा सकता है कि काला तेंदुआ सामान्य तेंदुए का ही एक प्रतिरूप है।

काले तेंदुए का समागम और प्रजनन पूरी तरह सामान्य तेंदुए के समान होता है एवं ये आपस में समागम भी करते हैं। एक बार अक्टूबर 1972 में असम के गुवाहाटी चिड़ियाघर से एक काला नर तेंदुआ उड़ीसा के नंदन कानन लाया गया। यहाँ इसने एक सामान्य मादा तेंदुआ रूपा के साथ सफलतापूर्वक समागम किया। रूपा ने 2 अगस्त, 1973 को दो बच्चों को जन्म दिया। ये दोनों काले रंग के थे। इन बच्चों का जन्म के समय वजन क्रमशः 587 ग्राम और 550 ग्राम था तथा ये क्रमशः 43 सेन्टीमीटर और 44 सेन्टीमीटर लम्बे थे। इनकी पूँछ इनके शरीर के तिहाई भाग के बराबर थी। अर्थात् लगभग 15-15 सेन्टीमीटर लम्बी थी। सूर्य के प्रकाश

में बहुत निकट से देखने पर इनके शरीर पर सामान्य तेंदुए के समान धब्बे और चित्तियाँ दिखाई देती थीं। किन्तु दूर से देखने पर ये पूरी तरह काले थे।

काले तेंदुए के समान सफेद तेंदुआ भी होता है, किन्तु सफेद तेंदुआ एक दुर्बल वन्यजीव है। जुलाई 1989 में डामडिम (बंगाल) के जंगलों में एक सफेद तेंदुआ पकड़ा गया था। इसी प्रकार एक सफेद तेंदुआ हजारी बाग के जंगलों में पकड़ा गया था। यह इंग्लैंड के ब्रिटिश म्यूजियम में अभी भी सुरक्षित हैं।

तेंदुए की गणना विश्व के सर्वाधिक सफल शिकारी वन्यजीवों में की जाती है। यह छोटे-छोटे जीवों से लेकर अपने से दुगने आकार के अथवा इससे भी बड़े जीवों का शिकार करता है। भारतीय तेंदुए का प्रमुख शिकार चीतल है। इसके साथ ही यह कृष्णमृग, जंगली सुअर, बंदर, सेही, गाय, बैल, भेड़, बकरी आदि को भी अपना आहार बनाता है। अफ्रीकी तेंदुआ इम्पाला, रीडबक आदि अनेक प्रकार के हिरनों और गवयों के साथ ही जेब्रा का भी शिकार करता है। इनके साथ ही यह खरगोश जैसे छोटे जीवों और विभिन्न प्रकार के पक्षियों को भी अपना निशाना बनाता है। वास्तविकता यह है कि तेंदुआ सब कुछ खाता है। यह छोटे-छोटे कीड़े भी नहीं छोड़ता। सामान्य या छोटे और वृद्ध तेंदुए छोटे जीवों का शिकार करते हैं तथा युवा और वयस्क तेंदुए बड़े जीवों पर हाथ साफ करते हैं। तेंदुए प्रायः सियारों और लकड़बग्घों से अपने शिकार को बचाने के लिए उसे वृक्षों पर खींच लेता है और वहीं आराम से खाता है। यह बचा हुआ शिकार वृक्षों पर ही छिपा देता है। यहाँ इसका

शिकार जमीन की तुलना में अधिक सुरक्षित रहता है। तेंदुआ इतना शक्तिशाली होता है कि यह अपने से दुगने भारी और शक्तिशाली जीव को भी मार कर उसे सरलता से वृक्ष पर ले जाता है। एक अच्छा हिरन लगभग दो सप्ताह के भोजन के लिए पर्याप्त होता है, किन्तु तेंदुआ एक ऐसा हिंसक जीव है, जो पेट भरा होने पर भी शिकार करता है।

तेंदुए का शिकार करने का ढंग सिंह और बाघ से पूरी तरह भिन्न होता है। यह हमेशा छिप कर शिकार करता है। तेंदुआ प्रायः रात को शिकार करता है, किन्तु कभी-कभी इसे दिन के समय भी शिकार करते हुए देखा जा सकता है। यह शिकार की प्रतीक्षा में किसी चट्टान, झाड़ी अथवा घास-फूस की ओट में छिप कर बैठ जाता है और जैसे ही इसका शिकार निकट आता है, यह उस पर टूट पड़ता है और उसे दबोच लेता है। कभी-कभी यह किसी वृक्ष पर चढ़कर बैठ जाता है और शिकार की प्रतीक्षा करता है। इसकी उपस्थिति से अनजान शिकार जैसे ही वृक्ष के नीचे से गुजरता है, यह उस पर टूट पड़ता है और उसे मार डालता है। कभी-कभी तेंदुआ शिकार प्राप्त करने के लिए बड़ा रोचक ढंग अपनाता है। यह हिरनों के झुंड से कुछ दूरी पर जाकर जमीन पर लोट लगाने लगता है, जिसे देख कर हिरनों को बड़ा आश्चर्य होता है तथा जिज्ञासावश कोई एक हिरन इसके निकट आ जाता है। इसी समय यह बड़ी तेजी से उठता है और झपट कर अपने शिकार का गला पकड़ लेता है या उसके सिर पर अपने दाँत गड़ा देता है।

तेंदुए के शिकार और शिकार करने के ढंग के समान ही तेंदुए की भोजन सम्बन्धी आदतें भी बहुत रोचक होती हैं। प्रायः यह देखा गया है कि प्रत्येक तेंदुए को एक निश्चित शिकार विशेष रूप से पसन्द होता है। उदाहरण के लिए एक तेंदुआ प्रायः इम्पाला का शिकार करेगा तो दूसरा तेंदुआ केवल जेब्रा मारेगा। अफ्रीका के कारिबा (जाम्बिया) का एक विख्यात तेंदुआ केवल तिलापिया मछली ही खाता था। इसी प्रकार एक तेंदुए को मेढक खाने की आदत पड़ गई थी। तेंदुआ अपने प्रिय शिकार की खोज में कभी-कभी अपने निवास से तीन-तीन किलोमीटर तक दूर चला जाता है। इस मध्य यदि इसे कोई हिरन, गवय या इसी प्रकार का कोई अन्य शिकार मिलता है तो यह उसे छोड़ देता है। कुछ तेंदुए भेड़, बकरी अथवा कुत्ते खाने लगते हैं। कुत्ते खाने वाले तेंदुए इतने दुस्साहसी हो जाते हैं कि ये घरों के भीतर तक आ जाते हैं और कुत्ते को उठा ले जाते हैं। बहुत से तेंदुओं को तेंदुए खाते हुए देखा गया है। प्रायः क्षेत्र सीमा निर्धारित करते समय, क्षेत्र पर अधिकार करते समय अथवा समागम काल में दो तेंदुओं में भयानक युद्ध होता है। ऐसे में विजेता तेंदुआ प्रायः हारे हुए तेंदुए को मार कर खा जाता है।

वृद्ध तेंदुआ, बीमार तेंदुआ, घायल तेंदुआ अथवा कमजोर तेंदुआ प्रायः नर भक्षी हो जाता है। नर भक्षी तेंदुआ नरभक्षी शेर और नरभक्षी सिंह से भी अधिक खतरनाक होता है। एक विशेष प्रकार का शिकार पसन्द करने की प्रवृत्ति के कारण यदि एक बार एक तेंदुआ किसी मानव को शिकार बना लेता है तो फिर यह हमेशा मानव को ही अपना आहार बनाता है। एक बार एक नर भक्षी तेंदुए ने 9 वर्षों में 125 लोगों को अपना निशाना बनाया। यह विश्व कीर्तिमान है।

तेंदुए का समागम और प्रजनन बड़ा रोचक और रोमांचक होता है। इनमें समागम और प्रजनन का कोई निश्चित समय नहीं होता। यही कारण है कि इनमें पूरे वर्ष भर समागम और प्रजनन देखने को मिलता है। तेंदुआ एकान्त में विचरण करने वाला वन्यजीव है। यह केवल समागम के समय ही मादा के निकट आता है। कभी-कभी समागम के समय एक ही मादा के निकट दो नर तेंदुए पहुँच जाते हैं। इस प्रकार की स्थिति आ जाने पर दोनों नरों में लड़ाई होती है। यह लड़ाई इतनी भयानाक होती है कि दोनों में से एक तेंदुए की मृत्यु तक हो जाती है। यदि ऐसा नहीं होता है तो भी विजेता तेंदुआ पराजित तेंदुए को प्रायः भागने का अवसर नहीं देता और उसे मार कर खा जाता है। विजेता तेंदुआ मादा के साथ रहता है और समागम करता है।

मादा तेंदुआ समागम काल में कुछ उग्र तथा हिंसक दिखाई देने लगती है। यह नर तेंदुओं के मध्य होने वाली लड़ाई में कोई रुचि नहीं लेती तथा लड़ाई समाप्त हो जाने के बाद विजेता के साथ समागम करती है। मादा का गर्भकाल सामान्यतया 87

से 99 दिन तक का होता है। एक बार एक मादा तेंदुए ने 105 दिनों में बच्चों को जन्म दिया था। मादा एक बार में दो अथवा तीन बच्चों को जन्म देती है, किन्तु इसे छह बच्चों तक को जन्म देते हुए भी देखा गया है। तेंदुए के बच्चे सिंह और बाघ के बच्चों के समान जन्म के समय पूर्णतया असहाय होते हैं तथा इनकी आँखें बन्द रहती हैं। जन्म देने के बाद मादा अपने बच्चों को दूध पिलाती है, उनकी सुरक्षा करती है तथा पूरी सावधानी के साथ उनका पालन-पोषण करती है। तेंदुए के बच्चों के शरीर पर जन्म के समय से ही अच्छे बाल होते हैं तथा इनका विकास सिंह और बाघ के बच्चों की तुलना में तीव्र गति से होता है। ये लगभग 10 दिन में आँखें खोल देते हैं और मादा के पास इधर-उधर खेलना आरम्भ कर देते हैं। तेंदुए के बच्चे बचपन से ही बहुत तेज और चालाक होते हैं तथा आपस में खूब खेलते हैं, शैतानी करते हैं और शोर मचाते हैं।

तेंदुए के बच्चों के विकास में मादा की महत्त्वपूर्ण भूमिका होती है। यह अपने बच्चों के कुछ बड़े हो जाने पर उन्हें शिकार लाकर खिलाती है और छोटे-छोटे प्रशिक्षण देती है। तेंदुए के बच्चे जब सात-आठ माह के हो जाते हैं तो मादा के साथ शिकार पर जाने लगते हैं और शिकार करना सीखते हैं। ये दो वर्ष की आयु में अल्पवयस्क हो जाते हैं और स्वतन्त्र रूप से शिकार करना आरम्भ कर देते हैं।

बाघ और सिंह की तुलना में नर तेंदुआ अपने बच्चों पर अधिक ध्यान देता है। सिंह तो अवसर मिलने पर अपने बच्चे मार कर खा जाता है और बाघ प्रायः समागम के बाद बाघिन से अलग हो जाता है। इन दोनों से अलग हट कर तेंदुआ अपने बच्चों के पालन-पोषण में तो कोई रुचि नहीं लेता, किन्तु यह अपने बच्चों के आसपास ही रहता है और जैसे ही इसके बच्चों को किसी प्रकार का कोई खतरा होता है, यह बच्चों के निकट पहुँच जाता है और उनकी सुरक्षा करता है।

तेंदुए के बच्चे साढ़े तीन से चार वर्ष के मध्य पूर्णतया वयस्क और प्रजनन योग्य हो जाते हैं। मादा तेंदुआ जल्दी वयस्क होती है। यह ढाई से तीन वर्ष की आयु में प्रजनन आरम्भ कर देती है, जबकि नर तीन-चार वर्षों में प्रजनन योग्य हो पाते हैं। तेंदुए की आयु सिंह और बाघ के समान ही होती है। यह जंगल में लगभग बारह-पन्द्रह वर्ष जीवित रहता है। चिड़ियाघरों में इसकी आयु बढ़ जाती है। एक तेंदुआ एक चिड़ियाघर में 23 वर्ष तक जीवित रहा था।

तेंदुए को बड़ी सरलता से पालतू बनाया जा सकता है और चिड़ियाघरों में रखा जा सकता है। चिड़ियाघरों में यह बिना किसी परेशानी के प्रजनन भी करता है। भारत सहित कुछ अन्य देशों में तेंदुए और सिंह की मिश्रित सन्तानें प्राप्त करने के लिए प्रयोग किए गए हैं। ये प्रयोग काफी सफल भी हुए हैं तथा तेंदुए और सिंह को आपस में प्रजनन कराके बच्चे प्राप्त किए गए हैं। इन बच्चों को लियोपोन्स कहते हैं।

तेंदुआ एक तेज फुर्तीला, चालाक और निडर वन्यजीव है। जंगल में तेंदुए की बुद्धिमानी और साहस के ऐसे दृश्य देखने को मिल जाते हैं, जो रोचक होने के साथ ही रोमांचक भी होते हैं। सन् 1953 की बात है। एक बार टंगानिका के ऑनरेरी गेम रेंजर मिस्टर एस. डावनी ने देखा कि एक तेंदुए ने बड़ी फुर्ती से एक थामसन गजेल का शिकार किया और उसे लेकर एक वृक्ष पर चढ़ गया। इसी समय वहाँ एक सिंहनी आ गई और उसने तेंदुए को शिकार वृक्ष पर ले जाते हुए देख लिया। सिंहनी भूखी थी और शिकार की तलाश में निकली थी। वह भी वृक्ष पर चढ़ गई और तेंदुए का पीछा करने लगी। तेंदुए ने पीछे मुड़ कर सिंहनी को देखा और फिर अपने शिकार के साथ वृक्ष की फुनगी तक पहुँच गया। यहाँ वृक्ष की शाखाएँ बहुत पतली थीं और सिंहनी का बोझ नहीं सहन कर सकती थी। सिंहनी किसी तरह भी तेंदुए के शिकार तक नहीं पहुँच सकती थी, अतः वह नीचे उतर आई और लगभग 50 मीटर की दूरी पर जाकर लेट गई।

तेंदुआ सिंहनी की उपस्थिति में वृक्ष की फुनगी पर अपना शिकार आराम से नहीं खा सकता था, अतः उसने शिकार को कहीं दूर ले जाकर, किसी अन्य वृक्ष पर जाकर खाने का निर्णय लिया। तेंदुए ने कुछ समय तक प्रतीक्षा की और जब उसे लगा कि सिंहनी सो गई है तो वह अपने शिकार के साथ नीचे उतरा। किन्तु इसी समय सिंहनी की नींद टूट गई और वह पुनः तेंदुए की ओर बढ़ी। तेंदुए ने समय नहीं बरबाद किया और पहले की तरह बड़ी तेजी और फुर्ती से अपने शिकार के साथ उसी वृक्ष की फुनगी तक जा पहुँचा, जिस पर वह पहले चढ़ा था।

तेंदुए के सम्बन्ध में अनेक भ्रामक धारणाएँ प्रचलित हैं। इसीलिए लोग इसे अवसर मिलते ही मार डालते हैं। वास्तव में तेंदुआ मानव का मित्र है, शत्रु नहीं। तेंदुआ विभिन्न प्रकार के हिरन, गवय, जंगली सुअर, बबून आदि मार कर फसलों को बचाता है। इस प्रकार यह किसानों के हितों की रक्षा करता है। एक तेंदुए को चूहे खाने की आदत पड़ गई थी। यह केवल गन्ने के खेतों में घुस कर चूहे ही खाता था।

तेंदुए का शिकार प्रायः इसके समूर के लिए किया जाता है। इसके समूर से लोग अपने ड्राइंग रूम सजाते हैं। इसके साथ ही इसके समूर से स्त्रियों के फैशन के कपड़े, पर्स आदि तैयार किए जाते हैं। इनकी अमरीका और यूरोप के अधिकांश देशों में बड़ी माँग है। सरवाइवल सर्विस कमीशन ऑफ द इन्टरनेशनल यूनियन के अनुसार सन् 1963 में नैरोबी में लगभग 5000 तेंदुओं का शिकार किया गया तथा इनकी खाल सोमालिया और इथोपिया के माध्यम से यूरोप भेजी गईं। सामान्यतया ये तेंदुए विष देकर, पंजा पकड़ने के यन्त्र द्वारा तथा बन्दूक की गोली से मारे गए थे।

तेंदुए की मौत का दूसरा कारण इसका नरभक्षी होना है। यह पहले ही बताया जा चुका है कि बीमार, वृद्ध, कमजोर अथवा घायल तेंदुआ प्रायः नरभक्षी हो जाता

है और जो तेंदुआ एक बार मानव मांस का स्वाद चख लेता है, वह फिर हमेशा मानव का ही शिकार करता है। बाघ और सिंह हमेशा भूख लगने पर ही शिकार करते हैं, किन्तु तेंदुए में शिकार संग्रह की प्रवृत्ति होती है, अतः यह पेट भरा होने पर भी शिकार करता है। एक नर भक्षी तेंदुए के निकट जब कभी भी कोई मानव पहुँच जाता है तो उसे छोड़ता नहीं है। यही कारण है कि अन्ततः नरभक्षी तेंदुए को गोली का निशाना बनना पड़ता है।

वर्तमान समय में तेंदुए के शिकार में कुछ कमी आई है। इसका प्रमुख कारण है वन्यजीवों के प्रति जागरुकता तथा वन्यप्राणी संरक्षण में लगी हुई संस्थाओं के प्रयास। किन्तु इससे कोई विशेष सकारात्मक प्रभाव नहीं पड़ रहा है। नगरों और गाँवों का विस्तार, जंगलों की कटाई, पर्यावरण प्रदूषण, हिरन और गवय जैसे शिकारों की कमी आदि के कारण तेंदुओं की संख्या में निरन्तर कमी आ रही है तथा इसकी कुछ जातियाँ तो विलुप्ति के कगार पर पहुँच गई हैं।

# चीता

चीता एक रोचक वन्यजीव है। अंग्रेजी में इसे हंटिंग लेपर्ड कहते हैं। एक हिंसक जीव होते हुए भी इसे सरलता से पालतू बनाया जा सकता है। जीवाश्मों के अध्ययन से ज्ञात हुआ है कि यह अत्यन्त प्राचीन जीव है तथा इसका मूल निवास एशिया है। एशिया से यह मानव के साथ एक पालतू जीव के रूप में अफ्रीका पहुँचा और फिर सम्पूर्ण अफ्रीका में फैल गया। चीता नई दुनिया में नहीं मिलता। किसी समय यह एशिया और अफ्रीका के बहुत बड़े क्षेत्र में फैला हुआ था, किन्तु अब यह ईरान, ईराक, अल्जीरिया, मोरक्को, मिस्र, इथोपिया, अरब, सीरिया एवं रोडेसिया में ही शेष बचा है। भारत में अन्तिम चीता 1952 में देखा गया था। इसके बाद यह देखने को नहीं मिला। अर्थात् भारत से चीता हमेशा-हमेशा के लिए लुप्त हो चुका है।

चीता न तो घने जंगलों और लम्बी-लम्बी घास वाले स्थानों पर रहना पसन्द करता है और न ही सामान्य मैदानों में। यह झाड़ियों वाले भागों में मिलता है। चीता प्रायः एकान्त में विचरण करता है और अकेले ही शिकार करता है, किन्तु कभी-कभी यह समूह बना कर रहता है। इसके समूह में नर और मादा दोनों होते हैं। इसके एक समूह में सदस्यों की संख्या 12 से अधिक नहीं होती। इनमें कभी-कभी नर अलग समूह बनाते हैं, किन्तु मादाएँ कभी भी अलग से अपना समूह नहीं बनातीं।

चीता एक अद्भुत वन्यजीव है। इसमें कुछ गुण बड़ी बिल्ली परिवार के जीवों-बाघ, सिंह, तेंदुआ आदि के होते हैं और कुछ गुण कुत्ता परिवार के

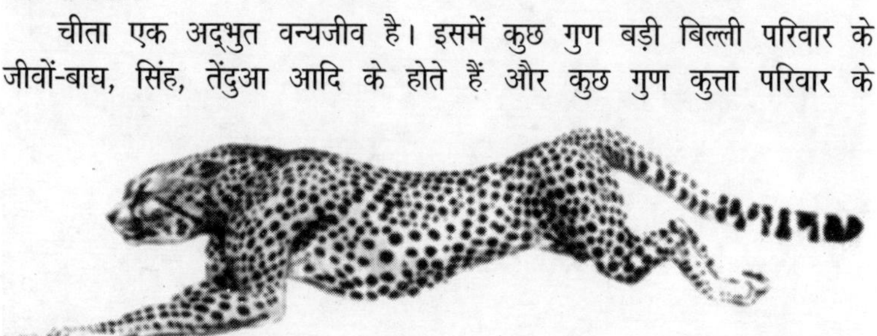

जीवों-भेड़िया, लोमड़ी आदि के समान होते हैं। यह बिल्ली परिवार के जीवों के समान अपने पैर भीतर की ओर करके नहीं बैठता, बल्कि कुत्ता परिवार के जीवों के समान अपने पैर भीतर की ओर करके बैठता है। यही कारण है कि इसके झुकने का ढंग बड़ा विशिष्ट बन गया है। चीते के पैरों में भी कुछ विशेषताएँ बिल्ली परिवार के जीवों की होती हैं और कुछ विशेषताएँ कुत्ता परिवार के जीवों की होती हैं। इसके पंजे कुत्ता परिवार के जीवों के समान होते हैं। अर्थात् इसके पंजे पूरी तरह भीतर की ओर नहीं मुड़ते। चीते के पैरों और पंजों की विशिष्ट संरचना ने ही इसे विश्व का सबसे तेज दौड़ने वाला वन्यजीव बना दिया है।

चीते की एक प्रमुख विशेषता यह है कि यह कुछ दूरी तक बहुत तेज गति से दौड़ता है और फिर रुक जाता है। यह दूरी 150 मीटर से लेकर 400 मीटर तक हो सकती है। इसकी दूसरी प्रमुख विशेषता यह है कि यह मात्र दो सैकेंड में 45 मीटर तक की गति बढ़ा सकता है। यह क्षमता किसी अन्य जीव में नहीं होती है। किन्तु चीता लम्बी दूरी तक तेज गति से नहीं भाग सकता। यही कारण है कि यह एक सीमित दूरी होने पर कृष्ण मृग जैसे जीव को सरलता से पकड़ लेता है, किन्तु यदि दूरी अधिक हो तो जंगली सुअर जैसे जीव भी भाग कर अपनी जान बचाने में सफल हो जाते हैं। एक स्वस्थ चीता जंगल में अधिकतम 112 किलोमीटर प्रति घंटा की गति से भाग सकता है।

चीते की शारीरिक संरचना बिल्ली परिवार के अन्य जीवों के समान होती है। इसके शरीर की तुलना में इसका सिर काफी छोटा होता है तथा पैर लम्बे होते हैं।

चीता सिंह और बाघ से छोटा होता है। इसके शरीर की लम्बाई 110 सेन्टीमीटर से लेकर 140 सेन्टीमीटर तक, कन्धों तक की ऊँचाई 80 सेन्टीमीटर से 95 सेन्टीमीटर तक तथा वजन 45 किलोग्राम से लेकर 60 किलोग्राम तक होता है। इसकी पूँछ 60 सेन्टीमीटर से लेकर 80 सेन्टीमीटर तक लम्बी होती है। अर्थात् एक सामान्य चीते की नाक से लेकर पूँछ के अन्तिम भाग तक की लम्बाई लगभग 2.1 मीटर होती है। मादा नर चीते से छोटी होती है एवं इसका वजन भी नर से कम होता है। चीते के शरीर का रंग गेहुँए और बादामी से लेकर हल्का भूरा पन लिए हुए पीला तक होता है। इसके पेट और शरीर के नीचे का भाग हल्के रंग का होता है तथा सफेदी लिए हुए पीला सा दिखाई देता है। चीते के गले और ठोढ़ी वाले भाग को छोड़कर शेष पूरे शरीर पर काले रंग की चित्तियाँ होती हैं। इन चित्तियों का कोई निश्चित क्रम अथवा प्रतिमान नहीं होता। चीते की पूँछ का सिरा सफेद होता है। चीते के दोनों गालों पर काले रंग की दो धारियाँ होती हैं, जो आँखों के पास से आरम्भ होती हैं और मुँह तक चली जाती हैं। रोडेशिया में चीते की एक विशिष्ट जाति पाई जाती है, जिसके शरीर पर चित्तियों के स्थान पर काले रंग की लम्बी-लम्बी धारियाँ होती हैं। इसे किंग चीता कहते हैं। यह चीते की कोई विशिष्ट जाति नहीं है, बल्कि स्थानीय प्रभाव का शानदार उदाहरण है।

चीते की दोनों आँखें इसके सिर पर काफी ऊँचाई पर होती हैं। इससे इसे अपने चारों ओर देखने में विशेष सुविधा रहती है। बाघ, सिंह, तेंदुआ आदि बिल्ली परिवार के अन्य जीवों की तुलना में चीते के कान छोटे होते हैं, किन्तु इसकी नाक के दोनों छेद बड़े होते हैं। चीते के नथुने बड़े होने के कारण दौड़ने में इसे विशेष सुविधा रहती है। दौड़ते समय इसे इन्हीं नथुनों से अतिरिक्त ऑक्सीजन मिलती रहती है। चीते की पूँछ भी दौड़ने में इसे विशेष सहयोग प्रदान करती है। यह तीव्र गति से दौड़ते और तेजी से मुड़ते समय शारीरिक सन्तुलन बनाए रखने का काम करती है। इस प्रकार यह कहा जा सकता है कि चीते की विशिष्ट शारीरिक संरचना ने ही इसे विश्व का सर्वाधिक तेज धावक वन्यजीव बना दिया है।

चीता लोचदार शरीर वाला एक तेज वन्यजीव है। इसकी विशिष्ट शारीरिक संरचना ने इस विश्व का सर्वाधिक तेज धावक होने के साथ ही एक कुशल शिकारी भी बना दिया है। चीता प्रायः अकेले शिकार करता है। कभी-कभी दो चीते मिल कर भी शिकार कर लेते हैं, किन्तु यह झुंड बना कर कभी भी शिकार नहीं करता। चीते का प्रमुख भोजन विभिन्न प्रकार के हिरन और गवय (एन्टीलोप) हैं। अफ्रीकी चीता मुख्य रूप से थामसन जैसे गवयों का शिकार करता

है। इसके साथ ही यह जंगली बीस्ट, ज़ेब्रा और शुतुरमुर्ग को भी अपना निशाना बनाता है। बड़ा शिकार न मिलने पर चीता पक्षियों और खरगोश जैसे छोटे जीवों से भी अपना काम चला लेता है।

चीते का शिकार करने का ढंग बिल्ली परिवार के अन्य जीवों से पूरी तरह भिन्न होता है। बिल्ली परिवार के अधिकांश जीव एक स्थान पर अपने शिकार की प्रतीक्षा करते हैं और शिकार के निकट आने पर झपट कर उसे दबोच लेते हैं। इसके विपरीत चीता अपने शिकार का पीछा करता है, उसे दौड़ाता है और फिर उसके आगे निकल कर उसका शिकार करता है। यह अपने शिकार को पकड़ने के बाद उसका गला पकड़कर उसे जमीन पर गिरा देता है, जिससे कुछ ही क्षणों में उसके प्राण-पखेरू उड़ जाते हैं। चीता सर्वप्रथम अपने शिकार के गुर्दे और हृदय खाता है तथा उसका खून पीता है। इसके बाद सिर खाता है और अन्त में शरीर का शेष भाग खाता है। चीते की एक प्रमुख विशेषता यह है कि यह पेट भरा होने पर कभी शिकार नहीं करता।

जंगल में शिकार करते हुए चीतों का जीव वैज्ञानिकों ने बड़ी निकटता से गहन और सूक्ष्म अध्ययन किया है, जिससे इसकी शिकार सम्बन्धी आदतों और व्यवहारों से सम्बन्धित अनेक रोचक तथ्य प्रकाश में आए हैं। चीता कभी-कभी किसी वन्यजीव का पीछा करता है और उसे कुछ दौड़ाने के बाद छोड़ देता है। सामान्यतया इसका कारण चीते में लम्बी दूरी तक तेज दौड़ पाने की क्षमता का अभाव है। चीता अपने शिकार को देखते ही उसकी ओर बढ़ता है। इसे अपनी ओर बढ़ता देख कर शिकार एक ओर भाग खड़ा होता है। अब चीता शिकार का पीछा करता है और कुछ ही क्षणों में वह अधिकतम गति से दौड़ने लगता है। शिकार इस

गति से नहीं भाग पाता। अतः यदि दोनों के बीच दूरी कम होती है तो चीता अपने शिकार को दबोचने में सफल हो जाता है, किन्तु यदि दूरी अधिक होती है तो दोनों भागते रहते हैं। चीता तीन-चार सौ मीटर से अधिक नहीं भाग पाता, अतः वह रुक जाता है, जबकि इसका शिकार प्रायः लम्बी दूरी तक दौड़ने में सक्षम होता है। अतः वह चीते की पहुँच से दूर निकल जाता है।

चीते के सम्बन्ध में यह कहा जाता है कि यह प्रायः भयभीत और डर कर भागते हुए वन्यजीवों को अपना निशाना बनाता है। एक बार अफ्रीका के जंगली चीतों ने शिकार करने के उद्देश्य से एक जंगली सुअर को डराने का प्रयास किया, किन्तु जंगली सुअर चीतों से न डरा और न ही भागा। अतः चीतों ने उसे छोड़ दिया और फिर एक इम्पाला का शिकार किया।

चीते के सम्बन्ध में यह भी कहा जाता है कि यह हिरनों और गवयों के झुंड में सबसे बड़े सदस्य को शिकार के लिए चुनता है और तेंदुए के समान छिप कर आक्रमण करने के स्थान पर खुल कर आक्रमण करता है। एक बार पूर्वी अफ्रीका के एक जंगल में थामसन गजेल का एक झुंड चर रहा था। अचानक न जाने कहाँ से एक चीता आ गया और गज़ेलों के झुंड से लगभग 100 मीटर की दूरी पर खड़ा हो गया। चीते ने अपने को छुपाने का कोई प्रयास नहीं किया और धीरे-धीरे गजेलों के झुंड की ओर आगे बढ़ा। गजेलों ने भी चीते को अपनी ओर आगे बढ़ते देख लिया और वे सावधान हो गए, किन्तु भागे नहीं, बस थोड़ा सा पीछे हट कर चरने लगे। पर जब चीते ने छलाँग लगाई तो गजेल इधर-उधर भागे। इसी समय चीते ने तेज गति से भाग कर उस थामसन गजेल को दबोच लिया, जिसका उसने चयन किया था। चीते के सम्बन्ध में यह कहा जाता है कि यह शिकार करने के पूर्व झुंड के किसी एक जीव को चुन लेता है और उसी का शिकार करता है। यदि किसी प्रकार चीते द्वारा चुना गया शिकार भागने में सफल हो जाता है तो यह झुंड के किसी अन्य जीव का शिकार नहीं करता और लौट जाता है।

बाघ, सिंह, तेंदुआ आदि बिल्ली परिवार के जीवों के सम्बन्ध में यह कहा जाता है कि इनकी त्वचा के रंग, धारियाँ, धब्बे, चित्तियाँ आदि कॉमाफ्लास का कार्य करते हैं, जिससे ये अपने आसपास की घास अथवा झाड़ियों से इस प्रकार घुल-मिल जाते हैं कि निकट होते हुए भी इनका शिकार नहीं देख पाता, किन्तु यह तथ्य चीते पर नहीं लागू होता। चीते की त्वचा पर काले रंग की चित्तियाँ अवश्य होती हैं, किन्तु चीता इनसे कॉमाफ्लास का काम नहीं लेता।

चीते का समागम और प्रजनन बिल्ली परिवार के अन्य जीवों के समान होता है। इनमें वर्ष भर समागम देखने को मिलता है अतः पूरे वर्ष भर बच्चे होते रहते

हैं। समागम के पूर्व नर और मादा के मध्य कोई विशेष अथवा लम्बे समय तक चलने वाली प्रणय लीला नहीं होती। मादा का गर्भकाल लगभग 13 सप्ताह का होता है। अर्थात् समागम के 13 सप्ताह बाद मादा बच्चों को जन्म देती है। सामान्यतया मादा दो-तीन बच्चों को जन्म देती है, किन्तु कभी-कभी इसे 5 बच्चों को जन्म देते हुए भी देखा गया है।

चीते के नवजात बच्चे की पीठ का रंग पीलापन लिए हुए धूसर होता है एवं शेष शरीर पीलापन लिए हुए कत्थई रंग का होता है तथा पूरे शरीर पर गहरे रंग की चित्तियाँ होती हैं। इसकी आँखें बन्द रहती हैं तथा यह जन्म देने वाली मादा पर पूरी तरह आश्रित रहता है। मादा नवजात बच्चे को दूध पिलाती है एवं इसकी सुरक्षा करती है। लगभग दो सप्ताह में बच्चे की आँखें खुल जाती हैं और यह अन्य बच्चों के साथ खेलना आरम्भ कर देता है। कुछ बड़ा होने पर मादा इसे शिकार के दाँव-पेंच सिखाती है और अपने साथ शिकार के लिए ले जाती है। चीते की एक महत्त्वपूर्ण विशेषता यह है कि इसका बच्चा बड़ी कुशलता और तेजी के साथ वृक्षों पर चढ़ जाता है, जबकि वयस्क चीता इतने अच्छे ढंग से वृक्षों पर नहीं चढ़ पाता। इससे यह स्पष्ट हो जाता है कि चीता बिल्ली परिवार का ही जीव है, किन्तु इसका विकास बिल्ली परिवार के जीवों से अलग हट कर हो रहा

है। ऐसा क्यों हो रहा है? इस प्रश्न का सन्तोष जनक उत्तर जीव वैज्ञानिकों के पास नहीं है।

चीते के बच्चों की जंगल में मृत्यु दर बहुत अधिक है। प्रायः यह देखा गया है कि इसके आधे बच्चे एक वर्ष की आयु पूरी होने के पहले ही मर जाते हैं। बीसवीं सदी के उत्तरार्ध में कुछ यूरोपीय देशों में चिड़ियाघरों में चीते का प्रजनन कराने के प्रयास आरम्भ हुए। इस दिशा में पहली सफलता जर्मनी को मिली। सन् 1960 में जर्मनी के एक चिड़ियाघर में चीते का सफल प्रजनन हुआ। इसके बाद अन्य देशों के चिड़ियाघरों में चीते ने बच्चे दिए। चिड़ियाघरों में चीते के बच्चों का पालन-पोषण वैज्ञानिक ढंग से चिड़ियाघर के कर्मचारियों द्वारा किया गया, अतः इनकी मृत्युदर में भी काफी कमी आई। वर्तमान समय में यूरोप और एशिया के कुछ देशों के चिड़ियाघरों में चीते को बचाए रखने के लिए इसी प्रकार के प्रयास किए जा रहे हैं।

चीता मानव का मित्र है, शत्रु नहीं। यह खेती को नुकसान पहुँचाने वाले जीवों का शिकार करके फसलों की रक्षा करता है तथा प्राकृतिक सन्तुलन को बनाए रखने का कार्य करता है। बिल्ली परिवार के अन्य जीवों की तुलना में चीता अधिक विश्वसनीय वन्यजीव है। इसे बड़ी सरलता से पालतू बनाया जा सकता है और

अपने साथ रखा जा सकता है। यह अपने मालिक के साथ खेलता है और उसे प्यार करता है, किन्तु चीता पालना एक खर्चीला शौक है। इसके साथ ही चीता उन लोगों को पालना चाहिए, जिन्हें वन्यजीवों को पालने का ज्ञान हो। चीता पालना कभी-कभी खतरनाक भी होता है। जीव वैज्ञानिकों का मत है कि 50 किलोग्राम से अधिक वजन वाला चीता नहीं पालना चाहिए। इस प्रकार का चीता जाने-अनजाने अपने स्वामी का अहित कर सकता है। सामान्यतया चीते को पता ही नहीं चलता और उसके स्वामी का नुकसान हो जाता है। कभी-कभी यह वास्तविक शिकारी रूप धारण कर लेता है और अपने स्वामी को मार डालता है।

चीता पालने का कार्य सदियों से किया जा रहा है। भारत के बहुत से राजा-महाराजा शिकार के लिए चीते पालते थे। इसके लिए चीतों को पकड़ा जाता था और उन्हें विशेष प्रकार का प्रशिक्षण दिया जाता था तथा बाद में उनकी सहायता से शिकार किया जाता था। सामान्यतया छोटी आयु के वन्यजीवों को पकड़कर उन्हें सरलता से प्रशिक्षित किया जा सकता है, किन्तु छोटी आयु के चीते के बच्चों को शिकार का प्रशिक्षण नहीं दिया जा सकता। ये शिकार न करके कुत्ते के पिल्लों की तरह पालतू बन जाते हैं, अतः शिकार हेतु हमेशा वयस्क चीतों को पकड़ा जाता था।

प्रशिक्षित चीते का शिकार का ढंग बड़ा रोचक होता था। इसके लिए पहियों वाला एक कटघरा बनाया जाता था। इस कटघरे में चीते को बन्द कर दिया जाता था और कटघेरे को दो बैल जंगल तक ले जाते थे। चीते की आँखों पर काले रंग के कपड़े की पट्टी बँधी रहती थी। जैसे ही जंगल में शिकार, विशेष रूप से कृष्ण मृग दिखाई देता था, चीते को कटघरे के भीतर से निकाल कर कटघरे के ऊपर बैठा दिया जाता था। जब शिकार लगभग 150 मीटर दूर रह जाता था तो चीते की आँखों से पट्टी हटा दी जाती थी। अब चीता बिजली की तेजी से भागता था और पलक झपकते ही कृष्णमृग की गर्दन दबोचकर उसे गिरा देता था। चीता लगभग 400 मीटर की दूरी तक अधिकतम गति से भाग सकता है। कृष्णमृग इससे अधिक दूरी तक तेज गति से भाग सकता है, किन्तु चीता बहुत जल्दी तीव्र गति पकड़ लेता है, जबकि कृष्ण मृग को गति पकड़ने में समय लगता है। अतः चीता कृष्णमृग को सरलता से दबोच लेता है। कृष्णमृग के गिरते ही चीते का स्वामी पहुँच जाता था और चीते की आँखों पर काली पट्टी चढ़ा देता था। इसके बाद रस्सी से शिकार का गला दबा कर एक बर्तन भर खून निकाला जाता था और पुनः चीते की पट्टी खोल दी जाती थी। चीता लप-लप करके ताजा खून पी जाता था। इसके बाद उसकी आँखों पर पट्टी चढ़ा कर उसे वापस कटघरे में भेज दिया जाता था। इस प्रकार एक चीता एक दिन में केवल एक शिकार करता था।

किसी समय विश्व के बहुत बड़े भू-भाग पर लाखों की संख्या में चीते पाए जाते थे। सोलहवीं सदी में मुगल बादशाह अकबर ने कृष्णमृगों का शिकार करने के लिए 1000 चीते पाले थे। यह इस बात का प्रमाण है, किन्तु अब यह अफ्रीका के अनेक भागों में विलुप्ति के कगार पर पहुँच गया है। भारत में तो अन्तिम चीता 1952 में देखा गया था। इसके बाद आज तक देखने को नहीं मिला। वर्तमान समय में यह अफ्रीका के कुछ भागों तथा एशिया और यूरोप के कुछ चिड़ियाघरों में ही शेष बचा है। इसे बचाने के लिए विशेष प्रयास आवश्यक है। यदि इसी प्रकार जंगल कटते रहे और चीते का शिकार होता रहा तो शीघ्र ही प्रकृति का यह शानदार वन्यजीव भारत के समान ही सम्पूर्ण विश्व से समाप्त हो जाएगा।

# हिम तेंदुआ

हिम तेंदुआ मध्य एशिया के पर्वतीय भागों का शानदार वन्यजीव है। इसका वैज्ञानिक नाम पैंथरा अंसिया है। अंग्रेजी में इसे स्नोलेपर्ड और आउन्स कहते हैं। इसके कुछ स्थानीय नाम भी विकसित हो गए हैं, जहाँ इसे इन्हीं नामों से जाना जाता है। यह हिमालय पर्वत के बर्फीले भागों और रोडोडेनड्रोन के वनों में 3660 मीटर से लेकर 3965 मीटर तक की ऊँचाई वाले बर्फ से ढँके भागों में पाया जाता है। गर्मियों में यह 5000 मीटर तक की ऊँचाई तक पहुँच जाता है। कभी-कभी इसे 6000 मीटर तक ऊँचे स्थानों पर देखा गया है। इतनी ऊँचाई वाले भागों तक मानव सरलता से नहीं पहुँच पाता है। हिम तेंदुआ में सर्दी सहन करने की बहुत अधिक क्षमता होती है। यह शून्य से चालीस डिग्री सेल्सियस तक नीचे के तापमान वाले भागों में भी सरलता से रह सकता है।

हिम तेंदुआ निर्जन बर्फीले प्रदेशों का वन्यजीव है। इसे सम्पूर्ण हिमालय क्षेत्र में देखा जा सकता है। यह कश्मीर और भूटान से लेकर तिब्बत एवं मध्य एशिया के एटलस तक पाया जाता है। भारत में यह हिमालय पर्वत के अधिकांश क्षेत्रों, कश्मीर, लद्दाख, अरुणाचल प्रदेश, हिमाचल प्रदेश के उत्तरी भागों, उत्तरांचल के कुमायूँ, टिहरी और गढ़वाल के ऊँचाई वाले भागों में मिलता है। इसे हिमालय से लगे क्षेत्रों में भी देखा जा सकता है।

हिम तेंदुआ एल्पाइन के जंगलों में, छोटी-छोटी झाड़ियों वाले भागों, पथरीले और चट्टानी क्षेत्रों में ऐसे स्थानों पर रहता है, जहाँ प्रायः वृक्ष नहीं पाए जाते। यही कारण है कि इसे वृक्षों पर चढ़ने का अभ्यास नहीं होता और यह अपना सम्पूर्ण जीवन जमीन पर व्यतीत करता है।

हिम तेंदुआ एकान्त में विचरण करने वाला वन्यजीव है। यह रात्रिचर है। अर्थात् दिन के समय यह माँदों, पत्थरों के नीचे, चट्टानों की दरारों में अथवा ऐसे ही किसी स्थान पर आराम करता है और रात में सक्रिय होता है। किन्तु कभी-कभी इसे दिन के समय भी घूमते हुए देखा गया है। हिम तेंदुआ बाघ और सामान्य तेंदुए के समान अपना सीमा क्षेत्र बनाता है। यह अपने क्षेत्र की सीमा के पत्थरों, चट्टानों, बर्फीले शिलाखंडों आदि को अपने नाखूनों से खरोंच कर निशान बनाता है एवं इन्हीं स्थानों पर मल-मूत्र विसर्जित करता है। हिम तेंदुआ ऐसे स्थानों पर रहता है, जहाँ भोजन बहुत कम उपलब्ध होता है। अतः इसके सीमाक्षेत्र बहुत बड़े होते हैं। इसके सीमा क्षेत्र इतने बड़े होते हैं कि सीमा क्षेत्र वाले दो नर हिम तेंदुए प्रायः एक-दूसरे से जीवन भर नहीं मिल पाते। हिम तेंदुआ अपने सीमा क्षेत्र के प्रति अधिक संवेदनशील नहीं होता। इसके सीमाक्षेत्र में कोई भी बाहरी हिम तेंदुआ आ सकता है। यह उसे कोई हानि पहुँचाए बिना अपने क्षेत्र से गुजर जाने देता है। किन्तु किसी भी हालत में दूसरे हिम तेंदुए को यह अपना शिकार नहीं देता।

हिम तेंदुआ प्रवासी वन्यजीव है। यह शिकार के कारण प्रतिवर्ष प्रवास करता है। सर्दियों के मौसम में शिकार के अधिकांश जीव नीचे घाटी में आ जाते हैं। इनके

साथ यह भी नीचे घाटी में आ जाता है। सर्दियों के मौसम में यह कभी-कभी 1830 मीटर तक की ऊँचाई पर आ जाता है। इसकी प्रवासी गतिविधियाँ, उन जीवों के अनुसार होती हैं, जिनका यह शिकार करता है।

हिम तेंदुए की शारीरिक संरचना सामान्य तेंदुए से कुछ भिन्न होती है। यह सामान्य तेंदुए से कुछ छोटा होता है। इसके शरीर की लम्बाई 190 सेन्टीमीटर से लेकर 220 सेन्टीमीटर तक होती है। इसमें इसकी लगभग 90 सेन्टीमीटर लम्बी पूँछ भी सम्मिलित है। इसकी ऊँचाई सामान्य तेंदुए से कुछ कम होती है तथा वजन 35 किलोग्राम से लेकर 55 किलोग्राम तक होता है। इसके शरीर का रंग सफेदी लिए हुए मटमैला धूसर से लेकर धुआँ जैसा धूसर होता है तथा नीचे का भाग अर्थात् पेट और चारों पैरों का भीतरी भाग सफेद होता है एवं इस पर गुलाब की पंखुरियों के समान काले रंग के धब्बे होते हैं। इसके चेहरे पर और पीछे के पैरों पर भी इसी प्रकार के निशान होते हैं। इसके शरीर की चित्तियाँ सामान्य तेंदुए की चित्तियों से कुछ अधिक लम्बी होती हैं एवं इनके मध्य का भाग सफेद होता है। हिम तेंदुए के शरीर की चित्तियाँ गर्मियों में अधिक स्पष्ट दिखाई देती हैं, किन्तु सर्दियों में इनका रंग फीका पड़ जाता है। इसकी पूँछ सामान्य तेंदुए से कुछ बड़ी, मोटी और घने बालों वाली होती है।

हिम तेंदुए का समूर बड़ा शानदार होता है। इसका समूर मार्जार परिवार के सभी जीवों में सर्वाधिक कोमल, घना एवं सुन्दर माना जाता है। यह सामान्य तेंदुए से छोटा होता है, किन्तु लम्बे और घने बालों वाले समूर के कारण अपने आकार से काफी बड़ा और भारी दिखाई देता है। हिम तेंदुए का चेहरा मार्जार परिवार के अन्य जीवों से अलग

होता है। इसका चेहरा गोल, मस्तक ऊँचा और थूथुन छोटा होता है। इसके नाक के नथुने बड़े होते हैं। इससे इसे साँस लेकर अपने शरीर को गर्म रखने में सहायता मिलती है। इसके चारों पैर शरीर की तुलना में अधिक शक्तिशाली होते हैं एवं पंजे अधिक चौड़े होते हैं, जिनसे इसे बर्फ पर चलने में सुविधा रहती है। इसका समूर इसे हिमालय के पर्वतीय भागों में शानदार कॉमाफ्लास प्रदान करता है एवं इसकी विशिष्ट शारीरिक संरचना ने इसे बर्फीले क्षेत्रों का शानदार जीव बना दिया है।

हिम तेंदुआ सामान्य तेंदुए की तरह हिंसक और खूँखार वन्यजीव है। यह निशाचर है। अर्थात् दिन में आराम करता है और सोता है तथा रात में शिकार की खोज में निकलता है। यह प्रातःकाल सूर्य निकलने के समय और शाम को सूर्य अस्त होने के बाद अधिक सक्रिय होता है। हिम तेंदुए की विशिष्ट शारीरिक संरचना और शक्तिशाली पंजों ने इसे बड़ा हिंसक शिकारी जीव बना दिया है। यह बड़े-बड़े जीवों को सरलता से मार सकता है। इसमें इतनी शक्ति होती है कि यह अपने शरीर से आठ गुना भारी, लगभग 300 किलोग्राम वजन वाली चँवरीगाय का सरलता से शिकार कर लेता है। किन्तु यह ऐसे स्थानों और परिस्थितियों में रहता है, जहाँ इतने बड़े जीव बहुत कम ही मिलते हैं।

हिम तेंदुए का शिकार विविधतापूर्ण होता है। यह चूहे जैसे छोटे, कुतरने वाले स्तनधारी जीवों से लेकर जंगली बकरियों और भेड़ों तक का शिकार करता है। सामान्यतया यह कस्तूरी मृग, साकिन (आइबेक्स), हिमालयी ताहर, मारखोर, हिममूस (मार्मोट), पहाड़ी खरगोश आदि का शिकार करता है। इनके साथ ही यह पक्षियों को भी अपना निशाना बनाता है। भोजन की कमी होने पर यह चूहे, मूस, छिपकली तथा इसी तरह के छोटे जीवों को खाकर अपना काम चलाता है।

हिम तेंदुए को सर्दियों में जंगली शिकार नहीं मिल पाते अथवा बड़ी कठिनाई से मिलते हैं, अतः यह सामान्य तेंदुए और बाघ की तरह अपने क्षेत्र के निकट की मानव बस्तियों पर अधिकार जमा लेता है तथा पालतू पशुओं, भेड़-बकरी, टट्टू आदि को अपना निशाना बनाता है। यह पालतू जीवों का शिकार करने के लिए चरते हुए पशुओं के झुंड का काफी दूरी से, छिप कर पीछा करता है अथवा एक स्थान पर छिप कर इनकी गतिविधियों पर नजर रखता है। और जैसे ही कोई जीव झुंड से अलग होता है, चुपचाप उसके निकट पहुँचता है और उसे दबोच कर भाग जाता है। कभी-कभी पालतू पशुओं के मालिकों को इसका पता चल जाता है और वे इसे मार कर मृत शिकार छीन लाते हैं और स्वयं खाते हैं।

हिम तेंदुए का भोजन करने का ढंग मार्जार परिवार के अन्य जीवों के समान होता है। यह बड़े जीवों का शिकार करने के बाद पहले उनका पेट फाड़ डालता है और इसके बाद पीछे की ओर से खाना आरम्भ करता है। यह प्रतिदिन डेढ़ किलोग्राम से लेकर ढाई किलोग्राम तक मांस खाता है। बरसात के मौसम में यह कम भोजन करता है, किन्तु सर्दियों के मौसम में इसकी खुराक बढ़ जाती है। हिम तेंदुए के

परिवेश और परिस्थितियों ने इसे मांसाहारी होते हुए पर्वतीय वनस्पतियाँ खाने पर मजबूर कर दिया है। एक अध्ययन के अनुसार लद्दाख के हिम तेंदुए के भोजन का 41 प्रतिशत भाग पर्वतीय वनस्पतियाँ होती हैं।

हिम तेंदुए का समागम और प्रजनन सामान्य तेंदुए की तरह होता है। इसका समागम काल प्रायः फरवरी के आरम्भ से शुरू हो जाता है और मार्च के अन्त तक चलता है। कुछ स्थानों पर इसका समागम काल शीतकाल के साथ ही आरम्भ हो जाता है। समागम काल आरम्भ होते ही मादा हिम तेंदुआ नर की खोज करती है। समागम के इच्छुक नर के मिल जाने पर दोनों लगभग एक सप्ताह साथ रहते हैं। इस मध्य ये साथ-साथ विचरण करते हैं, शिकार करते हैं, तरह-तरह की प्रणय लीलाएँ करते हैं एवं एक दिन मे अनेक बार समागम करते हैं। जो मादाएँ समागम से वंचित रह जाती हैं, वे दो माह बाद पुनः गर्मी पर आती हैं।

मादा हिम तेंदुआ का गर्भकाल 98 दिन से लेकर 103 दिन तक का होता है। गर्भकाल पूरा होने पर यह दो-तीन बच्चों को जन्म देती है, किन्तु यह 5 बच्चों तक को जन्म दे सकती है।

बच्चे सामान्यतया जून-जुलाई के महीनों में दिए जाते हैं, किन्तु यह आवश्यक नहीं है। इसके बच्चों की मृत्युदर अधिक है। इसके 4-5 बच्चों में केवल एक बच्चा ही बच पाता है। हिम तेंदुए के बच्चों की मृत्यु का प्रमुख कारण चट्टानों का गिरना और धसकना है। इसके साथ ही कुछ पहाड़ी वन्यजीव इसके बच्चों का शिकार भी करते हैं। मादा हिम तेंदुआ के शिकार हो जाने पर भी प्रायः इसके बच्चे जीवित नहीं बचते।

मादा हिम तेंदुआ बच्चों को जन्म देने के पूर्व किसी प्राकृतिक गुफा में अथवा किसी चट्टान के नीचे अपने समूर के बालों से मुलायम सा घोसला तैयार करती है, जिससे बच्चों को बर्फीली सर्दी से बचाया जा सके। इसके नवजात बच्चों का समूर, वयस्कों के विपरीत गहरे रंग का होता है। मादा हिम तेंदुआ जन्म देने के तुरन्त बाद अपने बच्चों को जीभ से चाट कर साफ करती है। किन्तु यह मृत बच्चों को छूती तक नहीं है। इसे अपने बच्चों की सफाई में एक घंटा अथवा कभी-कभी इससे भी अधिक समय लग जाता है। इसके बाद यह अपने बच्चों को गर्म करने के लिए अपने शरीर और पूँछ की कुंडली सी बना कर बैठ जाती है और इसमें बच्चों को छिपा लेती है। इस समय पास से देखने पर भी इसके बच्चे दिखाई नहीं देते। मादा हिम तेंदुआ मार्जार परिवार के अन्य जीवों की अपेक्षा अपने बच्चों को अधिक प्यार करती है। बच्चों के बेचैन होने पर यह भी बेचैन हो जाती है। अपने किसी भी बच्चे की साधारण सी परेशानी देखते ही यह भोजन तक छोड़कर उसके पास आ जाती है। यह प्रायः बच्चों के सो जाने के बाद ही शिकार पर निकलती है और भोजन करती है।

सामान्यतया मार्जार परिवार के वन्यजीवों में बच्चों के पालन-पोषण में नर की कोई भूमिका नहीं होती। सिंह जैसे वन्यजीव तो अवसर मिलते ही अपने बच्चों को मार डालते हैं। बहुत-सी छोटी बिल्लियाँ भी अपने बच्चों को नर से बचा कर रखती हैं। इन सबके विपरीत नर हिम तेंदुआ कभी-कभी बच्चों के पालन-पोषण में मादा को सहयोग करता है। हिम तेंदुए के नवजात बच्चे आरम्भ में मादा का दूध पीते हैं और अपना विकास करते हैं। इसके बाद 45 दिन से 60 दिन के मध्य ये मादा के साथ मांस खाने लगते हैं। लगभग एक वर्ष में ये आत्मनिर्भर हो जाते हैं और स्वतन्त्र रूप से अपना जीवन आरम्भ कर देते हैं।

हिंसक और खूँखार होते हुए भी हिम तेंदुए को बड़ी सरलता से पालतू बनाया जा सकता है और चिड़ियाघरों में रखा जा सकता है। इसे चिड़ियाघर में रख कर समागम और प्रजनन कराने में भी सफलता मिली है। भारत में पहली बार सन् 1989 में दार्जिलिंग के चिड़ियाघर में हिम तेंदुए का प्रजनन कराने में सफलता मिली थी। चिड़ियाघरों में प्रायः मादाएँ एक वर्ष में दो अथवा तीन बार गर्मी पर आती हैं और समागम करती हैं। प्रायः यह देखा गया है कि मादा हिम तेंदुआ गर्भधारण करने के बाद कुछ सुस्त हो जाती है और अपना अधिकांश समय आराम करने में व्यतीत करती है।

हिम तेंदुआ हिंसक जीव अवश्य है, किन्तु यदि इसका एक सप्ताह का बच्चा मिल जाए तो इसे सरलता से पाला जा सकता है। चिड़ियाघरों में जन्म लेने वाले हिम तेंदुए भी सरल स्वभाव के हो जाते हैं। लन्दन, बर्लिन, न्यूयार्क, मास्को आदि के चिड़ियाघरों में सौ से अधिक हिम तेंदुए आराम से रह रहे हैं। प्राकृतिक अवस्था में हिम तेंदुए को शिकार के लिए बहुत बड़े क्षेत्र में भ्रमण करना पड़ता है, अतः चिड़ियाघर में इसका

पिंजड़ा कम-से-कम 5 मीटर लम्बा और इतना ही चौड़ा बनाया जाता है तथा इसे कम-से-कम 6000 वर्ग मीटर क्षेत्रफल वाले बाड़े में रखा जाता है। विदेशों में तो इससे भी कई गुना बड़े पिंजड़े बनाए जाते हैं एवं विशाल बाड़ों में रखा जाता है।

हिमालय के पर्वतीय क्षेत्रों में यहाँ के भोटिया आदिवासी भेड़ों पर सामान लाद कर ले जाते हैं। हिम तेंदुआ भेड़ों का शिकार करता है। अतः ये लोग भेड़ों की सुरक्षा के लिए अपने साथ कम-से-कम दो कुत्ते अवश्य रखते हैं। हिम तेंदुआ कुत्तों का भी बड़ी सरलता से शिकार कर सकता है। अतः भोटिया आदिवासी अपने कुत्तों की गर्दन पर चौड़ा धातुई पट्टा बाँध देते हैं। इस धातुई पट्टे के ऊपर दाहिने-बाएँ कीलों की तरह नुकीले कुछ काँटे भी होते हैं। हिम तेंदुआ हमेशा अपने शिकार की गर्दन दबोचता है। अतः इन पट्टों के कारण ये कुत्ते सुरक्षित हो जाते हैं। इतना ही नहीं पट्टे वाले कुत्ते इतने दुस्साहसी हो जाते हैं कि ये हिम तेंदुए को सरलता से मार देते हैं।

हिम तेंदुए की वर्तमान स्थिति अच्छी नहीं है। प्रकृति का यह अभिनव वन्यजीव विलुप्ति के कगार पर है। इसकी स्थिति को देखते हुए भारतीय वन्यजीव बोर्ड ने 1952 में इसे उन 13 वन्यजीवों के साथ रखा था, जो अत्यन्त दुर्लभ थे तथा जिन्हें संरक्षण की सर्वाधिक आवश्यकता थी। हिम तेंदुए का मानव के अतिरिक्त कोई शत्रु नहीं है। सामान्यतया तेंदुए जैसे जीवों को नरभक्षी हो जाने पर मार दिया जाता है, किन्तु अभी तक किसी हिम तेंदुए के नरभक्षी होने की सूचना नहीं मिली है। हिम

तेंदुए का शिकार इसके शानदार समूर के लिए किया जाता है। इसका समूर मार्जार परिवार के सभी जीवों में सबसे सुन्दर होता है तथा विदेशों में इसकी भारी माँग है। इसके समूर से महिलाओं के कोट और जैकेट आदि बनाए जाते हैं। एक कोट तैयार करने के लिए 6 से 10 तक हिम तेंदुओं को मारा जाता है एवं एक कोट लगभग 20-25 लाख में बिकता है। हिम तेंदुए को समूर के साथ ही इसकी हड्डियों के लिए भी मारा जाता है। इसकी हड्डियों से देशी दवाएँ तैयार की जाती हैं। पर्यटन और ट्रैकिंग ने भी इसकी संख्या पर विपरीत प्रभाव डाला है। 1974 से प्रतिवर्ष आयोजित किए जाने वाले 'लद्दाख उत्सव' ने हिम तेंदुए को हानि पहुँचाई है। हिम तेंदुआ जिन क्षेत्रों में पाया जाता है, वहाँ के अधिकांश भागों पर सेना का अधिकार है। सेना के अधिकारी भी इसके बच्चे प्राप्त करने के लिए कभी-कभी इसे मार देते हैं। इन सभी कारणों से, राष्ट्रीय एवं अन्तर्राष्ट्रीय स्तर पर संरक्षण प्राप्त होने के बाद भी इसकी संख्या निरन्तर कम हो रही है।

हिम तेंदुए की अभी तक व्यवस्थित रूप से गणना नहीं की गई है। एक अनुमान के अनुसार विश्व में 4500 से 7500 तक हिम तेंदुए शेष बचे हैं। इनमें से लगभग 500 हिम तेंदुए भारत एवं विश्व के अन्य राष्ट्रीय उद्यानों एंव चिड़ियाघरों में हैं। भारत में लद्दाख के हेमिंस राष्ट्रीय उद्यान में इसे सरलता से देखा जा सकता है। यहाँ लगभग 400 हिम तेंदुए हैं।

हिम तेंदुआ प्राकृतिक अवस्था में अत्यन्त दुर्गम, पथरीली चट्टानों वाले बर्फ से ढँके पर्वत शिखरों पर अपना आवास बनाता है। यहाँ बहुत सर्दी पड़ती है तथा यातायात के साधन भी नहीं हैं। अतः इसका अध्ययन करना अत्यन्त कठिन कार्य हो गया है। विख्यात भारतीय वन्यजीव-विशेषज्ञ रामेश बेदी के बेटे नरेश बेदी और राजेश बेदी ने हिम तेंदुए पर एक डाक्यूमेन्ट्री बना कर सराहनीय कार्य किया है। किन्तु अभी तक इनका व्यावहारिक वैज्ञानिक अध्ययन नहीं किया गया है। वर्तमान परिस्थितियों को देखने से ऐसा लगता है कि प्रकृति के इस अभिनव जीव को बचाने के लिए इसका वैज्ञानिक अध्ययन और 'प्रोजेक्ट टाइगर' के समान 'प्रोजेक्ट स्नो लेपर्ड' आवश्यक है। इससे इस दुर्लभ वन्यजीव को समझने में सहायता मिलेगी और इसके सम्बन्ध में अनेक रोचक तथ्य प्रकाश में आएँगे तथा यह विलुप्त होने से भी बच जाएगा।

# जगुआर

जगुआर नई दुनिया का शानदार वन्यजीव है। यह उत्तर अमरीका के मैक्सिको से लेकर दक्षिण अमरीका के अर्जेन्टीना तक के भागों में पाया जाता है। इसे पनामा, ब्राजील, वेनेज्वेला, कोलम्बिया, पेरू, इक्वाडोर, गुआना, सूरीनाम, पैराग्वे, यूराग्वे आदि देशों के राष्ट्रीय उद्यानों, अभयारण्यों आदि में देखा जा सकता है। जगुआर घने जंगलों का वासी है, किन्तु यह दलदल और रेगिस्तानी भागों में भी सरलता से रह सकता है। इसकी स्थिति सभी स्थानों पर एक जैसी नहीं है। कुछ स्थानों पर यह काफी संख्या में है, किन्तु कुछ स्थानों पर, जहाँ नगरीय एवं औद्योगिक विकास हुआ है, वहाँ यह विरल सा हो गया है और अनेक स्थानों पर तो यह विलुप्ति के कगार पर पहुँच गया है। जगुआर की संख्या में शिकार के कारण भी बहुत कमी आई है। इसका समूर बड़ा शानदार और कीमती होता है। अतः इसके समूर के लिए भी इसे बहुत बड़ी संख्या में मारा गया है।

जगुआर पेटेगोनिया के मैदानी भागों से लेकर एण्डीज पर्वत शृंखलाओं तक पाया जाता है, किन्तु इसका प्रमुख स्थान नदियों के किनारे के घने जंगल हैं। यह ऐसे घने

जंगलों में रहना पसन्द करता है, जहाँ मानव सरलता से नहीं पहुँच सकता। यही कारण है कि इसके बारे में अभी तक बहुत अधिक अध्ययन नहीं किया जा सका है। जगुआर के समूर का रंग भी इसे सुरक्षा प्रदान करता है। इसके समूर का रंग इस प्रकार का होता है कि आस-पास के परिवेश से पूरी तरह घुल-मिल जाता है और इसे कॉमाफ्लास प्रदान करता है, अतः सामने होने पर भी यह प्रायः दिखाई नहीं देता। यही कारण है कि प्रकृति का यह विलक्षण अभी तक बचा हुआ है। जगुआर सीमाक्षेत्र बनाकर रहनेवाला वन्य जीव है। प्रत्येक जगुआर का अपना सीमाक्षेत्र होता है, जिसमें अन्य जगुआर प्रवेश नहीं कर सकते। एक जगुआर का सीमाक्षेत्र 5 वर्ग किलोमीटर से लेकर 13 वर्ग किलोमीटर तक हो सकता है। यह विविधता शिकार की उपलब्धता पर आधारित होती है। यदि शिकार अधिक उपलब्ध होता है तो सीमाक्षेत्र छोटा हो जाता है, किन्तु शिकार के कम होने पर सीमाक्षेत्र बड़ा हो जाता है। प्रत्येक जगुआर अपने सीमाक्षेत्र की रक्षा करता है। इसके सीमाक्षेत्र में यदि कोई अन्य जगुआर घुसने का प्रयास करता है तो यह उसे लड़कर भगा देता है। सामान्यतया सीमा क्षेत्र को लेकर दो जगुआरों के मध्य होने वाली लड़ाई अधिक हिंसक नहीं होती, किन्तु कभी-कभी इस लड़ाई में उन्हें गम्भीर चोटें आ जाती हैं।

जगुआर अपनी जाति का एक ही वन्यजीव है, किन्तु भौगोलिक आधार पर इसकी अनेक प्रजातियाँ विकसित हो गई हैं। इनके आकार और शरीर के रंगों में साधारण सा अन्तर होता है, किन्तु सभी की शारीरिक संरचना लगभग समान होती है। जगुआर की शारीरिक संरचना सामान्य तेंदुए की तरह होती है, किन्तु दोनों के समूर की चित्तियों में अन्तर होता है। जगुआर और तेंदुए दोनों के समूर पर चित्तियाँ होती हैं। जगुआर के समूर की चित्तियाँ लगभग 2.5 सेन्टीमीटर व्यास वाली होती हैं तथा चित्तियों के मध्य पीलापन लिए हुए मटमैले रंग के निशान होते हैं। इसकी चित्तियों में एक विशेष क्रम होता है। इनके समूर पर केन्द्र में एक चित्ती होती है और इसके चारों तरफ गुलाब की पंखुड़ियों के समान अन्य चित्तियाँ होती हैं। इस प्रकार की चित्तियाँ तेंदुए के शरीर पर नहीं पाई जातीं।

तेंदुए के समान जगुआर की गणना भी बिल्ली परिवार के बड़े जीवों मे की जाती है। इसके शरीर की लम्बाई 1.7 मीटर से लेकर 2.7 मीटर तक होती है। इसमें एक तिहाई भाग इसकी पूँछ का होता है। इसकी कन्धों तक की ऊँचाई 68 सेन्टीमीटर से 70 सेन्टीमीटर तक तथा शरीर का वजन 56.7 किलोग्राम से लेकर 113.4 किलोग्राम तक होता है। सामान्यतया जगुआर का वजन प्यूमा और तेंदुए से अधिक होता है, फिर भी यह बड़ी तेजी और फुर्ती से वृक्षों पर चढ़ जाता है। तेंदुए के समान ही जगुआर की गणना भी वृक्षों पर बड़ी कुशलता से चढ़ने वाले वन्यजीवों में की जाती है। जगुआर के शरीर का रंग पीलापन लिए हुए भूरा अथवा मटमैला-सा होता

है जो पेट और सीने की तरफ धीरे-धीरे हल्का होता जाता है। इसके पेट और सीने पर अनिश्चित संरचना वाले काले धब्बे होते हैं। इसकी पूँछ के ऊपर के आधे भाग पर भी धब्बे अथवा चित्तियाँ होती हैं, किन्तु पूँछ का नीचे का आधा भाग छल्लेदार होता है। जगुआर के नीचे वाले जबड़े के पास काले रंग का एक धब्बा होता है। इसके दोनों कानों के पीछे वाला भाग भी काला होता है।

जगुआर के शरीर के रंगों में पर्याप्त विविधता पाई जाती है। सामान्य जगुआरों के साथ ही कभी-कभी सूरजमुखी और काले जगुआर भी देखने को मिल जाते हैं। सूरजमुखी जगुआर के शरीर पर किसी तरह के रंग नहीं होते। यह पूरी तरह सफेद दिखाई देता है। काला जगुआर काले तेंदुए के समान होता है। वास्तव में काला जगुआर, जगुआर की कोई प्रजाति नहीं है, बल्कि इसके शरीर की काले रंग की चित्तियाँ बढ़ जाने और पूरे शरीर पर फैल जाने के कारण इसका पूरा शरीर काला हो जाता है।

जगुआर सिंह के समान दहाड़ने वाला जीव है, किन्तु यह बहुत कम ही दहाड़ता है। यह सामान्यतया घुरघुराने की आवाज अधिक निकालता है। यह शिकार के समय विशेष प्रकार की घुरघुराने की आवाज निकालता है, जिससे इसे सरलता से पहचाना जा सकता है। जगुआर एक कुशल शिकारी जीव है तथा यह अनेक प्रकार के जीवों का शिकार करता है। सामान्यतया यह हिरन, तापीर, स्लॉथ, बन्दर, चींटीखोर, पेकारी (एक प्रकार का सुअर) आदि का शिकार करता है। इसके साथ ही यह अनेक प्रकार के पक्षियों को भी अपना आहार बनाता है। जगुआर बहुत अच्छा तैराक है। यह जमीन के जीवों के साथ ही पानी के जीवों का भी शिकार करता है। यह मछलियों,

कछुओं, छोटे मगर, एलीगेटर तथा इसी प्रकार के अन्य पानी के जीवों पर आक्रमण करता है और उन्हें चट कर जाता है। एलीगेटर और मगर को यह आसानी से नहीं मार पाता। इनसे इसकी लड़ाई होती है। अन्त में प्रायः मगर और एलीगेटर मारे जाते है। इनके मरने के बाद जगुआर इन्हें पानी के बाहर खींच लाता है और फिर किसी सुरक्षित स्थान पर ले जाकर आराम से खाता है। यह सभी प्रकार के कछुओं का शिकार करता है। जगुआर पानी के किनारे कछुओं की प्रतीक्षा करता है और जैसे ही कोई मादा अंडे देने के लिए पानी के बाहर आती है, यह उसके निकट पहुँचता है और उसे उल्टा कर देता है तथा नीचे का कोमल आवरण फाड़कर उसे चट कर जाता है। यह कछुओं के साथ ही उनके अंडे भी खाता है। कछुओं के अंडे प्राप्त करने के लिए यह अपने आगे के पंजों से जमीन खोदता है और जमीन के भीतर के अंडे निकाल कर उन्हें खा जाता है।

जगुआर मछलियों का शिकार बड़े रोचक ढंग से करता है। मछलियों का शिकार करने के लिए यह पानी के भीतर पहुँच जाता है और अपनी पूँछ हिलाता है। इसकी पूँछ को मछलियाँ पानी का जीव समझकर इसकी ओर आकर्षित होती हैं और इसके निकट आ जाती हैं तथा इसकी पूँछ में काटती हैं। इसी समय जगुआर इन्हें अपने आगे के पंजों से पकड़कर जमीन पर फेंक देता है और बाहर आकर इन्हें चट कर जाता है। कभी-कभी यह मछलियों का शिकार एक-दूसरे ढंग से करता है। यह मछलियों का शिकार करने के लिए पानी के भीतर नहीं जाता, बल्कि फल वाले किसी

ऐसे वृक्ष पर चढ़कर बैठ जाता है, जिसके नीचे नदी अथवा ऐसा ही कोई अन्य जल स्रोत हो। प्रायः फल खाने वाली मछलियाँ ऐसे वृक्षों के नीचे फल खाने के लिए आ जाती हैं। जगुआर इनकी प्रतीक्षा करता है और जैसे ही कोई मछली दिखाई देती है यह पानी में छलाँग लगा देता है और मछली को अपना आहार बना लेता है। कभी-कभी, फलों के लालच में एक साथ बहुत-सी मछलियाँ वृक्षों के नीचे आ जाती हैं। ऐसी स्थिति में जगुआर को एक साथ कई मछलियाँ मिल जाती हैं। इसी लिए कभी-कभी इसे मछलियों की प्रतीक्षा में जल स्रोतों के किनारे के पत्थरों पर भी बैठे हुए देखा जा सकता है।

जगुआर सामान्यतया घने जंगलों में जमीन पर रहने वाले जीवों का शिकार करता है अथवा जंगल में बहने वाली नदियों के जीवों का शिकार करता है। किन्तु जंगल में शिकार की कमी होने पर अथवा जंगलों के पास के मैदानी भागों में शिकार की अधिकता होने पर यह खुले मैदानों में आ जाता है और शिकार करता है। जगुआर तेंदुए के समान बहुत अच्छा वृक्षारोही है और वृक्षों पर रहने वाले जीवों का शिकार भी करता है। दक्षिण अमरीका में बहुत से ऐसे जंगल हैं, जहाँ वर्षा के मौसम में प्रायः बाढ़ आती रहती है। यहाँ रहने वाला जगुआर वृक्षों पर अधिक रहता है, किन्तु अच्छा शिकार दिखाई दे जाने पर यह जमीन पर उतर आता है।

जगुआर एक शक्तिशाली शिकारी वन्यजीव है। यह अपने शिकार को मार कर प्रायः उसी स्थान पर नहीं खाता, बल्कि शिकार को खींच कर किसी शान्त एवं सुरक्षित स्थान पर ले जाता है और आराम से खाता है। एक बार एक जगुआर ने एक घोड़े का शिकार किया और उसे खींचता हुआ 64 मीटर तक ले गया। यह जगुआर के शक्तिशाली वन्यजीव होने का प्रमाण है। जगुआर की एक प्रमुख विशेषता यह है कि यह चुन कर अपना शिकार करता है। यह झुंड के जीवों का शिकार करते समय झुंड के किसी एक जीव को चुन लेता है और उसका पीछा करता है। यदि पहले प्रयास में यह शिकार को नहीं मार पाता तो उसे छोड़ देता है और किसी नए शिकार की खोज करता है।

जगुआर का सर्वाधिक प्रिय शिकार पेकारी (एक प्रकार का जंगली सुअर) है, किन्तु यह पेकारी का शिकार करने में हमेशा सफल नहीं होता। कभी-कभी तो पेकारी का शिकार करने के चक्कर में इसे अपनी जान से भी हाथ धोना पड़ता है। यह पेकारी का शिकार करने के लिए पेकारियों के एक झुंड का पीछा करता है और जो पेकारी झुंड से अलग हो जाता है, उसे मार कर खा जाता है। कभी-कभी अपने साथी की चीख सुनकर झुंड के पेकारी क्रोध में आ जाते हैं और अपने साथी को बचाने का प्रयास करते हैं। ऐसी स्थिति में जगुआर अपने शिकार को छोड़ देता है और वापस लौट जाता है। कभी-कभी पेकारी बहुत अधिक क्रोध में आ जाते हैं तथा

जगुआर पर आक्रमण करने पर उतर आते हैं। ऐसी स्थिति में जगुआर भाग कर अथवा किसी वृक्ष पर चढ़कर अपने प्राण बचाता है। एक बार ब्राजील में एक अंग्रेजी शोधकर्ता ने देखा कि एक जगुआर ने झुंड से अलग हुए एक पेकारी पर आक्रमण किया। इससे पेकारी घायल हो गया और चीखा। अपने साथी की चीख सुनकर सभी पेकारी गुस्से में आ गए और उन्होंने जगुआर को घेर लिया तथा उस पर आक्रमण कर दिया। जगुआर डर कर भागा। उसके आसपास कोई वृक्ष न था, अतः वह दीमकों की एक ऊँची बाँबी पर चढ़ गया। पेकारियों का गुस्सा शान्त नहीं हुआ। वे जगुआर को घेर कर खड़े हो गए और अपने मुँह से विचित्र प्रकार की आवाजें निकालने लगे। जगुआर अकेला था और पेकारियों की संख्या लगभग 50 थी। अतः जगुआर बुरी तरह डर गया था। इसी समय अचानक धोखे से जगुआर की पूँछ नीचे आ गई। पेकारी ऐसे ही अवसर की तलाश में थे। उन्होंने पूँछ पकड़कर जगुआर को नीचे खींचा और मार डाला।

जगुआर एक कुशल शिकारी वन्यजीव है, किन्तु शिकार न मिलने पर कभी-कभी इसे मृत जीवों को खाकर अपना पेट भरना पड़ता है। कृषि भूमि और नगरों के विकास के कारण बड़ी तेजी से जंगल नष्ट हो रहे हैं। ऐसी स्थिति में अनेक स्थानों पर जगुआर के सम्मुख निवास के साथ ही भोजन की समस्या भी उत्पन्न हो गई है। यहाँ पाए जाने वाले जगुआर बस्तियों के भीतर आ जाते हैं और पालतू पशुओं का शिकार करते हैं। इससे स्थानीय निवासी उन्हें अपना शत्रु मानते हैं और विष देकर, शिकंजे में फँसा कर अथवा गोली मार कर इन्हें मार डालते हैं।

जगुआर एकान्त में विचरण करने वाला वन्यजीव है। यह वर्ष भर अकेले विचरण करता है और केवल समागम काल में जोड़े में दिखाई देता है। इसका समागम और प्रजनन बाघ, सिंह, तेंदुए आदि बिल्ली परिवार के अन्य सदस्यों के समान होता है। उत्तरी भागों में जगुआर का समागम दिसम्बर के अन्तिम सप्ताह से आरम्भ हो जाता है और जनवरी के अन्त तक चलता है। शेष भागों में पूरे वर्ष भर समागम और प्रजनन चलता रहता है। समागम काल में नर-मादा एक साथ घूमते हुए दिखाई देते हैं। समागम के बाद दोनों अलग-अलग हो जाते हैं और फिर अगले समागम काल में मिलते हैं। इस काल में नर जगुआर अपने मुँह से बिल्लियों के समान म्याऊँ-म्याऊँ की तेज आवाजें निकालता है। इन आवाजों का क्या उद्‌देश्य होता है? इस सम्बन्ध में अधिकार पूर्वक कुछ भी नहीं कहा जा सकता। जीव-वैज्ञानिकों का मत है कि सामान्यतया समागम काल में इस प्रकार की आवाजों का उद्‌देश्य नर द्वारा अपनी उपस्थिति की सूचना देना होता है।

समागम काल में कभी-कभी नर-मादा के जोड़े के निकट समागम का इच्छुक अन्य नर आ जाता है। ऐसी स्थिति में दोनों में भयानक लड़ाई होती है, जिसमें प्रायः

एक नर बुरी तरह जख्मी हो जाता है। कभी-कभी इस लड़ाई में एक नर की मृत्यु तक हो जाती है। अन्त में विजेता नर जगुआर मादा के साथ किसी सुरक्षित स्थान पर आ जाता है और फिर उसके साथ समागम करता है।

मादा जगुआर का गर्भकाल 95 दिन से लेकर 105 दिन तक का हो सकता है। गर्भकाल पूरा होने पर यह किसी माँद में प्रायः दो बच्चों को जन्म देती है, किन्तु कभी-कभी इसे 3 अथवा 4 बच्चों को भी जन्म देते हुए देखा गया है। जगुआर के नवजात बच्चे के शरीर पर घना समूर होता है, किन्तु इसकी आँखें बन्द होती हैं। लगभग दो सप्ताह में इसकी आँखें खुल जाती हैं और यह मादा जगुआर के साथ गुफा के बाहर निकलने लगता है, किन्तु आरम्भ में अधिक दूर नहीं जाता। जगुआर के बच्चे का विकास बिल्ली परिवार के अन्य जीवों के समान होता है तथा यह शिकारियों से बचा रहता है तो लगभग 22 वर्ष की आयु तक जीवित रहता है।

जगुआर पर स्वतन्त्र रूप से अभी तक कोई गहन अध्ययन नहीं किया गया है। इसके सम्बन्ध में दक्षिण अमरीका के नेटिव इंडियन्स और शिकारियों से अनेक जानकारियाँ मिली हैं, जिनसे बहुत से रोचक तथ्य प्रकाश में आए हैं। जगुआर को पालतू बनाया जा सकता है और चिड़ियाघरों में रखा जा सकता है। चिड़ियाघरों में यह बड़े आराम से रहता है तथा कुछ समय बाद समागम और प्रजनन भी आरम्भ कर देता है, किन्तु यह बिल्ली परिवार का सबसे कम विश्वसनीय वन्यजीव है। अतः इसके निकट जाने वाले लोगों को विशेष रूप से सावधान रहना पड़ता है।

जगुआर के सम्बन्ध में प्रामाणिक वैज्ञानिक जानकारियों के अभाव में बहुत-सी विरोधाभासी बातें कही जाने लगी हैं। कुछ लोगों का मत है कि यह बाघ और सिंह से भी अधिक खतरनाक होता है। यह अपने सीमा क्षेत्र की बड़ी सावधानी से रक्षा करता है तथा अपना शिकार किसी को नहीं दे सकता। यदि इसका शिकार पालतू पशु हो तो यह अधिक खतरनाक हो जाता है तथा आसपास के लोगों पर भी हमला कर सकता है। इसे पकड़ने के लिए अथवा मारने के लिए शिकारी कुत्तों का उपयोग किया जाता है। शिकारी कुत्ते इसका पीछा करते हैं और इसे थका कर खाड़ी के पास ले आते हैं और चारों तरफ से घेर लेते हैं। ऐसी स्थिति में यह क्रोधित होकर शिकारी कुत्तों को मार सकता है तथा मानव पर भी आक्रमण कर सकता है। शिकारियों द्वारा बन्दूक की गोली से घायल किया हुआ जगुआर बड़ा खतरनाक हो जाता है और प्रायः मानव पर आक्रमण करने लगता है। अभी तक जगुआर के सम्बन्ध में जितनी भी घटनाएँ प्रकाश में आई हैं, उनसे यह लगता है कि यह मानव पर आक्रमण कर सकता है, मानव को मार सकता है और मानव को अपना आहार भी बना सकता है।

इसके विपरीत कुछ लोगों का मत है कि जगुआर अपने सीमा क्षेत्र और शिकार के प्रति बहुत अधिक सावधान रहने वाला जीव है, किन्तु यह मानव के लिए घातक अथवा खतरनाक नहीं होता। दक्षिण अमरीका के कुछ मूल निवासियों के अनुसार– जंगल में मिल जाने पर यह थोड़ी दूरी बनाए रखते हुए मानव का पीछा करता है। इसके बाद अचानक रुक जाता है और फिर वापस लौट जाता है। सम्भवतः यह अपने सीमाक्षेत्र में मानव को नहीं सहन कर पाता। यही कारण है कि यह मानव का पीछा करता है और मानव के सीमाक्षेत्र से बाहर जाते ही वापस लौट जाता है।

विख्यात प्रकृतिवादी हमबोल्ट ने जगुआर के सम्बन्ध में एक ऐसी रोचक सत्यकथा का विवरण दिया है, जिस पर सरलता से विश्वास नहीं किया जा सकता। हमबोल्ट के अनुसार–एक बार दक्षिण अमरीका के मूल निवासियों के दो बच्चे खुले मैदान में खेल रहे थे। इसी समय जंगल से निकल कर एक छोटा जगुआर आ गया और बच्चें के साथ खेलने लगा। कुछ देर बाद खेल-खेल में ही जगुआर का पंजा एक बच्चे के मुँह पर लग गया, जिससे बच्चे के मुँह पर गहरी खरोंचें आ गईं तथा खून निकल आया। बच्चे ने जगुआर को घूरा और पास पड़ी हुई एक छड़ी उठाई तथा जगुआर को दो-तीन छड़ी मारीं। जगुआर बच्चे से कुछ नहीं बोला और वापस जंगल की ओर भाग गया।

# प्यूमा

जगुआर के समान प्यूमा भी नई दुनिया का वन्यजीव है। इसे यह नाम अंग्रेजों ने दिया है। विश्व के अधिकांश भागों में यह प्यूमा के नाम से ही जाना जाता है। संयुक्त राज्य अमरीका और कनाड़ा में इसे कॉगर कहते हैं। प्यूमा पर्वतीय भागों में अधिक मिलता है तथा यह देखने में सिंहनी की तरह लगता है, अतः कुछ स्थानों पर इसे पहाड़ी सिंह भी कहते हैं।

प्यूमा नई दुनिया के बहुत बड़े क्षेत्र में पाया जाता है। यह संयुक्त राज्य अमरीका, कनाड़ा, मैक्सिको, पनामा, ब्राजील, वेनेज्वेला, कोलम्बिया, पेरू, इक्वाडोर, गुआना, सूरीनाम, पैराम्वे, यूराग्वे, अर्जेन्टीना आदि देशों में बहुतायत से मिलता है। यह रॉकी और एंडीज पर्वतों के जंगल में 4000 मीटर तक की ऊँचाई वाले भागों में सरलता से रह सकता है। प्यूमा मुख्य रूप से पर्वतीय जंगलों का जीव है, किन्तु यह पश्चिमी

कनाडा से लेकर दक्षिण अमरीका के पेटेगोनिया तक के मैदानों, रेगिस्तानों और चारागाहों में भी मिल जाता है। इसे घास के मैदानों और दलदल वाले भागों में भी देखा गया है। वास्तव में प्यूमा में तेंदुए के समान अपने परिवेश से अनुकूलन करने की बहुत अधिक क्षमता होती है। इसीलिए इसका निवास स्थल विविधतापूर्ण हो गया है। परिवेश से अनुकूलन की विशिष्ट क्षमता के कारण इसे अपना अस्तित्व बनाए रखने में भी विशेष सफलता प्राप्त हुई है।

प्यूमा की गणना बिल्ली परिवार के एक शक्तिशाली और फुर्तीले वन्यजीव के रूप में की जाती है। यह अपनी शक्ति, क्षमता और फुर्तीलेपन के लिए विश्वविख्यात है। एक सामान्य प्यूमा एक बार में 6 मीटर लम्बी छलाँग लगाता है। कभी-कभी तो इसे 12 मीटर तक लम्बी छलाँग लगाते हुए भी देखा गया है। यह वृक्ष पर बैठे हुए अपने शिकार को भी 4.5 मीटर तक ऊँची छलाँग लगा कर सरलता से दबोच लेता है। प्यूमा एक दुस्साहसी वन्यजीव है। यह खतरा निकट होने पर अथवा शिकार के समय 18 मीटर तक की ऊँचाई से कूद सकता है।

बिल्ली परिवार के अन्य जीवों, बाघ, तेंदुआ, जगुआर आदि के समान प्यूमा भी एकान्त में विचरण करने वाला वन्यजीव है। यह हमेशा अकेला रहता है और बहुत कम दिखाई देता है। प्यूमा सीमा क्षेत्र बना कर रहने वाला वन्यजीव है। सामान्यतया एक प्यूमा लगभग 40 वर्ग किलोमीटर क्षेत्र पर अपना अधिकार जमा लेता है और इसी में विचरण करता है। यह अपने सीमाक्षेत्र की बड़ी सावधानी से सुरक्षा करता है। इसके सीमाक्षेत्र में यदि कोई अन्य प्यूमा आता है तो यह लड़कर उसे भगा देता है। कभी-कभी सीमाक्षेत्र पर अधिकार के लिए दो प्यूमाओं में लड़ाई भी होती है, किन्तु ये लड़ाइयाँ सामान्यतया अधिक घातक नहीं होतीं और शीघ्र ही इनका निर्णय हो जाता है। यदि सीमाक्षेत्र वाला प्यूमा जीत जाता है तो उसका अपने क्षेत्र पर अधिकार हो जाता है, किन्तु यदि वह पराजित हो जाता है तो उसे अपना सीमाक्षेत्र छोड़ना पड़ता है। इस प्रकार के पराजित प्यूमा कोई नया क्षेत्र तलाश करते हैं। ये किसी सीमाक्षेत्र वाले प्यूमा को पराजित करके उसके क्षेत्र पर अधिकार करते हैं अथवा बहुत कमजोर, बीमार या वृद्ध होने पर बिना सीमाक्षेत्र के ही शेष जीवन व्यतीत करते हैं।

प्यूमा की आवाज बड़ी भयानक और दिल दहला देने वाली होती है। इसकी आवाज को, डरावनी होने के कारण खून जमा देने वाली आवाज कहा जाता है। इसमें नर और मादा दोनों ही बिल्लियों के समान लड़ने और चिल्लाने की भयानक आवाजें निकालते हैं। प्यूमा कुशल वृक्षारोही होता है तथा तेंदुए के समान बड़ी फुर्ती से वृक्षों पर चढ़ जाता है। इसके शरीर में कॉमाफ्लास बहुत अधिक होता है, अतः वृक्ष पर बैठा हुआ प्यूमा अपने आसपास के परिवेश से इतना घुलमिल जाता है कि सरलता

से दिखाई नहीं देता। प्यूमा जमीन के साथ ही वृक्षों पर चढ़कर भी भयानक आवाजें निकालता है। कभी-कभी वृक्ष पर बैठा हुआ उल्लू भी भयानक आवाजें निकालता है, जिसे लोग प्यूमा की आवाज समझ लेते हैं। यही कारण है कि इसकी आवाज के सम्बन्ध में काफी भ्रान्तियाँ उत्पन्न हो गई हैं।

प्यूमा अपनी जाति का एकमात्र वन्यजीव है। इसकी कोई अन्य जाति नहीं होती, किन्तु लगभग 30 उपजातियाँ होती हैं। इनमें 14 उपजातियाँ उत्तर अमरीका में पाई जाती हैं तथा शेष उपजातियाँ दक्षिण अमरीका में मिलती हैं। प्यूमा के आकार और इसके शरीर के रंगों में पर्याप्त विविधता पाई जाती है। अर्थात् एक स्थान पर पाए जाने वाले प्यूमा के आकार और उसके शरीर के रंग दूसरे स्थान पर पाए जाने वाले प्यूमा के आकार और शरीर के रंगों से भिन्न होते हैं। इसी भौगोलिक विविधता पर आधारित आकार और रंगों के अन्तर के आधार पर ही इसकी उपजातियों का निर्धारण किया गया है।

प्यूमा की शारीरिक संरचना बिल्ली परिवार के अन्य जीवों के समान होती है, किन्तु इसके आकार और शरीर के रंगों में बहुत विविधता होती है। एक वयस्क नर प्यूमा के शरीर की लम्बाई 3 मीटर तक हो सकती है। इसमें इसकी लगभग 1 मीटर लम्बी पूँछ भी सम्मिलित है। इसका वजन 125 किलोग्राम तक हो सकता है। विश्व का सबसे छोटा प्यूमा मात्र 1.2 मीटर लम्बा होता है। इसमें इसकी पूँछ की लम्बाई

भी सम्मिलित है। इसका वजन लगभग 21 किलोग्राम अथवा इससे भी कुछ कम होता है। मादा प्यूमा नर से छोटी होती है। इसका वजन भी नर प्यूमा से कम होता है।

प्यूमा के समूर का रंग कत्थईपन लिए हुए पीला सा होता है तथा इस पर छोटे-छोटे घने बाल होते हैं। इसके आकार और वजन के समान ही इसके शरीर के रंगों में भी पर्याप्त विविधता होती है एवं इसका रंग पीले से लेकर कत्थईपन लिए हुए लाल तक हो सकता है। सामान्यतया प्यूमा की जो उपजातियाँ विषुवत् रेखा के जितने निकट होती हैं, उनका आकार उतना ही छोटा होता है तथा शरीर के रंग अधिक चमकदार होते हैं। इसके विपरीत प्यूमा की जो जातियाँ भूमध्य रेखा से जितनी दूर रहती हैं, उनका आकार उतना ही बड़ा होता है तथा तुलनात्मक रूप से शरीर के रंग फीके होते हैं। प्यूमा के शरीर का ऊपर वाला अर्थात् पीठ वाला भाग प्रायः गहरे रंग का होता है तथा पेट, छाती और गले वाला भाग सफेदी लिए हुए हल्के रंग का होता है। इसके समूर का रंग सर्दियों में कुछ गहरा हो जाता है, किन्तु सर्दियाँ समाप्त होते ही यह अपने वाले रंग का हो जाता है। इसकी पीठ से लेकर पूँछ तक ऊपर की ओर गहरे रंग की एक रेखा होती है, जिसकी सहायता से इसे सरलता से पहचाना जा सकता है। इसकी पूँछ का सिरा गहरे रंग का होता है तथा अन्तिम भाग काला-सा दिखाई देता है। इसकी पूँछ के अन्त में सिंह के समान बालों का गुच्छा नहीं होता।

प्यूमा की शारीरिक संरचना की एक प्रमुख विशेषता यह है कि इसका सिर बाघ, सिंह आदि बिल्ली परिवार के अन्य जीवों की तुलना में अधिक गोल होता है। इसके कान भी बिल्ली परिवार के अन्य जीवों की तुलना में अधिक गोलाई लिए होते हैं तथा आकार में कुछ छोटे होते हैं। प्यूमा के कन्धे बड़े मजबूत और शक्तिशाली होते हैं। इनकी सहायता से यह अपने से बड़े जीव का भी बड़ी सरलता से शिकार कर लेता है और उसे घसीटता हुआ सुरक्षित स्थान तक ले जाता है। इसके आगे के दोनों पैरों के पंजे काफी बड़े होते हैं तथा इनके नाखून बड़े तेज होते हैं। इनकी संरचना इस प्रकार की होती है कि यह अपने शिकार की बड़ी सरलता से चीर-फाड़कर सकता है।

कभी-कभी काले तेंदुए और काले जगुआर के समान काले प्यूमा भी देखने को मिल जाते हैं। यद्यपि इनकी संख्या बहुत कम है। काला प्यूमा प्यूमा की कोई विशेष जाति नहीं है, बल्कि सामान्य प्यूमा का ही एक रूप है।

प्यूमा एक कुशल और शानदार शिकारी जीव है। इसका प्रमुख भोजन हिरन तथा पेकारी (नई दुनिया का जंगल सुअर) है। यह 50 से 75 प्रतिशत तक इन्हीं दो वन्यजीवों का शिकार करता है। जब कभी प्यूमा को अधिक मारा जाता है तो हिरनों की संख्या तेजी से बढ़ने लगती है। यह पेकारियों और हिरनों के साथ ही छोटे स्तनधारी जीवों को भी अपना आहार बनाता है। सामान्यतया प्यूमा सेही का शिकार

नहीं करता, किन्तु भोजन की कमी होने पर यह सेही पर भी आक्रमण कर देता है और उसे चट कर जाता है।

प्यूमा का भोजन विविधतापूर्ण होता है। यह एक कुशल तैराक वन्यजीव है और कभी-कभी भोजन के लिए पानी के भीतर भी उतर जाता है तथा विभिन्न प्रकार के घोंघो, मछलियों एवं इसी तरह के अन्य जलचरों का शिकार करता है। भोजन की बहुत अधिक कमी होने पर यह घोड़ा, गाय, भैंस, भेड़, बकरी आदि पालतू जानवरों पर भी आक्रमण करने लगता है। पालतू जानवरों में टट्टू इसका प्रिय शिकार है। इसे यदि टट्टू दिखाई पड़ जाए तो यह अन्य सभी जीवों को छोड़ देता है और टट्टू को ही अपना निशाना बनाता है।

प्यूमा एक शक्तिशाली शिकारी वन्यजीव है। यह अपने शिकार को मार कर उसे अपने कन्धों पर लाद लेता है और फिर उसे किसी सुरक्षित स्थान पर ले जाकर आराम से खाता है। यह बड़ा साहसी होता है। इसे अपने से तीन गुना अधिक बड़े और भारी जीव का शिकार करते हुए और फिर उसे बर्फ पर खींच कर ले जाते हुए देखा गया है।

प्यूमा शिकार के लिए लम्बी-लम्बी यात्राएँ भी करता है। यह शिकार की खोज में 20-25 किलोमीटर दूर तक निकल जाता है। कभी-कभी इसे शिकार की खोज में 50 किलोमीटर तक की यात्रा करते हुए देखा गया है। प्यूमा का शिकार करने का ढंग बड़ा शानदार होता है। यह बड़े जीव का शिकार करने के लिए सर्वप्रथम धीरे-धीरे

उसका पीछा करता है और फिर उचित अवसर देख कर तेजी से दौड़ लगाता है और अचानक पूरी शक्ति से आक्रमण कर देता है तथा अपने शिकार की पीठ पर सवार हो जाता है। यह अपने शिकार पर इतनी तेजी और शक्ति से आक्रमण करता है कि इसका शिकार सात-आठ मीटर तक घिसटता चला जाता है। इसके बाद यह शिकार का गला काट कर एक झटके में उसे मार डालता है और अन्त में शिकार को एक विशेष ढंग से खाता है। यदि शिकार किसी सुरक्षित स्थान पर होता है तो प्यूमा जिस स्थान पर शिकार करता है, वहीं उसे खाता है, किन्तु यदि शिकार असुरक्षित स्थान पर होता है तो यह उसे कन्धों पर लाद लेता है और फिर किसी सुरक्षित स्थान पर ले जाकर खाता है। यदि शिकार काफी बड़ा और भारी होता है तो यह उसे कन्धों पर नहीं लाद पाता, अतः उसे घसीटता हुआ सुरक्षित स्थान तक ले जाता है।

जैसा कि अभी-अभी बताया जा चुका है कि प्यूमा का शिकार को खाने का ढंग बड़ा विशिष्ट होता है। यह सर्वप्रथम अपने शिकार का पेट फाड़ता है और उसकी आँतें बाहर निकाल लेता है। इन आँतों को यह गाड़ देता है अथवा ढँक देता है। इसके बाद शिकार के शरीर के कुछ विशेष अंग पहले खाता है। शिकार के शरीर के जिन अंगों को यह पहले खाता है, उनमें लीवर प्रमुख है। इसके बाद पसलियाँ और जाँघें खाता है। प्यूमा प्रतिदिन शिकार नहीं करता है। यह एक शिकार को कई दिनों तक खाता है। यह एक शिकार मारने के बाद कम-से-कम 3 दिन और अधिकतम 10 दिन बाद पुनः शिकार करता है। यह समय शिकार के आकार पर निर्भर करता है। यदि शिकार छोटा होता है तो यह प्रायः तीसरे दिन शिकार करता है, किन्तु यदि शिकार बड़ा हो तो फिर यह 8-10 दिन बाद शिकार करता है। प्रायः यह देखा गया है कि मानव द्वारा परेशान करने पर यह अधिक उग्र हो जाता है और अधिक शिकार करने लगता है। यह मानव द्वारा परेशान करने पर पहले किया गया शिकार आधा-अधूरा खाकर छोड़ देता है तथा पुनः उसे नहीं खाता और नया शिकार करता है।

प्यूमा के सम्बन्ध में यह कहा जाता है कि यह मानव पर भी आक्रमण करता है, किन्तु ऐसा बहुत कम ही होता है। वास्तव में यह मानव का पीछा करने की आदत के कारण बदनाम हो गया है। प्यूमा भी जगुआर के समान अपना सीमाक्षेत्र बनाता है तथा इसकी रक्षा करता है। यह अपने क्षेत्र की सीमा के भीतर मानव को सहन नहीं कर पाता, अतः यदि कभी जाने-अनजाने मानव इसके क्षेत्र की सीमा के भीतर पहुँच जाता है तो यह उसका पीछा करता है और मानव के क्षेत्र सीमा से बाहर जाते ही वापस लौट जाता है। वास्तव में प्यूमा मानव से डरता है। यह मानव का पीछा चुपचाप, बिना आवाज किए करता है। इस मध्य मानव यदि इसकी आहट पाकर अथवा अन्य किसी कारण से पीछे मुड़कर देखता है तो यह तुरन्त आसपास की किसी झाड़ी की आड़ में छिप जाता है।

प्यूमा का समागम और प्रजनन बिल्ली परिवार के अन्य जीवों से कुछ भिन्न होता है। इसका समागम और प्रजनन पूरे वर्ष भर चलता रहता है। प्यूमा एकान्त में विचरण करने वाला वन्यजीव है। यह केवल समागम के समय ही जोड़े में दिखाई देता है। समागम काल में नर और मादा प्यूमा लगभग दो सप्ताह तक साथ-साथ रहते हैं और विभिन्न प्रकार की प्रणय लीलाएँ करते हैं। इस मध्य नर प्यूमा मादा की सुरक्षा करता है। यदि कभी कोई अन्य नर प्यूमा मादा के पास आने का प्रयास करता है तो दोनों नरों में बड़ी भयानक लड़ाई होती है। अन्त में विजेता पर प्यूमा को मादा के साथ रहने और उसके साथ समागम करने का अधिकार मिल जाता है तथा पराजित प्यूमा भाग जाता है। मादा के लिए नर प्यूमाओं के मध्य होने वाली लड़ाई कभी-कभी बहुत हिंसक रूप धारण कर लेती है एवं इनमें से एक नर प्यूमा की मृत्यु तक हो जाती है। इस लड़ाई की प्रमुख विशेषता यह है कि मादा प्यूमा इसमें कोई रुचि नहीं लेती और निरपेक्ष सी खड़ी रहती है।

प्यूमा का समागम और प्रजनन बड़ा रोचक और रोमांचक होता है। इसकी गणना बिल्ली परिवार के उन जीवों में की जाती है, जो समागम के पूर्व समागम के संकेत देते हैं। समागम के पूर्व नर प्यूमा एक विशेष प्रकार की उत्तेजना अनुभव करता है तथा अपने पैरों से जमीन खुरचता है। मादा प्यूमा नर की स्थिति देख कर संकेतों द्वारा समागम हेतु अपनी स्वीकृति देती है। मादा की स्वीकृति मिल जाने के बाद नर और मादा दोनों कई बार समागम करते हैं। इसके बाद दोनों अलग-अलग हो जाते हैं।

मादा का गर्भकाल 90 दिन से लेकर 96 दिन तक का होता है। गर्भकाल पूरा होने पर यह पत्थरों के मध्य, चट्टानों की दरारों में अथवा किसी माँद के भीतर 1 से 6 तक बच्चों को जन्म देती है। इसके नवजात बच्चों की लम्बाई लगभग 30 सेन्टीमीटर और वजन 400 ग्राम होता है। इनकी आँखें बन्द होती हैं तथा ये बड़े असहाय होते हैं। प्यूमा के नवजात बच्चों के शरीर पर चित्तियों वाला फर होता है एवं पूँछ पर गोल-गोल छल्ले होते हैं। ये एक माह से लेकर 3 माह तक जन्म देने वाली मादा का दूध पीते हैं और अपना विकास करते हैं। इनके दुग्धपान के समय में पर्याप्त विविधता देखी गई है। कुछ बच्चे लम्बे समय तक मादा का दूध पीते हैं और कुछ एक माह में ही दूध पीना छोड़ देते हैं।

प्यूमा के बच्चों की आँखें जन्म के बाद 10 से 14 दिन के मध्य खुल जाती हैं, किन्तु ये अपने जन्म स्थान पर ही रहते हैं। यह स्थिति 9-10 सप्ताह तक बनी रहती है। लगभग ढाई माह का होने पर ये मादा के साथ बाहर जाना आरम्भ कर देते हैं और शिकार करना सीखने लगते हैं। शिकार के समय मादा प्यूमा हमेशा इनके आसपास ही रहती है। धीरे-धीरे इनका शरीर परिपक्व होने लगता है तथा ये कुशल शिकारी बन जाते हैं। इनके परिपक्व होते ही इनके शरीर की चित्तियाँ और पूँछ के छल्ले समाप्त हो जाते हैं और इनके शरीर का रंग वयस्क प्यूमाओं के समान हो जाता है। प्यूमा के बच्चे लगभग दो वर्षों की आयु में पूर्णरूप से आत्मनिर्भर हो जाते हैं और मादा से अलग रह कर स्वतन्त्र रूप से अपना जीवन आरम्भ कर देते हैं। नर प्यूमा

तीन वर्ष की आयु में प्रजनन के योग्य हो जाता है, जबकि मादा 2 वर्ष की आयु में ही प्रजनन आरम्भ कर देती है। मादा की प्रजनन क्षमता पर इसकी आयु का प्रभाव पड़ता है। आरम्भ में इसकी प्रजनन क्षमता कम होती है तथा यह 2-3 वर्षों में केवल एक बार प्रजनन करती है। धीरे-धीरे इसकी प्रजनन क्षमता बढ़ती जाती है तथा अन्तिम समय में इसकी प्रजनन क्षमता पुनः कम हो जाती है। प्यूमा का मानव के अतिरिक्त और कोई शत्रु नहीं है। यदि यह मानव से बचा रहता है तो लगभग 18 वर्ष की आयु तक जीवित रहता है। पालतू प्यूमा की आयु इससे अधिक होती है।

प्यूमा के प्राकृतिक शत्रुओं में दो प्रमुख हैं—जगुआर और ग्रिजली भालू। जंगलों मे जहाँ भी प्यूमा और जगुआर की सीमाएँ एक-दूसरे से मिलती हैं, वहाँ दोनों में प्रायः लड़ाइयाँ होती रहती हैं। इन लड़ाइयों में जगुआर के साथ ही बहुत से प्यूमा मारे जाते हैं। ग्रिजली भालू भी प्यूमा का शत्रु है। कभी-कभी यह भी प्यूमा पर आक्रमण करता है। प्यूमा अपने प्राकृतिक शत्रुओं से तो किसी तरह बच जाता है, किन्तु मानव से नहीं बच पाता। मानव इसका सर्वाधिक शक्तिशाली शत्रु है। प्यूमा पालतू जानवरों का शिकार करता है, अतः मानव इसे अपना शत्रु मानता है और अवसर मिलते ही बन्दूक की गोली से अथवा शिकंजे में फँसा कर इसे मार डालता है। कभी-कभी शिकारी कुत्तों की सहायता से भी प्यूमा का शिकार किया जाता है। इससे इसकी संख्या में कमी आई है। वनों की कटाई और कृषि भूमि के विकास के कारण इसके निवास छोटे होते जा रहे हैं। इनका भी इसकी संख्या पर प्रतिकूल प्रभाव पड़ रहा है तथा कुछ स्थानों पर तो यह विलुप्ति के कगार पर पहुँच गया है।

प्यूमा वास्तव मे मानव का मित्र है, शत्रु नहीं। नई दुनिया में मानव के प्रति इसकी सहृदयता की अनेक कहानियाँ प्रचलित हैं। सन् 1536 की बात है। ब्यूनस आयर्स में अमरीका के नेटिव इंडियन्स का स्पेन वासियों से युद्ध चल रहा था। इसी समय नेटिव इंडियन्स ने अपने ही समुदाय की एक युवती सेनोरिटा मेल्डोनाडो को भूल से गद्दार समझा और उसे ले जाकर जंगल में एक वृक्ष के तने से बाँध दिया, जिससे रात में हिंसक जीव आएँ और उसे खा जाएँ। दो दिन बाद जब सेनोरिटा मेल्डोनाडो के गाँव वाले उसकी हड्डियाँ लेने पहुँचे तो चकित रह गए। सेनोरिटा मेल्डोनाडो पूरी तरह सुरक्षित थी। गाँव वालों ने इसे ईश्वर का चमत्कार समझा और उसे वापस गाँव ले आए। सेनोरिटा मेल्डोनाडो ने गाँव वालों को बताया कि दोनों रातों को जगुआर तथा अन्य हिंसक जीव उसके पास तो आए थे, किन्तु एक प्यूमा ने उसकी रक्षा की। उसने सभी हिंसक जीवों को लड़कर भगा दिया और उसे मरने से बचाचा। तब से ब्यूनसआयर्स के लोग प्यूमा को अपना मित्र मानने लगे हैं। कैलीफोर्निया के नेटिव इंडियन्स भी प्यूमा को अपना मित्र मानते हैं। यहाँ के कुछ भागों के लोगों का, बीसवीं सदी के अन्त तक प्रमुख भोजन प्यूमा द्वारा किया गया शिकार ही था।

# बादली तेंदुआ

बादली तेंदुआ मार्जार परिवार का दहाड़ने वाला जीव न होकर गुर्राने वाला वन्यजीव है। इसकी संख्या, एशिया की गुर्राने वाली बिल्लियों में सर्वाधिक है। इसका वैज्ञानिक नाम नियोफेलिस नेबूलोसा है। अंग्रेजी में इसे क्लाउडेड लेपर्ड कहते हैं। इसके शरीर पर बड़ी और लम्बी चित्तियाँ होती हैं। अतः इसे लभचित्ता भी कहा जाता है। बादली तेंदुए की चित्तियाँ अथवा धब्बे पैबन्द के समान लगते हैं और दूर से देखने पर बादल जैसे दिखाई देते हैं। इसीलिए इसे यह नाम दिया गया है। बादली तेंदुए के अनेक स्थानीय नाम भी लोकप्रिय हो गए हैं, जहाँ इसे इन्हीं नामों से जाना जाता है।

बादली तेंदुआ घने जंगलों का वन्यजीव है। यह भारत सहित बांग्लादेश, म्याँमार, दक्षिण चीन, थाईलैंड, लाओस, कम्बोडिया, वियतनाम, सुमात्रा, बोर्नियो एवं ताईवान

आदि में पाया जाता है। भारत में इसे ब्रह्मपुत्र के मैदानों के तटों के दोनों ओर, असम, मिजोरम, त्रिपुरा, मणिपुर, नागालैंड, पश्चिम बंगाल, अरुणाचल प्रदेश, सिक्किम, भूटान, नेपाल में, हिमालय की पर्वत शृंखलाओं पर 2000 मीटर तक की ऊँचाई वाले भागों में देखा जा सकता है। कभी-कभी यह इससे भी अधिक ऊँचाई वाले भागों में भी मिल जाता है।

बादली तेंदुए का निवास विविधतापूर्ण होता है। मूल रूप से यह सदाबहार घने जंगलों का जीव है, किन्तु यह उष्ण-कटिबन्धीय और उप उष्ण-कटिबन्धीय जंगलों, पतझड़ वाले वनों और नमी वाले क्षेत्रों में भी मिल जाता है। बादली तेंदुआ बड़ा तेज, फुर्तीला एवं सक्रिय वन्यजीव है। यह निशाचर है, अर्थात् यह दिन के समय वृक्षों के कोटरों में आराम करता है अथवा सोता है और रात में सक्रिय होता है। यह शानदार वृक्षारोही है और अपना अधिकांश समय वृक्षों पर ही व्यतीत करता है। इसकी एक प्रमुख विशेषता यह है कि यह वृक्षों पर सीधा चढ़ता है। अर्थात् चढ़ते समय इसका मुँह ऊपर और पूँछ नीचे की ओर रहती है, किन्तु उतरते समय इसका मुँह नीचे की ओर हो जाता है।

बादली तेंदुआ सामान्य तेंदुए के समान सीमाक्षेत्र बना कर रहता है, किन्तु इसकी आदतें और व्यवहार सामान्य तेंदुए से बहुत भिन्न होते हैं। यह सामान्य तेंदुए की तुलना में अधिक उग्र एवं आक्रामक स्वभाव का होता है एवं इसमें सामाजिकता की बहुत अधिक कमी होती है। सामान्यतया एक क्षेत्र में कई तेंदुए एक साथ रह सकते हैं तथा शिकार कर सकते हैं, किन्तु एक सीमाक्षेत्र में केवल एक ही बादली तेंदुआ रह सकता है। यह अपने क्षेत्र में किसी अन्य बादली तेंदुए को सहन नहीं कर सकता। इसके क्षेत्र में यदि कोई अन्य बादली तेंदुआ जा जाए तो यह उसे देखते ही उसकी जान लेने पर उतर आता है। बादली तेंदुओं की लड़ाई बड़ी घातक होती है तथा इसमें ये बहुत बड़ी संख्या में मरते हैं। यही कारण है कि इनकी संख्या संरक्षण के बाद भी बढ़ नहीं पा रही है।

बादली तेंदुआ एशिया महाद्वीप का वन्यजीव है। यहाँ इसकी तीन उपजातियाँ पाई जाती हैं–भारतीय बादली तेंदुआ (नियोफेलिस नेबूलोसा ग्रिफिस), नेपाली बादली तेंदुआ (नियोफेलिस नेबूलोसा माइक्रोशेलाइड्स होजसन) और ताइवान का बादली तेंदुआ (नियोफेलिस नेबूलोसा ब्रेकीउरूस स्विन्होए) इन सभी की खोज उन्नीसवीं सदी में की गई थी। भारतीय बादली तेंदुए की खोज सन् 1821 में हुई थी। यह भारत के साथ ही दक्षिण-पूर्व एशिया के कुछ भागों और दक्षिण चीन में भी पाया जाता है। नेपाली तेंदुए की खोज सन् 1853 में हुई थी। यह नेपाल के साथ ही म्याँमार में भी मिलता है। तीसरे बादली तेंदुए की खोज 1862 में की गई थी। इसे केवल ताइवान में ही देखा जा सकता है। ताइवान के बादली तेंदुए की पूँछ तीनों बादली तेंदुओं में सबसे छोटी होती है।

बादली तेंदुए की शारीरिक संरचना मार्जार परिवार के बड़े जीवों के समान होती है, किन्तु इसमें कुछ भिन्नता भी होती है। यह सामान्य तेंदुए से कुछ छोटा होता है, किन्तु इसकी पूँछ सामान्य तेंदुए से बड़ी होती है। इसके सिर और शरीर की लम्बाई 60 सेन्टीमीटर से लेकर 110 सेन्टीमीटर तक होती है। इसकी पूँछ इसके शरीर के आधे भाग तक लम्बी हो सकती है। बादली तेंदुए की पूँछ सहित लम्बाई 195 सेन्टीमीटर तक हो सकती है। इसकी कन्धों तक की ऊँचाई 30 सेन्टीमीटर से 40 सेन्टीमीटर तक और शरीर का वजन 18 किलोग्राम से 20 किलोग्राम तक होता है, किन्तु कभी-कभी 23 किलोग्राम अथवा इससे भी कुछ अधिक भारी बादली तेंदुए देखने को मिले हैं।

बादली तेंदुए के शरीर के रंग और इसके विशिष्ट डिजाइन वाले समूर ने इसे एक आकर्षक और शानदार वन्यजीव बना दिया है। इसका समूर घना और कोमल होता है तथा इसका रंग धूसर मटमैले भूरे से लेकर पीलापन लिए हुए भूरा तक होता है एवं शरीर के नीचे का भाग, पेट और चारों पैरों का भीतरी भाग सफेदी लिए हुए हल्का पीला होता है। बादली तेंदुए के समूर पर गहरे अथवा काले रंग के धब्बे होते हैं एवं बीच-बीच में पीले रंग के धब्बे होते हैं। इसके शरीर के धब्बे बादलों के समान लगते हैं, अतः इसे यह नाम दिया गया है। इसके सिर एवं चेहरे पर भी धब्बे होते हैं एवं गालों पर काले रंग की दो धारियाँ होती हैं। इसके चारों पैरों और शरीर के नीचे के भाग पर काले रंग के बड़े-बड़े अंडाकार धब्बे होते हैं। इसकी पूँछ पर भी भूरे रंग के टूटे हुए छल्लों की तरह के निशान होते हैं तथा देखने में अँगूठी जैसे लगते

हैं। इसके गले पर काले रंग के दो पट्टे होते हैं। बादली तेंदुए के शरीर के आगे के भाग पर और पीठ पर बड़े निशान होते हैं एवं पीछे के भाग पर एवं पैरों पर छोटे निशान होते हैं। इसके कान गोल और काले रंग के होते हैं एवं इनके मध्य भाग में धूसर रंग का एक धब्बा होता है।

बादली तेंदुए का शरीर कसा हुआ होता है। इसके पैर छोटे और मोटे होते हैं, अतः यह भारी-भरकम बौने जैसा दिखाई देता है। किन्तु यह वास्तव में मार्जार परिवार के सभी जीवों में सर्वाधिक लचीले शरीर वाला वन्यजीव है। यह अपनी पूँछ और पीछे के पैरों के बल पर वृक्षों से लटक सकता है। इस प्रकार का लोच केवल मार्गे में होता है। बादली तेंदुए की शारीरिक संरचना में ऐसी अनेक विशेषताएँ पाई जाती हैं, जो मार्जार परिवार के किसी अन्य जीव में नहीं होतीं। इसकी शारीरिक संरचना बाघ, सिंह और तेंदुए के समान होती है, किन्तु कपाल और दाँतों की संरचना में काफी अन्तर होता है। इसके सिर की तुलना में इसके भेदक दन्त (कैनाइन) मार्जार परिवार के सभी जीवों में सबसे बड़े होते हैं। मार्जार परिवार का केवल यही एक ऐसा जीव है, जिसके भेदक दन्त एक विलुप्त बाघ (सैबर टूथ्ड टाइगर) जैसे होते हैं। इस विलुप्त बाघ के दाँत काफी लम्बे और तलवार जैसी धार वाले थे।

बादली तेंदुआ रात्रिचर है। यह दिन के समय वृक्ष के किसी कोटर में आराम करता है अथवा सोता है और रात में शिकार की खोज में निकलता है। प्रातःकाल सूर्योदय के समय और शाम को सूरज ढलने के तुरन्त बाद इसकी सक्रियता अधिक होती है। शाम ढलते ही यदि इसे शिकार मिल जाता है तो यह इसे खाने के बाद पुनः वृक्ष के किसी कोटर में सो जाता है। सामान्यतया यह अर्धरात्रि के बाद शिकार नहीं करता और सोता है तथा प्रातःकाल होते ही पुनः सक्रिय होता है। कभी-कभी इसे दिन के समय भी शिकार की खोज करते हुए देखा गया है।

बादली तेंदुए का भोजन बड़ा विविधतापूर्ण होता है। यह चूहे और खरगोश जैसे छोटे स्तनधारी जीवों से लेकर जंगली सुअर और हिरनों तक का शिकार करता है। इसका शरीर काफी शक्तिशाली होता है, जबड़े बहुत मजबूत होते हैं और भेदक दंत लम्बे, नुकीले और धारदार होते हैं। इनकी सहायता से यह जंगली सुअर और हिरन जैसे बड़े जीवों को बड़ी सरलता से मार गिराता है। बन्दर इसका प्रिय भोजन है। यह अपना अधिकांश समय वृक्षों पर व्यतीत करता है, अतः इसे बड़ी सरलता से बन्दर मिल जाते हैं। भारत में तो कुछ स्थानों पर इसे बन्दर खाने वाला बाघ कहा जाता है। यह वृक्षों पर गिलहरियों और विभिन्न प्रकार के पक्षियों का भी शिकार करता है।

बादली तेंदुए का बड़े जीवों का शिकार करने का ढंग बड़ा रोचक होता है। यह हिरन और सुअर जैसे बड़े जीवों का शिकार करने के लिए सामान्यतया वृक्ष की किसी

नीची डाल पर आकर शिकार की प्रतीक्षा करता है। वन्यजीव जैसे ही वृक्ष के नीचे से गुजरता है, यह बड़ी फुर्ती से उल्टा लटक कर उसे अपने मुँह में दबोच लेता है और ऊपर खींच लेता है। जगली सुअर पर यह विशेष रूप से घात लगा कर आक्रमण करता है। शिकार की कमी होने पर अथवा सरलता से उपलब्ध हो जाने पर यह सेही का भी शिकार कर लेता है।

बादली तेंदुआ भी सामान्य तेंदुए की तरह पालतू पशुओं का शिकार करता है। यह कभी-कभी भोटिया और लेप्चा गाँवों के भीतर घुस जाता है और पालतू भेड़, बकरी, सुअर आदि उठा ले जाता है। एक बार एक बादली तेंदुए ने पशु चराते हुए एक लेप्चा युवक पर आक्रमण कर दिया था। लेप्चा युवक ने इस बादली तेंदुए का बहादुरी से सामना किया और अपनी डाह (एक प्रकार का खंजर) से इसका सिर चीर डाला। इस प्रकार की घटनाएँ विरल हैं। अभी तक किसी बादली तेंदुए के नरभक्षी हो जाने की जानकारी नहीं है।

बादली तेंदुए का समागम और प्रजनन मार्जार परिवार के अन्य जीवों के समान होता है। यह सामान्य तेंदुए के समान हमेशा अकेले विचरण करता है और केवल समागम काल में ही जोड़े में दिखाई देता है। गर्भकाल पूरा होने पर मादा बादली तेंदुआ वृक्ष के किसी कोटर में 2 अथवा 3 बच्चों को जन्म देती है। कभी-कभी इसे 4 बच्चों तक को जन्म देते हुए देखा गया है। इसके बच्चों के शरीर पर घना समूर

होता है। इनकी आँखें और कान बन्द रहते हैं तथा ये जन्म देने वाली मादा पर आश्रित होते हैं। मादा इन्हें अपना दूध पिलाती है और इनकी सुरक्षा करती है। बादली तेंदुए के नवजात बच्चों की आँखें और कान 10-12 दिनों में खुल जाते हैं एवं एक माह का होने पर ये चुस्त और फुर्तीले दिखाई देने लगते हैं। ये 9 माह से लेकर 12 माह तक मादा के साथ रहते हैं और इसके बाद अपना स्वतन्त्र जीवन आरम्भ कर देते हैं।

बादली तेंदुए को बड़ी सरलता से पालतू बनाया जा सकता है एवं चिड़ियाघर में रखा जा सकता है। चिड़ियाघरों में इसका सफलतापूर्वक समागम और प्रजनन कराने में भी सफलता मिली है। इंगलैंड और अमरीका के अनेक चिड़ियाघरों में मादा बादली तेंदुए ने सफलतापूर्वक बच्चों को जन्म दिया है। असम के गुवाहाटी स्थित राजकीय चिड़ियाघर एवं कुछ अन्य चिड़ियाघरों में भी मादा बादली तेंदुए ने बिना किसी परेशानी के प्रजनन किया है। बादली तेंदुआ चिड़ियाघर में अपने पालक को बहुत जल्दी पहचानने लगता है और उससे घुल-मिल जाता है। इस पर बैठा कर छोटे बच्चों को सवारी भी कराई जा सकती है। किन्तु यह केवल अपने पालक के प्रति वफादार होता है, अन्य लोगों के प्रति नहीं। सामान्यतया यह मानव पर आक्रमण नहीं करता, किन्तु भोजन करते समय छेड़ने पर खतरनाक हो सकता है। इसी प्रकार चारों तरफ से घिर जाने पर भी यह मानव पर आक्रमण कर सकता है। एक बार इसने

दार्जलिंग के महानन्दा प्राणी अभयारण्य के एक व्यक्ति पर आक्रमण कर उसे घायल कर दिया था।

बादली तेंदुए का समूर बड़ा सुन्दर होता है। इसी समूर के लिए इसका शिकार किया जाता है। एक कोट बनाने के लिए कम-से-कम 5-6 बादली तेंदुओं को मारना पड़ता है। मलेशिया के आदिवासी इसके दाँतों से पारस्परिक आभूषण तैयार करते हैं। भारत की नागा, मिजो, कूकी आदि पर्वतीय जनजातियाँ इसका मांस भी खाती हैं। सामान्यतया इसका शिकार पारम्परिक ढंग से फन्दे द्वारा किया जाता है। इसे स्थानीय लोगों द्वारा तैयार की गई बन्दूकों से भी मारा जाता है। बादली तेंदुए को बचाने के लिए भारत सरकार ने भारतीय वन्यजीव संरक्षण अधिनियम : 1972 के अन्तर्गत इसे मारने और इसके अवैध व्यापार पर प्रतिबन्ध लगा दिया है। सन् 1975 में कन्वेन्शन ऑन इन्टरनेशनल ट्रेड इन इन्डेन्जर्ड स्पेसीज ऑफ वाइल्ड फौना एन्ड फ्लोरा' ने भी बादली तेंदुए की स्थिति को देखते हुए इसके समूर, दाँत एवं शरीर के अन्य अंगों के व्यापार को अवैध घोषित कर दिया है और इसे दंडनीय बना दिया है। किन्तु इन सभी प्रयासों के बाद भी अभी चोरी-छिपे इसका शिकार किया जा रहा है, अतः इसकी संख्या निरन्तर कम हो रही है।

# वनबिलाव

वनबिलाव बिल्ली परिवार का एक रोचक वन्यजीव है। अंग्रेजी में इसे लिंक्स कहते हैं। वनबिलाव के अन्तर्गत मार्जार परिवार के छोटी पूँछ वाले अनेक जीव आते हैं। इनमें यूरोप का वनबिलाव, कनाडा का वनबिलाव, स्पेन का वनबिलाव, लाल वनबिलाव (मार्गे) स्याहगोश (कैराकल) आदि प्रमुख हैं। वनबिलाव के अन्तर्गत आने वाले वन्यजीवों का वर्गीकरण करना एक जटिल कार्य है। इसके सम्बन्ध में जीव वैज्ञानिकों में दो मत प्रचलित हैं। एक मत के अनुसार नई दुनिया और पुरानी दुनिया के सभी बनबिलाव एक ही जाति के हैं। इस जाति का वैज्ञानिक नाम है–लिंक्स-लिंक्स। इन जीव वैज्ञानिकों का मत है कि इसके जो अलग-अलग रूप दिखाई देते हैं, वे मात्र इसकी भौगोलिक प्रजातियाँ हैं। अर्थात् वनबिलाव केवल एक वन्यजीव है, किन्तु अलग-अलग भौगोलिक परिवेश में रहने के कारण अलग-अलग स्थानों पर

पाए जाने वाले वनबिलावों के रूप-रंग, आकार आदि में थोड़ा-बहुत अन्तर आ गया है। दूसरे मत के अनुसार विभिन्न स्थानों पर पाए जाने वाले वन-बिलाव एक-दूसरे से पूरी तरह भिन्न हैं और अलग-अलग जातियों के जीव हैं। उन्होंने इन्हें अलग-अलग वैज्ञानिक नाम भी दे दिए हैं।

वनबिलाव नई दुनिया और पुरानी दुनिया के एक बहुत बड़े क्षेत्र में पाया जाता है। यह संयुक्त राज्य अमरीका, अलास्का, कनाड़ा, यूरोप तथा भारत सहित एशिया के अधिकांश भागों में मिलता है। इसकी तीन प्रमुख प्रजातियाँ हैं—कनाडा का

वनबिलाव, यूरोप का वनबिलाव और स्पेन का वनबिलाव। इन तीनों में कोई विशेष अन्तर नहीं होता तथा इन्हें एक ही वन्यजीव माना जाता है। कनाडा का वनबिलाव मुख्य रूप से कनाडा में पाया जाता है। इसके साथ ही यह अलास्का के देवदार के जंगलों में भी मिलता है। संयुक्त राज्य अमरीका में इसे उत्तरी इंग्लैंड में ग्रेट लेक्स के पास और न्यूयार्क के एटीरोन्डेक पर्वत के जंगलों में देखा जा सकता है। यूरोप का वनबिलाव यूरोप के अनेक देशों में पाया जाता है। यह एशिया के कुछ देशों में भी मिलता है। स्पेन का वनबिलाव केवल स्पेन और पुर्तगाल में ही मिलता है।

वनबिलाव भारत, नेपाल और तिब्बत में भी पाया जाता है। वास्तव में यह उत्तरी गोलार्ध का वन्यजीव है और 2500 मीटर से लेकर 3000 मीटर तक की ऊँचाई वाले भागों में मिलता है। भारत में यह जम्मू एवं कश्मीर के लद्दाख तथा हिमाचल प्रदेश

के लाहौल और स्पिती में देखने को मिलता है। लद्दाख की नुब्रा नदी की घाटी में इसकी संख्या अधिक है। कश्मीर में इसे पटसालम और लाहुल में फियाउकू कहते हैं। वनबिलाव ऊँचे पर्वतीय भागों में देवदारू के जंगलों में रहना अधिक पसन्द करता है। इसे ठंडे रेगिस्तानों, झाड़ियों वाले जंगलों चट्टानी स्थानों तथा नरकुल और लम्बी-लम्बी घासों वाले वनों में भी बहुतायत से देखा जा सकता है।

वनबिलाव एकान्त में विचरण करने वाला वन्यजीव है, किन्तु कभी-कभी यह छोटे-छोटे झुंडों में भी देखने को मिल जाता है। वनबिलाव अपना सीमा क्षेत्र बनाता है। यह हमेशा अपने क्षेत्र की सीमा पर मल-मूत्र विसर्जित करता है। इससे अन्य वनबिलाव इसकी सीमा पहचान लेते हैं। और इसमें प्रवेश नहीं करते। सीमा के भीतर मल-मूत्र विसर्जित करने पर यह उसे मिट्टी से ढँक देता है। वनबिलाव का सीमाक्षेत्र निश्चित नहीं होता है अथवा यह कहा जा सकता है कि इसका सीमाक्षेत्र शिकार की उपलब्धता पर निर्भर करता है। यदि शिकार अधिक होता है तो सीमाक्षेत्र बड़ा हो जाता है। सामान्यतया नर वनबिलाव का सीमाक्षेत्र मादा के सीमाक्षेत्र से बड़ा होता है। वनबिलाव सीमाक्षेत्र बनाने के साथ ही अन्य वनबिलावों से इसकी सुरक्षा भी करता है।

वनबिलाव की शारीरिक संरचना बिल्ली परिवार के अन्य जीवों से कुछ भिन्न होती है। यह देखने में स्याहगोश की तरह होता है, किन्तु इसकी पूँछ स्याहगोश से कुछ छोटी होती है। वनबिलाव की गणना मध्यम आकार की जंगली बिल्लियों में की जाती है। इसके शरीर की लम्बाई 90 सेन्टीमीटर से लेकर 120 सेन्टीमीटर तक होती है। एक पूर्ण विकसित नर वनबिलाव के कन्धों तक की ऊँचाई लगभग 60 सेन्टीमीटर होती है तथा वजन 9 किलोग्राम से लेकर 18 किलोग्राम तक हो सकता है। कनाडा का वनबिलाव सबसे बड़ा होता है। इसके शरीर पर घना समूर होता है, अतः यह कुछ अधिक बड़ा दिखाई देता है। यूरोप का वनबिलाव मध्यम आकार का तथा स्पेन का वनबिलाव सबसे छोटा होता है।

वनबिलाव के शरीर के रंगों में अधिक विविधता नहीं होती। इसके समूर का रंग गहरा कत्थई अथवा भूरापन लिए हुए पीला होता है, इसके शरीर के लम्बे बालों के सिरे चाँदी के समान रूपहले रंग के होते हैं, अतः यह रूपहला दिखाई देता है। वनबिलाव के पेट का रंग पीठ वाले भाग की तुलना में हल्का होता है तथा यह पीला दिखाई देता है। इसके गालों का रंग सफेद होता है एवं इस पर काले रंग की धारियाँ होती हैं। इसकी पूँछ छोटी होती है तथा इसका सिरा निश्चित रूप से काला होता है। वनबिलाव की किसी भी प्रजाति में काले तेंदुए के समान काला वनबिलाव तो नहीं मिलता, किन्तु एक हजार में एक वनबिलाव ऐसा अवश्य मिल जाता है, जिसके शरीर का रंग हल्का नीला होता है। इसे नीला वनबिलाव कहते हैं।

यूरोप और स्पेन के वनबिलाव के शरीर का रंग कनाडा के वनबिलाव के समान होता है, किन्तु इसके समूर पर काले रंग की चित्तियाँ और धब्बे होते हैं, जबकि कनाड़ा के वनबिलाव के समूर पर प्रायः धब्बे अथवा चित्तियाँ नहीं पाई जातीं। यूरोप का वनबिलाव भारत तक पाया जाता है। अर्थात् यूरोप का वनबिलाव और भारतीय वनबिलाव दोनों एक ही हैं। इनमें थोड़ा सा अन्तर आकार और रंग का होता है। भारतीय वनबिलाव के शरीर की पूँछ सहित लम्बाई 85 सेन्टीमीटर से 90 सेन्टीमीटर तक, कन्धों तक की ऊँचाई 50 से 65 सेन्टीमीटर तक तथा वजन 17 किलोग्राम

तक होता है। इसके शरीर का रंग यूरोप के बनबिलाव की तरह होता है तथा शरीर पर काले रंग के धब्बे और धारियाँ होती हैं। वनबिलाव की एक प्रमुख विशेषता यह है कि इसका शरीर मौसम के अनुसार रंग बदलता है। गर्मियों के मौसम में इसका समूर कम घना और कठोर हो जाता है तथा इसके शरीर की धारियाँ और धब्बे गहरे रंग के हो जाते हैं। इसके विपरीत सर्दियों के मौसम में इसका समूर घना, मोटा और कोमल हो जाता है तथा इसके शरीर की धारियाँ और धब्बे दिखाई नहीं देते।

वनबिलाव का चेहरा बिल्ली परिवार के अन्य जीवों से पूरी तरह भिन्न होता है। इसके कान बड़े होते हैं तथा इनमें बालों के गुच्छे होते हैं। इन्हीं की सहायता से इसे सरलता से पहचाना जा सकता है। वनबिलाव की दृष्टि और श्रवणशक्ति बड़ी तेज

होती है। इसकी दृष्टि तो इतनी तेज होती है कि भारत सहित विश्व भर के लोगों में एक मुहावरा प्रचलित हो गया है–'वनबिलाव जैसी तेज आँखें', वनबिलाव के पैर लम्बे और काफी मजबूत होते हैं। इसके चारों पंजे काफी बड़े और गद्दीदार होते हैं एवं इनकी संरचना इस प्रकार की होती है कि यह बर्फ की मोटी-मोटी परतों पर भी सरलता से चल सकता है।

वनबिलाव की आवाज सामान्य मध्यम आकार की जंगली बिल्लियों की तरह होती है। किन्तु इसकी आवाज कुछ तेज होती है। यह आपस में लड़ते समय इसी प्रकार की तेज आवाजें निकालता है। इसके साथ ही यह लड़ाई के समय अपने पंजों और दाँतों का पूरा-पूरा उपयोग करता है।

वनबिलाव मूलतः रात्रिचर है। यह दिन के समय किसी मांद के भीतर चट्टानों की दरारों में अथवा इसी तरह के किसी सुरक्षित स्थान पर आराम करता है और रात में शिकार की खोज में निकलता है। किन्तु कभी-कभी इसे दिन में भी शिकार की खोज करते हुए देखा गया है, वनबिलाव प्रायः अकेले ही विचरण करता है एवं अकेले ही शिकार करता है, किन्तु मौसम खराब होने पर शिकार हेतु छोटे-छोटे झुंड बना लेता है। यह बहुत अच्छा वृक्षारोही है तथा बहुत अच्छा तैराक भी है। किन्तु यह न तो वृक्षों पर चढ़कर शिकार करता है और न ही पानी के भीतर शिकार करता है। यह हमेशा जमीन पर ही जीवों का शिकार करता है।

वनबिलाव का शिकार बड़ा विविधतापूर्ण होता है। यह छोटे से चूहे जैसे कुतरने वाले जीव से लेकर हिरन तक का शिकार करता है। इसके शिकार में मुख्य रूप से गुबरैले, जंगली चूहे, गिलहरी, खरगोश, लोमड़ी तथा हिरन आदि आते हैं। कभी-कभी यह मछली तथा पानी के इसी प्रकार के कुछ अन्य जीवों का शिकार कर लेता है। वनबिलाव पक्षियों का शिकार करने में भी बड़ा कुशल होता है। यह जमीन के पक्षियों को दौड़कर पकड़ लेता है और चट कर जाता है। उत्तर अमरीका के वनबिलाव का प्रमुख भोजन यहाँ पाया जाने वाला 'स्नोशू' नामक खरगोश है। शिकार की कमी होने पर, वनबिलाव भेड़-बकरी जैसे पालतू जीवों को अपना निशाना बनाता है। अतः बस्ती के लोग इसे अपना शत्रु मानते हैं और अवसर मिलते ही इसे मार डालते हैं। कुछ लोगों ने वनबिलाव को सड़ा-गला मांस खाते भी देखा है, किन्तु इसे ताजा शिकार पसन्द है।

वनबिलाव की दृष्टि और श्रवणशक्ति बहुत अच्छी होती है। यह शिकार के समय भी अपनी दृष्टि और श्रवण शक्ति का भरपूर उपयोग करता है। यह सामान्यतया गर्मी के मौसम में चूहे और गिलहरियों के समान छोटे कुतरने वाले और स्तनधारी जीवों का शिकार करता है तथा सर्दियों के मौसम में हिरन जैसे बड़े जीवों को अपना निशाना बनाता है।

वनबिलाव का हिरन जैसे बड़े जीवों का शिकार करने का ढंग बड़ा रोचक और विशिष्ट होता है। यह सर्वप्रथम शिकार की खोज करता है और फिर हिरन जैसा शिकार मिल जाने पर लम्बी दूरी तक उसका पीछा करता है। किन्तु शिकार का पीछा करते समय यह दौड़ता बहुत कम है। यह शिकार के बहुत अधिक निकट पहुँच जाने पर उसके ऊपर छलाँग लगा कर सवार हो जाता है और उसकी गर्दन पर काटता है। इसके बाद यह कन्धों के पास काटता है, जिससे शिकार की रीढ़ की हड्डी पर प्रभाव पड़ता है और वह तुरन्त गिर जाता है। वनबिलाव के शिकार करने के ढंग की प्रमुख विशेषता यह है कि इसका शिकार दूसरी बार काटने के बाद मर जाता है। कभी-कभी यह वृक्षों की शाखाओं पर बैठ कर शिकार की प्रतीक्षा करता है। इसका शिकार जैसे ही वृक्ष के नीचे से गुजरता है, यह उस पर ऊपर से कूद पड़ता है और उसे मार कर चट कर जाता है। वनबिलाव बड़ा खूँखार होता है। इसके सीमाक्षेत्र में यदि जंगली बिल्ली आ जाए तो यह उसे भी मार कर खा जाता है।

वनबिलाव का समागम प्रायः मार्च में होता है। भारत में सर्दियों के अन्त में नर-मादा समागम करते हैं। वनबिलाव वर्ष भर अकेले विचरण करता है और अपने सीमाक्षेत्र में किसी अन्य वनबिलाव को नहीं आने देता। किन्तु समागम काल में मादा वनबिलाव अपने क्षेत्र में नर को आने की अनुमति दे देती है। कभी-कभी मादा के पास एक साथ दो नर पहुँच जाते हैं। ऐसी स्थिति में दोनों नरों में लड़ाई होती है और अन्त में पराजित नर भाग जाता है तथा विजेता नर मादा के साथ समागम करता है।

मादा वनबिलाव का गर्भकाल 60 दिन से 63 दिन तक का होता है। यह गर्भकाल पूरा होने पर लट्ठों के खोखले भागों, पत्थरों के नीचे चट्टानों की दरारों, मांदों अथवा इसी तरह के किसी सुरक्षित स्थान पर 2 से 4 तक बच्चों को जन्म देती है। इसके नवजात बच्चों के शरीर पर काफी विकसित समूर होता है, किन्तु इनकी आँखें और कान बन्द रहते हैं। ये मादा का दूध पीते हैं और अपना विकास करते हैं। लगभग 6 दिन में इनकी आँखें खुल जाती हैं। मादा वनबिलाव इन्हें दो माह तक अपना दूध पिलाती है। इसके बाद इन्हें अपने साथ जंगल ले जाती है और शिकार करना सिखाती है। वनबिलाव के बच्चों का बड़ी धीमी गति से विकास होता है। अतः ये लम्बे समय तक मादा के साथ रहते हैं। कभी-कभी तो ये 7 माह अथवा इससे भी अधिक समय तक मादा के साथ देखे गए हैं। इनके दूध के दाँत आठ महीने या इससे भी अधिक समय तक बने रहते हैं। इनके पंजे बहुत कमजोर होते हैं, इसीलिए ये ठीक ढंग से शिकार नहीं कर पाते। ये बच्चे चूहे के समान छोटे कुतरने वाले जीवों अथवा मादा द्वारा लाए गए शिकार पर ही निर्भर रहते हैं। इस काल में यदि इनकी माँ का शिकार हो जाए अथवा अन्य किसी कारण से बच्चे माँ से अलग

हो जाएँ तो उनके जीवन के अवसर समाप्त हो जाते हैं, क्योंकि बर्फीले भागों में प्रायः चूहे तथा इसी प्रकार के अन्य कुतरने वाले जीव, जो इसका प्रमुख भोजन है, लगभग 50-60 सेन्टीमीटर गहरी बर्फ के भीतर चले जाते हैं, जहाँ से ये इन्हें निकाल नहीं सकते अतः भूख से मर जाते हैं।

वनबिलाव के बच्चे लगभग एक वर्ष में वयस्क हो जाते हैं। मादा वनबिलाव एक वर्ष में गर्भ धारण करने लगती है, किन्तु नर को प्रजनन योग्य होने में कुछ अधिक समय लगता है। सामान्यतया मादा वनबिलाव एक वर्ष में केवल एक बार ही प्रजनन करती है। इसके बाद यह दो अथवा तीन वर्षों के बाद ही गर्भधारण करती है।

वनबिलाव के अनेक शत्रु हैं। भेड़िया तथा तेंदुआ जैसे जीव इसका शिकार करते हैं। मानव भी इसका शत्रु है, क्योकि वनबिलाव भेड़-बकरियाँ आदि पालतू पशुओं पर कभी-कभी आक्रमण करता है और उन्हें चट कर जाता है; अतः मानव इसे एक हानिकारण जीव मानता है और अवसर मिलते ही इसे मार डालता है। इन सभी से यदि यह बचा रहता है तो लगभग 20 वर्ष की आयु तक जीवित रहता है।

वनबिलाव की संख्या कनाड़ा को छोड़कर विश्व के सभी भागों में तेजी से कम हो रही है। इसके विनाश के कई कारण हैं। वनबिलाव का समूर बड़ा कीमती होता है। इसके बने हुए कोट बड़े महँगे समझे जाते हैं, अतः यूरोप और कनाड़ा में इसका बहुत बड़ी संख्या में शिकार किया गया। जंगलों की कटाई, कृषि भूमि का विकास

और बढ़ते हुए नगरीकरण के कारण इसके प्राकृतिक क्षेत्रों में बहुत कमी आई तथा इसके निवास स्थल नष्ट हुए। इनके परिणाम स्वरूप यह बहुत से ऐसे स्थानों पर विलुप्ति के कगार पर पहुँच गया, जहाँ किसी समय इसकी संख्या बहुत अधिक थी।

वनबिलाव की सर्वाधिक दयनीय स्थिति यूरोप में है। यहाँ जंगलों की इतनी अधिक कटाई हुई है कि अब यह दिखाई नहीं देता। उदाहरण के लिए स्वीडन में जैसे-जैसे जंगलों की कटाई होती गई यह उत्तर की ओर बढ़ता गया और बढ़ते-बढ़ते ऐसे भागों में पहुँच गया, जहाँ बहुत अधिक बर्फ थी। अतः इसके बच्चों के सामने भोजन की समस्या उत्पन्न हो गई और ये बहुत बड़ी संख्या में भूख से मरने लगे। अन्त में स्वीडन की सरकार ने सन् 1928 में एक कानून बना कर इसे सुरक्षा प्रदान की। इसके बाद यहाँ इसकी स्थिति में सुधार हुआ। वर्तमान समय में कनाडा को छोड़कर यूरोप और एशिया में इसकी स्थिति चिन्ताजनक बनी हुई है। कनाड़ा में भी इसकी स्थिति अच्छी नहीं है, किन्तु यहाँ इसके विलुप्त होने की आशंका नहीं है। लेकिन यूरोप में इसकी स्थिति गम्भीर है। यदि यहाँ इसे बचाने के विशेष प्रयास नहीं किए गए तो यह कभी भी विलुप्त हो सकता है।

# लाल वनबिलाव

लाल वनबिलाव मार्जार परिवार का एक शानदार वन्यजीव है। इसे उत्तर अमरीका में बॉब कैट कहते हैं। इसकी पूँछ खरगोश के समान बहुत छोटी होती है, अतः इसे बॉब कैट नाम दिया गया है। लाल वनबिलाव देखने में वनबिलाव (लिंक्स) जैसा ही दिखाई देता है। बस केवल इसके समूर का रंग लाल होता है, अतः यह नाम इसके लिए सर्वाधिक उपयुक्त है। लाल वनबिलाव उत्तर अमरीका के एक बहुत बड़े क्षेत्र में पाया जाता है। इसे कनाड़ा, संयुक्त राज्य अमरीका और मैक्सिको के अनेक भागों में देखा जा सकता है। कनाडा के दक्षिण में और संयुक्त राज्य अमरीका में इसकी संख्या बहुत अधिक है। लाल वनबिलाव का आकार छोटा होता है एवं इसमें आवास और भोजन की विविधता पाई जाती है। इसके साथ ही इसमें अनुकूलन की विशिष्ट

क्षमता होती है। यह घने जंगलों के साथ ही मैदानी जंगलों, सामान्य मैदानों और कृषि क्षेत्रों तथा मानव बस्तियों के आसपास सरलता से रह सकता है। इन्हीं कारणों से इस पर बढ़ते हुए नगरीकरण और औद्योगिकीकरण का कोई विशेष प्रभाव नहीं पड़ा है तथा यह अभी तक पूरी तरह सुरक्षित है।

लाल वनबिलाव की तुलना यूरोप की जंगली बिल्ली से की जाती है। यूरोप की जंगली बिल्ली की तरह लाल वनबिलाव भी अकेला विचरण करता है तथा केवल रात्रि के समय ही बाहर निकलता है। अतः यह सामान्यतया दिखाई नहीं देता, जबकि एक छोटे से क्षेत्र में ही कई लाल वनबिलाव रहते हैं वास्तव में लाल वनबिलाव की संख्या, इनके रहने के स्थान और भोजन की उपलब्धता में सीधा सम्बन्ध है। यदि भोजन की अधिकता होती है तो एक छोटे से स्थान पर ही इनकी संख्या अधिक हो जाती है। इसके विपरीत, भोजन की मात्रा कम होने पर ये बिखर जाते हैं।

लाल वनबिलाव का जंगलों में, खेतों में अथवा बस्तियों में आने-जाने का एक निश्चित रास्ता होता है। यह एक निश्चित स्थान पर ही मल-मूत्र विसर्जित करता है। इसकी एक प्रमुख विशेषता यह है कि यह अपने मल को हमेशा मिट्टी से ढँक देता है। लाल वनबिलाव बहुत अच्छा वृक्षोराही है और घरेलू बिल्लियों के समान बड़ी तेजी से वृक्षों पर चढ़ जाता है। इसके आने-जाने का मार्ग जमीन पर पड़े इसके पंजों के निशान से भी मालूम किया जा सकता है। सामान्य घरेलू बिल्लियों की यह आदत होती है कि वे वृक्षों के तनों पर अपने पंजे रगड़कर उन्हें तेज करती रहती हैं। इससे वृक्षों के तनों पर इनके पंजों के निशान बन जाते हैं। यही आदत लाल वनबिलाव की भी होती है। लाल वनबिलाव भी जहाँ रहता है, वहाँ के वृक्षों के तनों पर अपने

पंजे रगड़ता रहता है, जिससे तनों पर इसके पंजों के निशान बन जाते हैं। इन्हीं पंजों के निशानों को देख कर ही लाल वनबिलाव की उपस्थिति और इनकी संख्या मालूम की जाती है। लाल वनबिलाव के वृक्षों पर उतरने और चढ़ने से भी वृक्षों के तनों और शाखाओं पर लम्बी-लम्बी खरोंचों वाले निशान पड़ जाते हैं। इन निशानों को देख कर भी यह बताया जा सकता है कि यहाँ लाल वनबिलाव है।

लाल वनबिलाव एक छोटी जंगली बिल्ली है। शरीर छोटा होने के कारण यह वृक्षों, मैदानी झाड़ियों, खेतों अथवा इसी तरह के कोई भी स्थान मिल जाने पर यह सरलता से छिप जाता है। इसके बहुत कम दिखाई देने का यह भी एक कारण है। लाल वनबिलाव छोट-से-छोटे प्यूमा और सामान्य वनबिलाव (लिंक्स) से भी छोटा होता है। इसके शरीर की लम्बाई 76 सेन्टीमीटर से लेकर 92 सेन्टीमीटर तक होती है। इसमें इसकी पूँछ भी सम्मिलित है। इसका वजन 7 किलोग्राम से लेकर 9 किलोग्राम तक हो सकता है। किन्तु कभी-कभी इससे अधिक वजन वाले लाल वनबिलाव भी देखने को मिल जाते हैं। एक बार संयुक्त राज्य अमरीका में एक लाल वनबिलाव पकड़ा गया था, जिसका वजन 17.69 किलोग्राम थां यह एक विश्व कीर्तिमान है।

लाल वनबिलाव के शरीर के समूर के रंगों में पर्याप्त विविधता पाई जाती है। लाल वनबिलाव की अनेक प्रजातियाँ हैं तथा सभी के समूर का रंग अलग-अलग होता है। इसके साथ ही इसके शरीर के रंगों पर स्थान और परिवेश का भी प्रभाव पड़ता है। अर्थात् लाल वनबिलाव की एक ही प्रजाति के समूर का रंग भी दो अलग-अलग स्थानों पर अलग-अलग हो सकता है। सामान्यतया लाल वनबिलाव के समूर का रंग

लाली लिए हुए कत्थई होता है तथा इस पर सफेद अथवा धूसर रंग के धब्बे होते हैं। जंगलों में रहने वाले लाल वनबिलाव का समूर गहरे रंग का होता है। इसके विपरीत जो लाल वनबिलाव उत्तर अमरीका के रेगिस्तानी भागों में पाए जाते हैं, उनका समूर हल्के रंग का होता है। लाल वनबिलाव को जंगल में अपने शत्रुओं से बचने के लिए और शिकार करने के लिए कॉमाफ्लास की आवश्यकता होती है, अतः जंगल में रहनेवाले लाल वनबिलाव के लिए इसका गहरा रंग बड़ा उपयोगी होता है।

लाल वनबिलाव देखने में छोटे वनबिलाव सा लगता है। इसके कान पूरी तरह वनबिलाव के समान छोटे और खड़े होते हैं तथा इनमें बालों के गुच्छे होते हैं। जिससे इसकी श्रवण शक्ति बहुत बढ़ जाती है। लाल वनबिलाव की पूँछ भी वनबिलाव के समान होती है। इसकी पूँछ के ऊपरी भाग पर काले रंग की एक मोटी धारी होती है और नीचे सफेद बालों की झालर होती है। लाल वनबिलाव की पूँछ बहुत छोटी होती है। इसकी लम्बाई प्रायः 15 सेन्टीमीटर से अधिक नहीं होती। इसीलिए इसे बॉब कैट नाम दिया गया है।

लाल वनबिलाव एक निशाचर है। यह दिन के समय मांदों, चट्टानों की दरारों, पत्थरों के नीचे अथवा ऐसे ही किसी सुरक्षित स्थान पर आराम करता है और रात में शिकार की खोज में निकलता है। इसका भोजन और शिकार करने का ढंग अपने आकार की अन्य जंगली बिल्लियों के समान होता है। इसका शरीर काफी मजबूत, गठा हुआ और फुर्तीला होता है। तथा यह अपने शरीर के अनुपात में काफी शक्तिशाली होता है। यही कारण है कि यह छोटे से चूहे से लेकर हिरन तक का शिकार बड़ी सरलता से कर लेता है। लाल वनबिलाव का भोजन बड़ा विविधतापूर्ण होता है। यह कुतरने वाले छोटे से जीव से लेकर हिरन और सुअर तक को चट कर जाता है। सामान्यतया यह छोटे चूहे, जंगली चूहे, गिलहरी एवं विभिन्न प्रकार के पक्षियों का शिकार करता है। किन्तु कभी-कभी स्कंक, साँप, चमगादड़ आदि को भी अपना आहार बना लेता है। कभी-कभी यह बस्तियों के भीतर भी आ जाता है और पालतू गायों, भेड़ों, बकरियों, मुर्गे-मुर्गियों आदि को मार डालता है। इसे भेड़ों और गायों के बच्चों की खोज में खेतों के पास चक्कर लगाते हुए प्रायः देखा जा सकता है। कुछ लोगों ने इसे वृक्षों पर चढ़कर फल खाते हुए भी देखा है। किन्तु यह फल नहीं खाता अथवा बहुत कम खाता है। भोजन की बहुत अधिक कमी होने पर यह कभी-कभी सेही पर आक्रमण कर देता है और उसे मार कर खा जाता है। किन्तु इससे इसके मुँह और पंजों में काँटे लग जाते हैं, जिनसे यह घायल हो जाता है और भोजन करने योग्य नहीं रह जाता, अतः शीघ्र ही भूख के कारण इसकी मृत्यु हो जाती है। इस प्रकार मरने वाले लाल वनबिलाव के मुँह में और पंजों में सेही के काँटे लगे हुए देखने को मिल जाते हैं।

लाल वनबिलाव एक कुशल शिकारी वन्यजीव है, किन्तु यह बिल्ली परिवार के अन्य जीवों की तरह अपना सीमा क्षेत्र नहीं बनाता। एक छोटे से क्षेत्र में अनेक लाल वनबिलावों को शिकार की खोज करते हुए देखा जा सकता है। एक बार संयुक्त राज्य अमरीका के एक शिकारी ने 3 महीनों में एक ही स्थान पर 39 लाल वनबिलाव पकड़े थे। एक छोटे से क्षेत्र में अनेक वनबिलाव रह सकते हैं और शिकार कर सकते हैं। किन्तु सभी लाल वनबिलाव अलग-अलग रहते हैं और अलग-अलग शिकार करते हैं। ये सिंह के समान समूह बना कर शिकार नहीं करते।

पर्याप्त मात्रा में भोजन उपलब्ध होने पर लाल वनबिलाव को लगभग 10 वर्ग किलोमीटर के क्षेत्र में शिकार मिल जाता है, किन्तु शिकार की कमी होने पर इसे सारी-सारी रात परेशान होना पड़ता है। ऐसी स्थिति में कभी-कभी इसे 20 वर्ग किलोमीटर के क्षेत्र में भटकना पड़ता है। जैसा कि अभी-अभी बताया जा चुका है कि लाल वनबिलाव कभी-कभी हिरन जैसे बड़े और सींग वाले जीवों पर भी आक्रमण कर देता है और उन्हें मार डालता है। इसका बड़े जीवों पर आक्रमण करने का ढंग रोचक होता है। हिरन तथा इसी प्रकार के अन्य सींग वाले बड़े जीव आकार में इससे बहुत बड़े और शक्तिशाली होते हैं अतः यह इनका बड़ी चालाकी और सावधानी से शिकार करता है। यह सर्वप्रथम अपने शिकार का चुनाव करता है और फिर शिकार के मिल जाने पर यह उसका छिप कर धीरे-धीरे पीछा करता है। इसके बाद

शिकार के बिलकुल निकट पहुँच जाने पर यह अचानक छलाँग लगाता है और अपने शिकार की पीठ पर सवार हो जाता है। अचानक हुए इस हमले से इसका शिकार घबरा जाता है। इसी समय यह बिल्ली परिवार के अन्य जीवों की तरह अपने शिकार की गर्दन के ठीक पीछे और सिर के नीचे के भाग पर अपने दाँत गड़ा देता है। इसके बाद यह अपने पंजों से शिकार को तब तक नोचता रहता है, जब तक वह गिर नहीं जाता।

लाल वनबिलाव का समागम और प्रजनन बड़ा रोचक होता है। इसका समागम प्रायः वर्ष भर चलता रहता है, किन्तु दिसम्बर और जनवरी में यह अधिक जोड़े बनाता है। मादा लाल वनबिलाव का गर्भकाल 50 दिन से लेकर 60 दिन तक का होता है। गर्भकाल पूरा होने पर यह प्रायः दो बच्चों को जन्म देती है। किन्तु कभी-कभी इसे 3 अथवा 4 बच्चों को भी जन्म देते हुए देखा गया है। यह सामान्यतया लकड़ी के खोखले भागों, पत्थरों के नीचे, चट्टानों की दरारों में अथवा मांद के भीतर बच्चों को जन्म देती है। किन्तु कभी-कभी इसे खलिहानों और भंडारगृहों में भी बच्चे देते हुए देखा गया है। समागम के समान इसमें पूरे वर्ष भर प्रजनन भी चलता रहता है, किन्तु फरवरी से मार्च तक प्रजनन की दर अधिक होती है। मादा वनबिलाव वर्ष में एक ही बार प्रजनन करती है और प्रायः जब तक उसके बच्चे बड़े नहीं हो जाते, वह गर्भधारण नहीं करती। किन्तु कभी-कभी वह बीच में ही गर्भधारण कर लेती है और एक वर्ष में दो बार बच्चों को जन्म देती है।

लाल वनबिलाव का नवजात बच्चा जन्म के समय अपाहिज सा होता है तथा इसकी आँखें और कान बन्द रहते हैं। मादा इसे अपना दूध पिलाती है और इसकी सुरक्षा करती है। नवजात बच्चों की सुरक्षा करने वाली मादा बड़ी उग्र, खूँखार और खतरनाक होती है तथा किसी को भी अपने अथवा बच्चे के निकट नहीं आने देती। इस समय यह बच्चे को जन्म देने वाले नर वनबिलाव को भी उससे दूर रखती है। लगभग एक सप्ताह में बच्चे की आँखें खुल जाती हैं और शीघ्र ही यह कुछ बड़ा दिखाई देने लगता है। अब मादा अपने बच्चे को दूध पिलाना बन्द कर देती है और ऊपर का आहार देने लगती है। इस समय इसकी उग्रता काफी कम हो जाती है तथा यह बच्चे को जन्म देने वाले नर वनबिलाव को बच्चे के और अपने पास आने की अनुमति दे देती है। नर वनबिलाव बच्चे के पालन-पोषण में कोई महत्त्वपूर्ण भूमिका तो नहीं निभाता, किन्तु यह उसके लिए भोजन प्राप्त करने में मादा की सहायता अवश्य करता है।

लाल वनबिलाव के अनेक शत्रु हैं। जंगल में यह प्रायः प्यूमा का शिकार बन जाता है। इसके बच्चों को सींग वाला उल्लू तथा लोमड़ी अवसर मिलते ही मार डालते हैं और चट कर जाते हैं। लाल वनबिलाव अपने प्राकृतिक शत्रुओं से तो किसी तरह बच जाता है, किन्तु मानव से नहीं बच पाता। मानव इसका सर्वाधिक प्रबल शत्रु है। लाल वनबिलाव प्रायः घरेलू पशुओं का शिकार करता है अतः लोग इसे अपना शत्रु मानते हैं और शिकारियों की सहायता से इसे मरवा डालते हैं। कुछ लोग इसके शानदार समूर के लिए भी इसका शिकार करते हैं।

लाल वनबिलाव का शिकार शिकारी कुत्तों की सहायता से किया जाता है। इसका शिकार करने वाले लोग अपने कुत्तों के साथ निकलते हैं और जंगल में इसकी खोज करते हैं। यह शिकारी कुत्तों द्वारा पीछा किए जाने पर भागता है और चारों तरफ से घिर जाने पर गोल-गोल घूमता है, चक्कर लगाता है और अन्त में पास के किसी वृक्ष पर चढ़ जाता है, जहाँ इसे सरलता से गोली से मार दिया जाता है। लाल वनबिलाव के लिए दलदल वाला क्षेत्र बड़े काम का होता है। यदि शिकारी कुत्तों द्वारा पीछा करते समय इसे कोई दलदल वाला क्षेत्र मिल जाता है तो इसकी जान बच जाती है। यह दलदल पर भागता हुआ दूर निकल जाता है और शिकारी कुत्ते इसे देखते रह जाते हैं।

लाल वनबिलाव के भोजन और आवास में पर्याप्त विविधता पाई जाती है। इसमें आसपास के परिवेश से अनुकूलन की बहुत अधिक क्षमता होती है। यही कारण है कि इसका अस्तित्व अभी तक बना हुआ है और निकट भविष्य में भी इसके विलुप्त होने की कोई आशंका नहीं है। लाल वनबिलाव को बड़ी सरलता से पालतू बनाया जा सकता है तथा चिड़ियाघरों में रखा जा सकता है। यही कारण है कि यह संयुक्त

राज्य अमरीका के अधिकांश चिड़ियाघरों में सरलता से देखने को मिल जाता है। चिड़ियाघरों में इस पर अनेक प्रयोग भी किए गए हैं। एक बार एक लाल वनबिलाव को प्रयोग के लिए चिड़ियाघर से एक प्रयोगशाला में लाया गया। इस पर जीव वैज्ञानिकों को ध्वनि सम्बन्धी कुछ प्रयोग करने थे। जीव वैज्ञानिकों ने लाल वनबिलाव पर अनेक प्रयोग किए, किन्तु कोई विशेष परिणाम सामने नहीं आए। इसी समय एक जीव वैज्ञानिक ने इसके कान के बालों को लपेट कर एक चिमटी से बाँध दिया। इससे एक रोचक तथ्य प्रकाश में आया। साधारण सी आवाज पर शीघ्र प्रतिक्रिया करने वाले लाल वनबिलाव में बालों के बँध जाने के बाद ध्वनि उत्पन्न करने पर कुछ समय बाद प्रतिक्रिया की। इसके बाद इसी प्रयोग को अनेक बार दुहराया गया। सभी प्रयोगों का एक जैसा ही फल निकला। इस प्रकार यह निष्कर्ष निकला कि लाल वनबिलाव के कानों के बाल उसकी श्रवण क्षमता को बढ़ा देते हैं।

# स्याहगोश

स्याहगोश एक शानदार शिकारी वन्यजीव है। इसका वैज्ञानिक नाम फैलिस कैराकल है। सिंह, बाघ, तेंदुआ आदि वन्यजीव बड़ी बिल्ली परिवार के जीव हैं। इसी प्रकार घरेलू बिल्ली जैसे जीव छोटी बिल्ली परिवार के जीव माने जाते हैं। स्याहगोश न बड़ी बिल्ली परिवार का जीव है और न ही छोटी बिल्ली परिवार का जीव है। इसे मध्यम आकार की बिल्ली से सम्बन्धित जीव माना गया है। स्याहगोश किस प्रकार का जीव है? इस सम्बन्ध में जीव वैज्ञानिकों में मतभेद हैं। यह रेगिस्तानी भागों में भी पाया जाता है, अतः कुछ लोग इसे रेगिस्तान का वनबिलाव भी कहते हैं। कुछ वैज्ञानिकों का मत है कि स्याहगोश वास्तविक वनबिलाव है।

स्याहगोश सवन्ना के रेगिस्तान सहित अफ्रीका के बहुत बड़े अर्ध रेगिस्तानी भागों, दक्षिणी-पश्चिमी एशिया, अफगानिस्तान, अरब तथा यूरोप के अनेक देशों में पाया जाता है। भारत में यह उत्तर प्रदेश, मध्य प्रदेश, पंजाब, हिमाचल प्रदेश एवं उत्तरांचल में तथा मालाबार तट को छोड़कर सम्पूर्ण दक्षिण भारत में मिलता है। स्याहगोश भारत के कुछ पड़ोसी राज्यों, पाकिस्तान और तिब्बत आदि में भी देखने को मिल जाता है। स्याहगोश अधिक घने जंगलों में रहना पसन्द नहीं करता। यह छोटी-छोटी और हल्की झाड़ियों वाले मैदानों और पथरीले पहाड़ी क्षेत्रों में अधिक मिलता है। वास्तव में स्याहगोश ऐसे दुर्लभ स्थानों पर रहता है, जहाँ सरलता से नहीं पहुँचा जा सकता। यही कारण है कि अभी तक इसका गहन और विस्तृत अध्ययन नहीं किया जा सका है।

स्याहगोश की गणना विश्व की सर्वाधिक रोचक और सुन्दर बिल्लियों में की जाती है। यह बिल्ली का निकट सम्बन्धी है और दौड़ने-भागने एवं कूदने-फाँदने में सामान्य बिल्लियों से अधिक तेज और सक्षम है। वृक्षों पर चढ़ते समय इसकी तेजी और फुर्ती देखने योग्य होती है।

स्याहगोश का शाब्दिक अर्थ है—काले कान। इसके कान काले रंग के होते हैं। इसीलिए इसे यह नाम दिया गया है। स्याहगोश के कान बहुत बड़े होते हैं और हमेशा सीधे खड़े रहते हैं। इन्हीं कानों की सहायता से इसे सरलता से पहचाना जा सकता है।

विश्व में स्याहगोश की अनेक जातियाँ पाई जाती हैं। इनमें तीन प्रमुख हैं– यूरोपीय स्याहगोश, भारतीय स्याहगोश और तिब्बती-स्याहगोश। भारतीय स्याहगोश

भारत के बहुत बड़े क्षेत्र में पाया जाता है। यहाँ तिब्बती स्याहगोश भी मिलता है। इसे तिब्बत से लगे हुए हिमालय पर्वत के भागों, लद्दाख, हिमाचल प्रदेश, टिहरी गढ़वाल और कुमायुँ के बहुत बड़े क्षेत्र में देखा जा सकता है। सभी जातियों के स्याहगोश देखने में एक जैसे लगते हैं और इनकी शारीरिक संरचना में भी कोई विशेष अन्तर नहीं होता है।

स्याहगोश की शारीरिक संरचना बिल्ली परिवार के अन्य जीवों के समान होती है। इसका शरीर इकहरा, दुबला-पतला होता है एवं आकार में यह जंगली बिल्ली से कुछ छोटा होता है। स्याहगोश की कन्धों तक की ऊँचाई 45 सेन्टीमीटर से 50 सेन्टीमीटर तक, पूँछ सहित शरीर की लम्बाई 85 सेन्टीमीटर से 1 मीटर तक और शरीर का वजन 7 किलोग्राम से लेकर 9 किलोग्राम तक होता है। इसकी पूँछ लगभग 25 सेन्टीमीटर लम्बी होती है एवं इस पर छोटे-छोटे घने बाल होते हैं तथा इसका अन्तिम सिरा काला होता है। स्याहगोश की पीठ एवं शरीर के ऊपर वाले भाग का समूर लाली लिए हुए सुनहरे अथवा पीले रंग का होता है और पेट एवं शरीर के नीचे के भाग का रंग सफेदी लिए हुए हल्के रंग का होता है। इसके पेट और इसके आसपास कत्थईपन लिए हुए हल्के लाल रंग के धब्बे अथवा निशान होते हैं। इस प्रकार यह कहा जा सकता है कि स्याहगोश के शरीर का रंग रेगिस्तान के रंग से काफी मिलता-जुलता है। सामान्यतया यह देखा गया है कि रेगिस्तानी क्षेत्रों में पाए जाने वाले स्तनधारी वन्यजीवों के शरीर का रंग रेगिस्तान के रंग जैसा हो जाता है। इससे वन्यजीवों को कॉमाफ्लास मिलता है। इसी कॉमाफ्लास के कारण ये सरलता से दिखाई नहीं देते और अपने शत्रुओं से बचे रहते हैं। स्याहगोश के शरीर के रंगों में भी इस विशेषता को स्पष्ट रूप से देखा जा सकता है।

स्याहगोश की शारीरिक संरचना में इसके कानों का विशेष महत्त्व है। इसके कान बिल्ली परिवार के सभी जीवों से पूरी तरह भिन्न होते हैं। स्याहगोश के कान नोंकदार होते हैं और हमेशा पीछे की ओर खड़े रहते हैं। इसके दोनों कानों के बाहर वाला भाग गहरे रंग का होता है और दूर से काला सा दिखाई देता है एवं भीतर वाला भाग सफेदी लिए हुए हल्के पीले रंग का होता है तथा इसमें बालों गुच्छे होते हैं। स्याहगोश के दोनों कानों के बीच सिर के मध्य भाग में कत्थई रंग के बालों की एक रेखा होती है, जो नाक के कुछ ऊपर से आरम्भ होती है और दोनों कानों के मध्य से होती हुई कुछ पीछे चली जाती है। इसकी आँखें काफी बड़ी और सुन्दर होती हैं तथा रात के अँधेरे में बाघ और तेंदुए की आँखों के समान चमकती हैं। स्याहगोश के गले पर शरीर के अन्य भागों की तुलना में कुछ बड़े बाल होते हैं, जिनसे यह अधिक आकर्षक दिखाई देता है।

स्याहगोश के चारों पैर बिल्ली परिवार के अन्य जीवों की तुलना में कुछ लम्बे और पतले होते हैं, किन्तु इनसे इसे कोई असुविधा नहीं होती, बल्कि वृक्षों पर चढ़ने और ऊँचाई पर छलाँग लगाने में सुविधा होती है।

स्याहगोश एक कुशल शिकारी वन्यजीव है। यह दिन के समय पत्थरों के नीचे, चट्टानों की दरारों में अथवा किसी छायादार स्थान पर आराम करता है अथवा सोता है और रात के समय शिकार की तलाश में निकलता है। कभी-कभी मौसम ठंडा होने पर अथवा बादल होने पर इसे दिन के समय भी शिकार करते हुए देखा गया है। स्याहगोश मुख्य रूप से स्तनधारी जीवों-विशेष रूप से भेड़-बकरियों, छोटे-छोटे हिरनों और गवयों आदि का शिकार करता है। इसका शिकार करने का ढंग तेंदुए से काफी मिलता-जुलता है। यह रात के समय उन स्थानों की ओर बढ़ता है, जहाँ शिकार मिलने की सम्भावना होती है। जैसे ही इसे कोई शिकारी दिखाई देता है, यह उसके रास्ते में पहुँच कर किसी स्थान पर छिप जाता है। इसका शिकार इसकी उपस्थिति से अनजान होता है, अतः वह आगे बढ़ता जाता है। शिकार को अपने निकट पाकर स्याहगोश सतर्क हो जाता है और फिर एक सीमित दूरी रह जाने पर यह उस पर अचानक आक्रमण करके उसे दबोच लेता है। स्याहगोश इतना दुस्साहसी होता है कि यह कभी-कभी लोमड़ी तक पर आक्रमण कर देता है और उसे मार कर खा जाता है।

स्याहगोश दुस्साहसी होने के साथ ही साथ चालाक और निडर होता है। बस्तियों के निकट के जंगलों में रहने वाले स्याहगोश जंगल में शिकार न मिलने पर बस्ती के

पालतू पशुओं और अन्य जीवों को अपना आहार बनाने लगते हैं। गाँव वाले प्रायः अपनी पालतू मुर्गियों और कबूतरों को हिंसक जीवों से बचाने के लिए फैन्सिंग कर देते हैं। यह फैन्सिंग इस प्रकार की होती है कि सियार जैसे जीव भी इसे पार नहीं कर पाते, किन्तु स्याहगोश इस फैन्सिंग को सरलता से पार कर जाता है और भीतर से मुर्गे-मुर्गियाँ उठा ले जाता है।

स्याहगोश स्तनधारी जीवों के साथ ही पक्षियों का भी शिकार करता है। इसे पक्षियों का शिकार करने में विशेष महारत हासिल है। यह उड़ान भरते हुए अथवा दो मीटर तक की ऊँचाई पर उड़ते हुए पक्षियों को बड़ी कुशलता से उछलकर अथवा ऊँची छलाँग लगा कर पकड़ लेता है और चट कर जाता है। पक्षियों का शिकार करते समय इसकी चुस्ती और फुर्ती देखने योग्य होती है। स्याहगोश पक्षियों का शिकार करने में इतना दक्ष होता है कि यह अफ्रीका के शक्तिशाली पक्षी मार्शल बाज को भी बड़ी सरलता से दबोच लेता है और अपना आहार बना लेता है। इस कार्य में इसका इकहरा, दुबला-पतला शरीर और लम्बी टाँगें इसे विशेष रूप से सहयोग करती हैं। इन्हीं की सहायता से यह बड़ी सरलता से ऊँची छलाँग लगाता है। स्याहगोश पक्षियों के समान ही बन्दर का शिकार करता है। यह 2.5 मीटर तक की ऊँचाई पर, वृक्ष पर बैठे हुए बन्दर को बड़ी फुर्ती से उछल कर दबोच लेता है और चट कर जाता है।

स्याहगोश का समागम और प्रजनन बड़ा रोचक होता है। स्याहगोश नर और मादा प्रायः वर्ष भर अकेले ही विचरण करते हैं। ये केवल समागम काल में ही एक दूसरे से मिलते हैं। स्याहगोश का समागम काल सितम्बर से आरम्भ होता है और दिसम्बर के अन्त तक चलता है, किन्तु कहीं-कहीं इन्हें जुलाई-अगस्त में भी जोड़ा बनाते हुए देखा गया है। समागम काल में सर्वप्रथम नर स्याहगोश मादा की खोज करता है और फिर मादा के मिल जाने पर उसके साथ जोड़ा बनाता है। इसके बाद दोनों एक-दूसरे से लम्बे समय के लिए अलग हो जाते हैं और फिर अगले अथवा इसके बाद के समागम काल में एक-दूसरे से मिलते हैं।

मादा स्याहगोश का गर्भकाल 2.5 महीने का होता है, अर्थात् जोड़ा बनाने के 2.5 माह बाद यह बच्चों को जन्म देती है। समान्यतया एक मादा स्याहगोश एक बार में 2 से लेकर 4 तक बच्चों को जन्म देती है, किन्तु कभी-कभी इसे एक साथ 5 बच्चों को जन्म देते हुए देखा गया है। स्याहगोश मांद में रहने वाला वन्यजीव है। मादा स्याहगोश हमेशा मांद में ही बच्चे देती है। यह बच्चों को जन्म देने के पूर्व किसी पुरानी मांद को व्यवस्थित कर लेती है और मांद के भीतरी भाग में घास-फूस आदि बिछा कर एक मुलायम स्थान तैयार कर लेती है। इसी स्थान पर बच्चे का जन्म होता है। कभी-कभी यह किसी लोमड़ी की मांद पर अधिकार कर लेती है और इसी में बच्चे देती है। मादा स्याहगोश को यदि जमीन पर कोई मांद नहीं मिलती तो यह किसी वृक्ष पर चढ़ जाती है और वृक्ष के किसी खाली कोटर में बच्चे देती है। इसके बच्चे मांदों के स्थान पर वृक्ष के कोटरों में अधिक सुरक्षित रहते हैं।

स्याहगोश के नवजात बच्चे का समूर बड़ा कोमल और सुन्दर होता है। इसका रंग आरम्भ में लाली लिए हुए चमकीला कत्थई होता है। धीरे-धीरे इस पर सुनहरे रंग के बाल आने लगते हैं और यह बच्चा होते हुए वयस्क जैसा दिखाई देने लगता है। मादा स्याहगोश बिल्ली की तरह अपने बच्चों के आसपास ही रहती है और समय-समय पर इन्हें अपना दूध पिलाती है। यह केवल शिकार के लिए बाहर जाती है और फिर अपने बच्चों के पास आ जाती है कुछ दिनों में बच्चे बड़े हो जाते हैं और मादा के साथ मांद के बाहर आने लगते हैं और आपस में खेलना आरम्भ कर देते हैं। ये खतरा निकट होने पर भाग कर मादा के पास पहुँच जाते हैं अथवा अपनी मांद में घुस जाते हैं। मादा स्याहगोश अपने बच्चों के पालन-पोषण के साथ ही इनकी सुरक्षा भी करती है। यह बच्चों के बड़े हो जाने पर इन्हें अपने साथ ले जाती है और विभिन्न प्रकार के छोटे स्तनधारी जीवों और पक्षियों का शिकार करना सिखाती है। स्याहगोश के बच्चों के पालन-पोषण में नर स्याहगोश की कोई भूमिका नहीं होती।

स्याहगोश की गणना छोटी बिल्ली परिवार के सभी जीवों में एक कुख्यात शिकारी एवं हिंसक जीव के रूप में की जाती है। यह छोटी-छोटी भेड़ों, बकरियों, हिरनों और गायों तथा पक्षियों के साथ ही खरगोश, बन्दर और कुतरने वाले छोटे जीवों को भी बड़ी निर्दयता से दबोच लेता है और मार कर खा जाता है। अफ्रीकी स्याहगोश तो इतना दुस्साहसी होता है कि यह आराम से बैठे हुए शुतुरमुर्ग पर भी आक्रमण कर देता है और उसकी गर्दन पकड़कर उसे मार देता है। अफ्रीकी स्याहगोश को साँपों का शिकार करते हुए भी देखा गया है।

एक कुशल शिकारी होने के कारण भारत सहित यूरोप और अफ्रीका के कुछ भागों में लोग इसे पालते भी हैं। स्याहगोश हिंसक और खूँखार होते हुए भी बड़ी सरलता से पालतू बन जाता है। इसे जब पालतू बनाने के लिए जंगल से पकड़कर लाया जाता है और पिंजरे में रखा जाता है तो यह आरम्भ में खूँखार बिल्लियों के समान बार-बार घुरघुराने की आवाजें निकालता है और पिंजरे की सलाखों से अपना शरीर रगड़ता है, किन्तु कुछ समय बाद पालतू बन जाने पर यह इतना उग्र और आक्रामक नहीं रह जाता। अब इसे जंगल में ले जाकर विभिन्न प्रकार के जीवों और पक्षियों के शिकार करने का प्रशिक्षण दिया जाता है। एक प्रशिक्षित स्याहगोश अपने स्वामी के प्रति काफी विश्वसनीय होता है। यह अपने स्वामी के संकेत पर विभिन्न प्रकार के वन्यजीवों और पक्षियों का शिकार करता है। इस सेवा के बदले में इसे भी शिकार का एक भाग दिया जाता है। स्याहगोश का उपयोग मुख्य रूप से पक्षियों के शिकार के लिए किया जाता है। स्याहगोश पक्षियों का इतना तेज शिकारी होता है कि यदि दाना चुगते हुए जंगली कबूतरों के मध्य इसे छोड़ दिया जाए तो यह एक सैकेन्ड में दस कबूतरों तक को मार डालता है।

स्याहगोश के अनेक शत्रु हैं। अपने शत्रुओं से तो यह किसी तरह बच जाता है, किन्तु मानव से नहीं बच पाता। मानव इसका सर्वाधिक प्रबल शत्रु है। स्याहगोश पालतू जीवों, भेड़, बकरी, मुर्गा, मुर्गी आदि का शिकार करता है, अतः बस्ती के लोग इसे अपना शत्रु मानते हैं और अवसर मिलते ही इसे मार डालते हैं।

यूरोप और अफ्रीका के लोग स्याहगोश का शिकार इसके समूर के लिए करते हैं। स्याहगोश का समूर बड़ा कोमल और सुन्दर होता है। इससे अमरीका तथा यूरोप के अनेक देशों में कीमती कोट, पर्स तथा इसी प्रकार की वस्तुएँ बनाई जाती हैं। यही कारण है कि इन देशों में स्याहगोश के समूर की बड़ी माँग है।

स्याहगोश का शिकार बड़े क्रूर ढंग से किया जाता है। इसका शिकार करने के लिए सर्वप्रथम शिकारी अपनी बन्दूकों और शिकारी कुत्तों के साथ जंगल पहुँचते हैं और इसकी खोज करते हैं। स्याहगोश इतना तेज और फुर्तीला होता है कि जंगल में स्वतन्त्र रूप से विचरण करते हुए इसे बन्दूक से नहीं मारा जा सकता। अतः शिकारी दल इसे देखते ही इसके पीछे जंगली कुत्ते छोड़ देता है। स्याहगोश जंगली कुत्तों से बहुत डरता है और उन्हें देखते ही पास के किसी वृक्ष पर चढ़ जाता है। अब इसे सरलता से मारा जा सकता है। शिकारी वृक्ष पर डरे बैठे स्याहगोश का आसानी से निशाना लगा लेते हैं और उसे मार डालते हैं। एशिया और यूरोप के अनेक देशों में इसके समूर के लिए इसका इतना अधिक शिकार किया गया है कि अनेक स्थानों से यह पूरी तरह विलुप्त हो चुका है और बहुत से स्थानों पर यह विलुप्ति के कगार पर पहुँच गया है। भारत में भी स्याहगोश की स्थिति अच्छी नहीं है। इसकी तेजी से घटती हुई संख्या को देखते हुए भारत सरकार ने इसे संकटग्रस्त वन्यजीव घोषित कर दिया है और इसके शिकार पर पूरी तरह प्रतिबन्ध लगा दिया है।

# मछुआ बिल्ली

मछुआ बिल्ली को बाघदशा भी कहते हैं। यह एक खूँखार शिकारी बिल्ली है। इसका वैज्ञानिक नाम फेलिस विवेरिना है। अंग्रेजी में इसे फिशिंग कैट कहते हैं। मछुआ बिल्ली को पश्चिम बंगाल ने अपना राज्यपशु घोषित किया है। यहाँ इसे माछ बिलाड़ के नाम से जाना जाता है।

भारत में बिल्ली परिवार के तीन प्रमुख जीव हैं, बाघ, सिंह और तेंदुआ। ये बड़ी बिल्ली परिवार के जीव हैं। छोटी बिल्ली परिवार के जीवों के अन्तर्गत तेंदुआ बिल्ली (लेपर्ड कैट) सुनहरी बिल्ली (गोल्डन कैट) रेगिस्तानी बिल्ली (डेजर्ट लैट) सिकमार (मार्बल कैट) स्याहगोश (कैराकल) वनबिलाव (वाइल्ड कैट) मछुआ बिल्ली आदि आते हैं। इनमें मछुआ बिल्ली अपनी क्रूरता एवं हिंसक व्यवहार के कारण सर्वाधिक कुख्यात है।

मछुआ बिल्ली घने जंगलों का जीव है। यह भारत के साथ ही चीन के कुछ भागों, जावा, पाकिस्तान, बांग्लादेश आदि में भी पाई जाती है। मछुआ बिल्ली भारत में पश्चिम बंगाल के सुन्दर वन क्षेत्र, उड़ीसा की चिल्का झील के आसपास तथा उत्तर प्रदेश और पंजाब के कुछ भागों में पाई जाती है। दक्षिण भारत में यह केवल पश्चिमी घाट के जंगलों में मालाबार तट पर, मैंगलोर से लेकर कन्याकुमारी तक के भागों में देखने को मिलती है। मछुआ बिल्ली अधिक ऊँचाई वाले भागों में नहीं पाई जाती। उत्तर प्रदेश में यह हिमालय के पर्वतीय जंगलों में अधिकतम 1525 मीटर तक की ऊँचाई वाले भागों में ही मिलती है। मछुआ बिल्ली घनी झाड़ियों और घास वाले जंगलों में ऐसे स्थानों पर अपना आवास बनाती है, जहाँ छोटे-बड़े जल स्रोत हों। यही कारण है कि यह घने जंगलों में नदियों अथवा नालों के किनारे, कछारों के पास, अथवा दलदल वाले स्थानों पर अधिक दिखाई देती है। इसे नरकुल के घने जंगल भी बहुत पसन्द हैं, अतः यह यहाँ भी अपना निवास बना लेती है। मछुआ बिल्ली सागर के किनारे ऐसे स्थानों पर रहती है, जहाँ लगातार ज्वार-भाटे आते रहते हैं। इसे इन क्षेत्रों में भाटे के समय समुद्री जीवों की तलाश में विचरण करते हुए देखा जा सकता है।

मछुआ बिल्ली की शारीरिक संरचना छोटी बिल्ली परिवार की सामान्य बिल्लियों की तरह होती है। यह देखने में घरेलू बिल्ली से कुछ बड़ी दिखाई देती है। मछुआ बिल्ली की कन्धों तक की ऊँचाई 35 सेन्टीमीटर से लेकर 40 सेन्टीमीटर तक, शरीर की लम्बाई 75 सेन्टीमीटर से लेकर 1 मीटर तक, पूँछ की लम्बाई लगभग 30 सेन्टीमीटर और वजन 10 किलोग्राम से लेकर 15 किलोग्राम तक होता है। इसकी पीठ और शरीर के ऊपरी भाग का रंग स्लेटी अथवा कत्थईपन लिए हुए धूसर होता है एवं पेट और नीचे का भाग हल्के रंग का होता है। इसके पूरे शरीर पर धब्बे अथवा चित्तियाँ होती हैं एवं सिर पर पतली और गहरी रेखाएँ अथवा धारियाँ होती हैं। इसके शरीर के लम्बे-लम्बे धब्बे अथवा चित्तियाँ चीते की तरह इधर-उधर न होकर एक रेखा में होते हैं। एक मछुआ बिल्ली के धब्बे अथवा चित्तियों की बनावट एवं आकार दूसरी मछुआ बिल्ली से अलग होती है। मछुआ बिल्ली के मस्तक से लेकर गर्दन तक 6 अथवा 8 गहरी रेखाएँ होती हैं, जो कन्धों तक पहुँचने के बाद लम्बी-लम्बी चित्तियों अथवा पट्टों में बदल जाती हैं। इसके दोनों गालों का रंग धूसरपन लिए हुए सफेद होता है और इस पर काली अथवा कत्थई रंग की दो धारियाँ होती हैं। मछुआ बिल्ली के पूरे शरीर पर मटमैले रंग के छोटे-छोटे से कड़े बाल होते हैं। इसकी त्वचा के कुछ बाल कत्थई रंग के होते हैं और दूर से देखने पर चित्ती अथवा धब्बे की तरह दिखाई देते हैं। इसका पेट और शरीर के नीचे का भाग भी चित्तियों और धब्बों वाला होता है। मछुआ बिल्ली की पूँछ का रंग भी सामान्य शरीर की तरह होता है, किन्तु इस पर काले रंग के गोल-गोल छल्ले होते हैं।

मछुआ बिल्ली का शरीर गठा हुआ, मजबूत और शक्तिशाली होता है। इसके पैर छोटी बिल्ली परिवार के अन्य जीवों की तुलना में छोटे होते हैं तथा इसके आगे वाले पैरों के भीतर की तरफ गहरे रंग के दो पट्टे होते हैं। इसके पैरों की संरचना इस प्रकार की होती है कि इनके निशान सामान्यतया साफ-साफ नहीं दिखाई देते और कभी-कभी तो इनके निशान जमीन पर बनते ही नहीं हैं। मछुआ बिल्ली के पंजे चीते के पंजों के समान आंशिक रूप से ही ढँके रहते हैं। अर्थात् इसके पंजों के नाखून समेट कर रखने वाले स्थान इतने छोटे होते हैं कि समेटने के बाद भी नाखून काफी बाहर निकले रहते हैं। मछुआ बिल्ली की शारीरिक संरचना की एक प्रमुख विशेषता यह है कि इसके आगे के पैरों की उँगलियों के मध्य विकसित झिल्लियाँ होती हैं। इन्हीं झिल्लियों के कारण यह पानी के भीतर घुसे बिना पानी के जीव बड़ी सरलता से पकड़ लेती है।

मछुआ बिल्ली की तुलना तेंदुआ बिल्ली से की जाती है। दोनों बिल्लियों की शारीरिक संरचना, आदतों और व्यवहारों आदि में काफी समानता होती है। इनमें दो प्रमुख अन्तर हैं—मछुआ बिल्ली की पूँछ तेंदुआ बिल्ली से छोटी होती है, किन्तु इसके शरीर का आकार तेंदुआ बिल्ली से कुछ बड़ा होता है।

मछुआ बिल्ली पूरी तरह मांसाहारी वन्यजीव है। इसके नाम से ऐसा लगता है कि यह मछली, कछुआ, केंकड़े तथा पानी में पाए जाने वाले विभिन्न प्रकार के घोंघे आदि खाती है

मछुआ बिल्ली वास्तव में एक कुशल शिकारी बिल्ली है। यह जंगली जीवों को अपना आहार बनाती है। मछुआ बिल्ली के सम्बन्ध में यह कहा जाता है कि यह छोटे से खरगोश से लेकर कुत्तों तक का शिकार करती है। यह पक्षियों का शिकार करने में भी बड़ी निपुण होती है तथा जमीन पर बैठे हुए अथवा उड़ान भरते हुए पक्षियों को बड़ी कुशलता से पकड़ लेती है और चट कर जाती है। कुछ लोगों ने इसे साँप खाते हुए भी देखा है। वास्तव में इसे छोटा-बड़ा जो भी जीव मिल जाता है और जिसे यह सरलता से मार सकती है, उसे पकड़ लेती है और मार कर खा जाती है।

मछुआ बिल्ली बड़ी दुस्साहसी होती है। यह गाय, भेड़ और बकरी के छोटे बच्चों को भी अपना निशाना बनाती है। मछुआ बिल्ली जंगल में शिकार न मिलने पर, रात के समय जंगल से लगी हुई बस्तियों में आ जाती है और चुपचाप पशुओं के बाड़े में पहुँच कर पालतू पशुओं के छोटे बच्चों को उठा ले जाती है। मछुआ बिल्ली यह काम इतना चुपचाप रह कर करती है कि किसी को पता नहीं चल पाता और लोग यह समझते हैं कि उनका पालतू पशु कोई तेंदुआ उठा ले गया। मछुआ बिल्ली को पालतू पशुओं का शिकार करना बड़ा अच्छा लगता है। यह एक बार पालतू पशु का मांस मुँह लग जाने के बाद उसे सरलता से नहीं छोड़ती। मछुआ बिल्ली बड़ी क्रूर होती है। यह कई बार मानव के छोटे बच्चों को भी अपना आहार बना चुकी है।

मछुआ बिल्ली खूँखार और शक्तिशाली होती है। चिड़ियाघरों में यह अपने से दुगने आकार के जीवों को सरलता से मार कर खा जाती है। एक बार एक मछुआ बिल्ली को पकड़कर चिड़ियाघर में लाया गया और एक कटघरे में रखा गया। इस कटघेरे के दो भाग थे तथा एक भाग में पहले से ही मध्यम आकार की पालतू मादा तेंदुआ थी। जिस कटघरे में मछुआ बिल्ली को रखा गया था, वह पुराना होते हुए भी काफी मजबूत था, किन्तु उसके दो भागों का विभाजन करने वाला भाग अधिक मजबूत नहीं था। मछुआ बिल्ली को जब से पकड़ा गया था, तभी से वह बड़ी उग्र और उत्तेजित थी। कटघरे में बन्द करने के बाद वह और खूँखार हो उठी। उसने पहले तो कघटरे के भीतर बहुत उछल कूद मचाई और इसके बाद कटघरे का विभाजन करने वाला भाग तोड़ डाला तथा मादा तेंदुआ पर आक्रमण कर दिया। मादा तेंदुआ का आकार मछुआ बिल्ली से दुगना था, किन्तु मछुआ बिल्ली ने उसे सरलता से मार डाला, लेकिन उसका मांस नहीं खाया। मछुआ बिल्ली की क्रूर एवं हिंसक जंगली प्रकृति के सम्बन्ध में इस प्रकार की बहुत-सी रोचक घटनाएँ सुनी जा सकती हैं। इसके सम्बन्ध में यह कहा जाता है कि घिर जाने पर यह इतनी उग्र और आक्रामक हो जाती है कि मानव पर भी आक्रमण कर देती है।

मछुआ बिल्ली का समागम और प्रजनन तेंदुआ बिल्ली के समान होता है। मछुआ बिल्ली अत्यन्त घने जंगलों में रहती है अतः सरलता से दिखाई नहीं देती। इसीलिए

इसके प्रजनन सम्बन्धी व्यवहार के विषय में अधिक जानकारी उपलब्ध नहीं है। एक बार जून में दक्षिण भारत के मालाबार तट के जंगलों में नरकुलों के मध्य एक मछुआ बिल्ली देखी गई थी, जिसके साथ एक छोटा बच्चा था। इसी प्रकार अप्रैल में एक मछुआ बिल्ली देखी गई थी, जिसके साथ दो बच्चे थे। इसी आधार पर यह कहा जा सकता है कि अपनी तरह की सामान्य बिल्लियों की तरह मछुआ बिल्ली 2 से 4 तक बच्चों को जन्म देती है एवं इनका पालन-पोषण करती है।

मछुआ बिल्ली का जंगल में कोई विशेष शत्रु नहीं है, फिर भी इसकी संख्या में निरन्तर कमी आ रही है। इसका प्रमुख कारण है–शिकार। मछुआ बिल्ली की खाल इतनी शानदार होती है कि इसी खाल के लिए इसका शिकार किया जाता है। इसकी खाल की अमरीका और पश्चिमी देशों में बड़ी माँग है। यहाँ मछुआ बिल्ली की खाल से पर्स, फैशन वाले जूते और कोट तैयार किए जाते हैं। एक सामान्य कोट बनाने के लिए 30 से 35 तक मछुआ बिल्लियों की खालों की आवश्यकता पड़ती है। इसी से अनुमान लगाया जा सकता है कि इसका कितना अधिक शिकार किया गया है।

मछुआ बिल्ली की संख्या में होने वाली कमी का दूसरा कारण है जंगलों की कटाई। जंगलों की कटाई के कारण इसके आवास नष्ट हो रहे हैं तथा इसके भोजन में भी निरन्तर कमी आ रही है। मछुआ बिल्ली शिकार न मिलने पर पालतू पशुओं का शिकार करने लगती है। इससे लोग इसके दुश्मन हो जाते हैं और अवसर मिलते ही इसे मार देते हैं।

मछुआ बिल्ली प्रकृति की एक अनुपम देन है। यह एक शानदार वन्यजीव है। मछुआ बिल्ली एशिया के बहुत ही छोटे से भाग में पाई जाती है, अतः इसकी सुरक्षा आवश्यक है। मछुआ बिल्ली के संरक्षण के लिए यह आवश्यक है कि जीव वैज्ञानिक इसकी भोजन, समागम, प्रजनन आदि से सम्बन्धित आदतों और व्यवहारों का अध्ययन करे तथा इसे विलुप्त होने से बचाने के प्रयास करे। भारत में पश्चिम बंगाल ने मछुआ बिल्ली को अपना राज्यपशु अवश्य घोषित किया है, किन्तु इसके संरक्षण की कोई व्यवस्था नहीं की है। भारत सरकार ने मछुआ बिल्ली को एक संकटग्रस्त वन्यजीव माना है और अन्य संकटग्रस्त वन्यजीवों के समान इसके शिकार पर प्रतिबन्ध लगा दिया है, किन्तु चोरी-छिपे अभी भी इसका शिकार किया जा रहा है। मछुआ बिल्ली के संरक्षण के लिए विशेष प्रयास आवश्यक हैं, अन्यथा शीघ्र ही यह रोचक वन्यजीव भारतीय चीते के समान हमेशा के लिए विलुप्त हो जाएगा।

# जगुआरुंडी

जगुआरुंडी बिल्ली परिवार का एक विलक्षण वन्यजीव है। इसे यगुआरोण्डी अथवा जगुआरोंडी भी कहते हैं। वास्तव में इसके दोनों नाम भ्रम उत्पन्न करने वाले हैं। जगुआरुंडी अथवा जगुआरोंडी से ऐसा लगता है कि यह जगुआर की निकट सम्बन्धी है, जबकि जगुआर से इसका कोई सम्बन्ध नहीं है। जगुआरुंडी मार्जार (बिल्ली) परिवार की सदस्य है, किन्तु इसकी शारीरिक संरचना और आदतें वीजल तथा ऊदबिलाव से बहुत मिलती-जुलती है। बिल्ली परिवार के जीव सामान्यतया अच्छे तैराक होते हैं, किन्तु ये बहुत कम ही पानी के भीतर जाते हैं अथवा आवश्यकता पड़ने पर पानी के भीतर जाते हैं। इसके विपरीत जगुआरुंडी के लिए पानी के भीतर जाना एक सामान्य बात है। यह वास्तव में ऊदबिलाव की आदत होती है। जगुआरुंडी को इसी प्रकार की विलक्षण आदतों के कारण सभी बिल्लियों से अलग प्रकार की बिल्ली माना जाता है।

जगुआरुंडी संयुक्त राज्य अमरीका में सुदूर दक्षिण-पश्चिमी भागों से लेकर दक्षिण अमरीका में पैरागवे तक पाई जाती है। यह पनामा, ब्राजील, वेनेज्वेला, कोलम्बिया, पेरू, इक्वाडोर, गुआना, सूरीनाम, पैराम्वे, यूराग्वे, अर्जेन्टीना आदि मे मिलती है। वास्तव में जगुआरुंडी भी उन्हीं स्थानों पर पाई जाती है, जहाँ जगुआर पाया जाता है। संयुक्त राज्य अमरीका के दक्षिण-पश्चिम भागों में किसी समय यह बहुत बड़ी संख्या में पाई जाती थी, किन्तु रियोग्रेन्ड नदी के डेल्टा की हरियाली कम हो जाने के कारण इसकी संख्या में कमी आई है। जगुआरुंडी घने जंगलों की बिल्ली है, किन्तु यह दलदल वाले स्थानों पर भी सरलता से रह सकती है। एक कुशल तैराक होने

और पानी के भीतर काफी समय तक रहने के कारण अमरीका के अनेक स्थानों पर इसे ऊदबिलाव बिल्ली भी कहा जाता है। वास्तव में जगुआरुंडी को पानी से विशेष लगाव होता है। यह हमेशा नदी अथवा इसी प्रकार के किसी जल स्रोत के निकट ही रहती है एवं पानी से अधिक दूर नहीं जाती। कभी-कभी यह अपने निवास से काफी दूर निकल जाती है, किन्तु शीघ्र ही वापस लौट आती है। इसके आने-जाने का मार्ग निश्चित होता है। अर्थात् यह हमेशा एक ही रास्ते से आती-जाती है। यही कारण है कि यह जंगल में प्रायः देखने को मिल जाती है तथा इसे पकड़ना और प्राकृतिक अवस्था में इसका अध्ययन करना कठिन नहीं होता।

जगुआरुंडी रात्रिचर होती है। अर्थात् यह दिन के समय पत्थरों के नीचे चट्टानों की दरारों में, मांदों में अथवा ऐसे ही किसी सुरक्षित स्थान पर आराम करती है और रात्रि में बाहर निकलती है। उष्ण-कटिबन्धीय भागों में पाई जाने वाली जगुआरुंडी विशेष रूप से रात्रिचर होती है। अन्य स्थानों पर पाई जाने वाली जगुआरुंडियों को कभी-कभी दिन में विचरण करते हुए देखा गया है। नई दुनिया में कुछ स्थान ऐसे भी हैं, जहाँ यह दिन-रात सक्रिय रहती है।

जगुआरुंडी को, इसके आने-जाने का रास्ता मालूम करके तो देखा अथवा पकड़ा जा सकता है, किन्तु वास्तव में यह बड़ी शर्मीली और छिप कर रहने वाली बिल्ली है। यह दिन के समय मानव को देखते ही लम्बी-लम्बी घासों अथवा झाड़ियों में छिप जाती है, अतः बहुत कम ही दिखाई देती है।

जगुआरुंडी शिकारी कुत्तों से बहुत डरती है। यह शिकारी कुत्तों द्वारा पीछा किए जाने पर अथवा शिकारी कुत्तों से घिर जाने पर निकट के किसी वृक्ष पर चढ़ जाती है। इससे प्रायः इसकी जान बच जाती है। मानव भी इसका शिकार शिकारी कुत्तों की सहायता से करता है। जगुआरुंडी का शिकार प्रायः रात में किया जाता है। रात के अँधेरे में इसकी आँखों की चमक से इसे पहचाना जा सकता है। और फिर इस पर टॉर्च की रोशनी डाल कर इसे बन्दूक से शूट कर दिया जाता है।

जगुआरुंडी बिल्ली परिवार की सदस्य है, किन्तु इसकी शारीरिक संरचना और बहुत-सी आदतें ऊदबिलाव से बहुत मिलती-जुलती हैं। जगुआरुंडी की शारीरिक संरचना सामान्य जंगली बिल्लियों की तरह होती है। इसके शरीर की लम्बाई 105 सेन्टीमीटर से लेकर 110 सेन्टीमीटर तक होती है। इसमें इसकी लगभग 35 सेन्टीमीटर लम्बी पूँछ भी शामिल है। इसकी कन्धों तक की ऊँचाई लगभग 28 सेन्टीमीटर होती है एवं एक वयस्क और पूर्ण विकसित जगुआरुंडी का वजन 9 किलोग्राम तक हो सकता है। जगुआरुंडी की एक प्रमुख विशेषता यह है कि इसका शरीर अधिक लम्बा होता है तथा चारों पैर बहुत छोटे होते हैं। इससे यह बड़े विचित्र प्रकार की जंगली बिल्ली दिखाई देती है। जगुआरुंडी का सिर चपटा होता है और

कान छोटे होते हैं। इसके मुँह की संरचना इस प्रकार की होती है कि इसका चेहरा आगे की ओर ढलावदार सा दिखाई देता है।

जगुआरुंडी की कोई जाति अथवा उपजाति नहीं है। यह अपनी जाति की एक ही जीव है, किन्तु दो अलग-अलग प्रकार के रंगों की होने के कारण एक लम्बे समय तक दोनों को अलग-अलग जाति का जीव समझते रहे। उन्होंने दोनों अलग-अलग वैज्ञानिक नाम भी दख दिए। जंग जैसे लाल रंग वाली जगुआरुंडी ब्राजील के जंगलों में अधिक पाई जाती है। ब्राजील के मूल निवासी इसे आइरा कहते हैं। इसके आधार पर इसका वैज्ञानिक नाम रखा गया—फेलिस आइरा। भूरे कत्थई और धूसर रंग वाली जगुआरुंडी उत्तरी अमरीका के दक्षिणी भाग के जंगलों में अधिक मिलती है। यहाँ के लोग इसे यगुआरुंडी कहते हैं। इसी आधार पर इसे वैज्ञानिक नाम दिया गया—फेलिस यगुआरुंडी। यह स्थिति काफी समय तक बनी रही। बाद में जब जीव वैज्ञानिकों ने इसका गहन अध्ययन किया तो यह पता चला कि दोनों जगुआरुंडी एक ही जाति की हैं। अब फेलिस आइरा को समाप्त कर दिया गया है तथा दोनों जगुआरुंडियों को फेलिस जगुआरुंडी ही कहा जाता है।

जगुआरुंडी एक कुशल शिकारी बिल्ली है। इसका भोजन विविधतापूर्ण होता है। सामान्यतया यह छोटे-छोटे स्तनधारी जीवों, गिलहरियों, चूहों तथा पक्षियों का शिकार करती है। इसका शिकार करने का ढंग बिल्ली परिवार के अन्य जीवों तथा दूसरी जंगली बिल्लियों से कुछ भिन्न होता है। जगुआरुंडी कभी भी किसी स्थान पर छिप कर अपने शिकार की प्रतीक्षा नहीं करती और न ही शिकार मिल जाने पर धीरे-धीरे उसका पीछा

करती है। यह शिकार को देखते ही बड़ी तेजी से दौड़ती है और झपट कर उसे अपने मुँह में दबोच लेती है। यदि इसका शिकार तेज गति से भागने वाला होता है तो यह भी तेजी से दौड़कर उसका पीछा करती है। कभी-कभी तो यह 2 किलोमीटर अथवा इससे भी अधिक दूरी तक अपने शिकार का पीछा करती है। जगुआरुंडी का लम्बा पतला शरीर इसे तेज गति से भागने में विशेष सहयोग प्रदान करता है। इसकी टाँगें छोटी अवश्य होती हैं, किन्तु बड़ी शक्तिशाली होती हैं। इनकी संरचना इस प्रकार की होती है कि यह चूहे जैसे कुतरने वाले जीवों एवं खरगोश का पीछा करते समय घनी झाड़ियों और लम्बी घासों के मध्य से सरलता से दौड़ती हुई निकल जाती है।

जगुआरुंडी जमीन पर रहने वाले पक्षियों का शिकार करने में भी बड़ी कुशल होती है। यह पहले पक्षियों का पीछा करके उन्हें दौड़ाती है और फिर अवसर मिलते ही झपट कर उन्हें पकड़ लेती है और चट कर जाती है। जगुआरुंडी फल खाने की भी बड़ी शौकीन होती है। यह बहुत अच्छी वृक्षारोही है तथा प्रायः फलों की खोज में ऊँचे-ऊँचे वृक्षों पर चढ़ जाती है। सामान्यतया बिल्लियाँ एकान्त में भोजन करती हैं, किन्तु जगुआरुंडी को बन्दरों के साथ भोजन करने में कोई आपत्ति नहीं होती। इसे हाउलर बन्दरों के साथ प्रायः हरी अंजीर खाते हुए देखा जा सकता है।

जगुआरुंडी एकान्त में विचरण करने वाली जंगली बिल्ली है। यह वर्ष के अधिकांश दिनों में अकेली ही रहती है। केवल समागम काल में ही जोड़े में दिखाई देती है। इसका समागम काल वर्ष में दो बार आता है। कुछ स्थानों पर जगुआरुंडी का समागम काल नवम्बर के मध्य से आरम्भ होता है और दिसम्बर के अन्त तक चलता है। कुछ स्थानों पर यह मई-जून में समागम करती है। समागम काल में नर-मादा साथ-साथ रहते हैं और विचित्र प्रकार की आवाजें निकालते हैं। इस काल में ये कई बार समागम करते हैं। समागम के बाद नर-मादा दोनों अलग हो जाते हैं और फिर अगले समागम काल में मिलते हैं।

मादा जगुआरुंडी का गर्भकाल लगभग 70 दिन का होता है। अर्थात् समागम के 70 दिन बाद यह बच्चों को जन्म देती है। जगुआरुंडी सामान्यतया एक बार में दो बच्चों को जन्म देती है, किन्तु कभी-कभी इसे 4 तक बच्चों को जन्म देते हुए देखा गया है। मादा जगुआरुंडी बच्चे देने के पूर्व ओसिलॉट के समान पत्थरों के मध्य, चट्टानों की दरारों में अथवा लकड़ी के लट्ठों के मध्य एक छोटी सी मांद तैयार करती है और इसी मांद में बच्चे देती है। जन्म के समय इसके बच्चे के शरीर पर कोमल समूर होता है, किन्तु इसके समूर पर किसी प्रकार की चित्तियाँ, धारियाँ अथवा धब्बे नहीं होते।

जगुआरुंडी के नवजात बच्चे की आँखें और कान बन्द होते हैं तथा इसकी स्थिति एक असहाय जीव के समान होती है। यह मादा के साथ रहता है और उसका दूध पीकर अपना विकास करता है। कुछ समय बाद इसकी आँखें खुलती हैं तथा

यह मादा द्वारा लाए गए शिकार का कोमल भाग खाने योग्य हो जाता है। अब तेजी से इसका शारीरिक विकास होता है और कुछ समय बाद यह मांद के बाहर आना-जाना आरम्भ कर देता है एवं छोटे-छोटे शिकार करने लगता है। शिकार के समय मादा जगुआरुंडी इसके पास ही रहती है।

जगुआरुंडी की एक प्रमुख विशेषता यह है कि दोनों प्रकार की जगुआरुंडियाँ एक साथ एक जैसे और अलग-अलग दोनों प्रकार के रंगों वाले बच्चों को जन्म देती हैं। अर्थात् जंग की तरह लाल रंग वाली मादा जगुआरुंडी कभी अपनी तरह के रंग वाले बच्चों को जन्म देती है तो कभी भूरे धूसर रंग वाले बच्चों को जन्म देती है। कभी-कभी ऐसा भी होता है कि यह एक ही बार में कुछ बच्चे अपने जैसे जंग वाले लाल रंग के और कुछ बच्चे भूरे धूसर रंग के देती है। इसी प्रकार भूरे धूसर रंग वाली मादा जगुआरुंडी भी कभी एक जैसे और कभी एक साथ दोनों प्रकार के रंगों वाले बच्चों को जन्म देती है। जगुआरुंडी के प्रजनन को देखने के बाद ही जीव वैज्ञानिकों ने यह निष्कर्ष निकाला कि दोनों प्रकार की जगुआरुंडी दो अलग-अलग प्रजातियों की न होकर एक ही जाति की हैं।

जगुआरुंडी के समान कुछ और जंगली बिल्लियाँ भी पाई जाती हैं, जो दो अलग-अलग रंगों वाली होती हैं तथा कभी-कभी दोनों में से किसी भी रंग के बच्चों को जन्म दे सकती है। अफ्रीका के उष्ण-कटिबन्धीय वर्षा वनों में पाई जाने वाली बाघ बिल्ली दो अलग-अलग रंगों की होती है—लाल और धूसर। लाल बाघ बिल्ली और धूसर बाघ बिल्ली दोनों अलग-अलग जातियों की न होकर एक ही जाति की जंगली बिल्लियाँ हैं। इनमें भी जगुआरुंडी के समान लाल बाघ बिल्ली धूसर रंग के बच्चों को जन्म दे सकती है। इनमें प्रायः प्रत्येक आने वाली पीढ़ी के बच्चों का रंग बदल जाता है। इसी

प्रकार दक्षिण-पूर्व एशिया की सुनहरी बिल्ली भी दो रंगों वाली होती है। इसका पूरा शरीर सुनहरापन लिए हुए लाल रंग का होता है। अथवा सुनहरापन लिए हुए धूसर रंग का होता है। दोनों के शरीर पर काले रंग के धब्बे होते हैं तथा दोनों एक ही जाति की जंगली बिल्लियाँ हैं। ये दोनों अलग-अलग रंगों वाली बिल्लियाँ भी जगुआरुंडी के समान प्रायः एक साथ अलग-अलग रंगों वाले बच्चों को जन्म देती हैं। अर्थात् लाल सुनहरी बिल्ली जब प्रजनन करती है तो उसके कुछ बच्चे सुनहरापन लिए हुए लाल रंग के होते हैं और कुछ बच्चे सुनहरापन लिए हुए धूसर रंग के होते हैं। इसी प्रकार धूसर सुनहरी बिल्ली जब प्रजनन करती है तो उसके कुछ बच्चे सुनहरापन लिए धूसर रंग के होते हैं और कुछ बच्चे सुनहरापन लिए हुए लाल रंग के होते हैं।

जगुआरुंडी एक दुस्साहसी जंगली बिल्ली है। यह केवल जंगलों में ही रह सकती है। इसे पालतू नहीं बनाया जा सकता। पालतू बनाने का प्रयास करने पर यह खाना-पीना छोड़ देती है, जिससे कुछ ही समय में इसकी मृत्यु हो जाती है। जगुआरुंडी को चिड़ियाघरों में नहीं रखा जा सकता, अतः इसके सम्बन्ध में बहुत-सी बातें अभी तक नहीं मालूम हो सकी हैं। जीव वैज्ञानिक इसे अनुकूल परिवेश प्रदान करके पालतू बनाने का प्रयास कर रहे हैं। यदि इनके प्रयास सफल हो जाते हैं तो निश्चित रूप से जगुआरुंडी के सम्बन्ध मे बहुत से रोचक तथ्य प्रकाश मे आएँगे।

# सुनहरी बिल्ली

सुनहरी बिल्ली भारत में पाए जाने वाली सभी छोटी बिल्लियों में सबसे बड़ी जंगली बिल्ली है। इसका वैज्ञानिक नाम फेलिस टेमिन्की विगर्स एंड हार्सफील्ड है। अंग्रेजी में इसे गोल्डन कैट कहते हैं। यह शानदार सुगठित शरीर वाली सुन्दर बिल्ली है। इसके समूर का रंग गहरे भूरे अथवा चमकीले लाल धूसर से लेकर भूरा सुनहरा तक होता है। इसीलिए इसे यह नाम दिया गया है। सुनहरी बिल्ली के अनेक स्थानीय नाम भी विकसित हो गए हैं। इसे असम में सोनाली मेकुरी, बंगाल में सोनाली विराल और मणिपुर में टोक्या कहते हैं। सुनहरी बिल्ली एशिया महाद्वीप की बिल्ली है और एशिया के एक छोटे से क्षेत्र में मिलती है। यह एशिया में भारत सहित नेपाल, म्याँमार, सुमात्रा और चीन के कुछ भागों में देखने को मिलती है। भारत में यह पूर्वी भारत में अधिक है। यहाँ यह असम से सिक्किम तक पाई जाती है। मणिपुर और पश्चिम बंगाल के कुछ भागों में भी इसे देखा जा सकता है।

सुनहरी बिल्ली घने जंगलों की बिल्ली है। यह देखने में उत्तर अमरीका के प्यूमा जैसी दिखाई देती है। यह बाघ, सिंह और तेंदुए को छोड़कर भारत में पाई जाने वाली अन्य सभी जंगली बिल्लियों से बड़ी होती है। एशिया में इसकी तीन प्रजातियाँ पाई जाती हैं। इनमें भारतीय सुनहरी बिल्ली प्रमुख है।

सुनहरी बिल्ली हमेशा एकान्त में विचरण करती है। यह जंगल में अपना सीमा क्षेत्र बनाती है और उसकी सुरक्षा करती है। सामान्यतया बिल्ली परिवार के सभी जीव वृक्षों पर चढ़ने की कला में बड़े कुशल होते हैं। तेंदुआ तथा कुछ अन्य जीव तो ऐसे होते हैं, जो अपना अधिकांश समय वृक्षों पर ही व्यतीत करते हैं, किन्तु सुनहरी बिल्ली जमीन पर विचरण करने वाली बिल्ली है। इसे अभी तक किसी ने वृक्षों पर नहीं देखा। लूसी शिकारियों का मत है कि सुनहरी बिल्ली चट्टानी भागों में रहना अधिक पसन्द करती है और वृक्षों पर कभी नहीं चढ़ती। इसके विपरीत मिसमिस लोगों का कहना है कि यह वृक्षों पर चढ़ती है एवं वृक्षों के कोटरों में बच्चों को जन्म देती है।

सुनहरी बिल्ली की शारीरिक संरचना अन्य जंगली बिल्लियों के समान होती है। यह एक मध्यम आकार की जंगली बिल्ली है। इसके शरीर की पूँछ सहित लम्बाई 165 सेन्टीमीटर अथवा इससे कुछ अधिक एवं वजन 6 किलोग्राम से लेकर 11 किलोग्राम तक होता है। इसकी पूँछ मध्यम आकार की होती है तथा इसकी लम्बाई 40 सेन्टीमीटर से 45 सेन्टीमीटर के मध्य होती है। इसके समूर का रंग सोने के समान सुनहरा होता है और लाल लोमड़ी के समूर से बहुत मिलता-जुलता है। सुनहरी बिल्ली के समूर की एक प्रमुख विशेषता यह है कि इसके समूर पर किसी प्रकार की कोई धारी, पट्टा, रेखा, धब्बा अथवा चित्ती आदि नहीं होती। सामान्तगा इसके शरीर पर कोई डिजाइन नहीं होती अथवा बहुत हल्की होती है। इसके समूर पर मौसम का सीधा प्रभाव पड़ता है। गर्मियों के मौसम मे इसके समूर के बाल छोटे और चिकने हो जाते हैं एवं इसके कन्धों और दोनों बगलों की धूसर लाइनों वाले डिजाइन इतने हल्के हो जाते हैं कि दिखाई ही नहीं देते।

सुनहरी बिल्ली के दोनों कानों के मध्य नाक के ठीक ऊपर सफेद तिलक जैसा एक चौड़ा पट्टा होता है। इस पट्टे का ऊपरी भाग लाली लिए हुए सुनहरा होता है। इसकी दोनों आँखों के नीचे सफेद रंग की दो धारियाँ होती हैं एवं मुँह के दोनों ओर मूँछों के समान पतली-पतली दो धारियाँ होती हैं। इसकी नाक के दोनों ओर नाक और आँखों के मध्य दोनों तरफ सफेद रंग की एक-एक धारी होती है जो ऊपर जाकर मस्तक के पास समाप्त हो जाती है। इसके शरीर का नीचे वाला भाग, अर्थात् सीना, पेट और चारों पैरों के भीतरी भाग का रंग शरीर के ऊपरी भाग की तुलना में हल्का होता है। सुनहरी बिल्ली की पूँछ मोटी और छोटे-छोटे बालों वाली होती है एवं इसके नीचे वाले भाग पर सफेद रंग की एक धारी होती है। इसकी पूँछ के सिरे के निकट का भाग गहरे रंग का होता है तथा इसका सिरा पूरी तरह काला होता है।

सुनहरी बिल्ली की शारीरिक संरचना की प्रमुख विशेषता यह है कि इसकी नाक वाले भाग के ऊपर की ओर दो सफेद रेखाएँ दोनों आँखों की सीमारेखा सी बनाती

हैं। इन रेखाओं का बॉर्डर काला होता है। सुनहरी बिल्ली के चेहरे की इसी विशेषता के आधार पर इसे सरलता से पहचाना जा सकता है।

सुनहरी बिल्ली की शारीरिक संरचना में पर्याप्त विविधता भी होती है। कभी-कभी तो ऐसी सुनहरी बिल्लियाँ देखने को मिली हैं, जिनके शरीर पर संगमरमर के टुकड़े के समान डिजाइन था। इसी प्रकार काले तेंदुए के समान पूर्णतया काले रंग वाली सुनहरी बिल्लियाँ भी होती हैं। इसके रंगों में यह परिवर्तन किस प्रकार हुआ? इस सम्बन्ध में अधिकारपूर्वक कुछ भी नहीं कहा जा सकता।

सामान्य सुनहरी बिल्ली के बच्चे सुनहरे समूर वाले हों एवं संगमरमर के टुकड़े जैसी डिजाइन वाली अथवा काली सुनहरी बिल्ली के बच्चे संगमरमर के टुकड़ों जैसी डिजाइन वाले या काले हों, यह आवश्यक नहीं है। तीनों प्रकार की सुनहरी बिल्लियाँ तीनों प्रकार के बच्चों को जन्म दे सकती है। अर्थात् सामान्य सुनहरी बिल्ली संगमरमर के टुकड़ों जैसी डिजाइन वाले और काले रंग के बच्चों को जन्म दे सकती है। इसी प्रकार काली सुनहरी बिल्ली काले रंग के बच्चों के साथ ही सामान्य और संगमरमर के टुकड़े जैसी डिजाइन वाले बच्चों को जन्म दे सकती है। एक बार असम के एक चिड़िया घर में एक सामान्य सुनहरी बिल्ली ने काली सुनहरी बिल्ली को जन्म दिया था। इससे इस तथ्य का पता लगा। बाद में इस विषय पर और खोज की गई तो इस तथ्य की पुष्टि हो गई।

सुनहरी बिल्ली रात्रिचर है। यह दिन के समय पत्थरों के नीचे, चट्टानों की दरारों में अथवा ऐसे ही किसी स्थान पर आराम करती है या सोती है और रात में शिकार की खोज मे निकलती है। यह मुख्य रूप से जमीन पर विचरण करने वाले जीवों और पक्षियों का शिकार करती है। छोटे हिरन और हिरन के बच्चे इसका प्रिय भोजन है। इनके साथ ही यह पालतू मुर्गे-मुर्गियाँ और भेड़-बकरियों को भी अपना आहार बनाती है। सुनहरी बिल्ली बड़ी शक्तिशाली और दुस्साहसी होती है तथा अवसर मिलने पर अपने से कई गुना बड़े शिकार पर भी आक्रमण कर देती है। एक बार एक सुनहरी बिल्ली ने मरमुई के विक्टोरिया क्रास के पास एक भैंस के बच्चे पर आक्रमण करके उसे मार डाला था।

सुनहरी बिल्ली हमेशा एकान्त मे विचरण करती है। यह केवल समागम काल में ही जोड़े में दिखाई देती है। समागम काल में नर मादा सुनहरी बिल्ली की खोज करता है और समागम की इच्छुक मादा के मिल जाने पर उसके साथ रहने लगता है। अब दोनों साथ-साथ विचरण करते हैं, शिकार करते हैं और तरह-तरह की प्रणय-लीलाएँ करते हैं। एक समागम काल में एक सुनहरी बिल्ली अनेक बार समागम करती है। समागम काल समाप्त हो जाने पर दोनों एक-दूसरे से अलग हो जाते हैं और फिर अगले समागम काल में मिलते हैं।

गर्भकाल पूरा होने पर मादा सुनहरी बिल्ली किसी सुरक्षित स्थान पर दो-तीन बच्चों को जन्म देती है। अप्रामाणिक तथ्यों के अनुसार यह एक बार में पाँच तक बच्चों को जन्म दे सकती है। सामान्यतया यह किसी पत्थर के नीचे अथवा चट्टानों की दरारों में बच्चे देती है। मिसमिस लोगों के अनुसार मादा सुनहरी बिल्ली वृक्षों पर बड़ी कुशलता से चढ़ती-उतरती है तथा यह वृक्षों के कोटरों में बच्चों को जन्म देती है। यह बच्चों को जन्म देने के पूर्व घास-फूस का मुलायम घोंसला तैयार करती है। इसी घोसले में यह बच्चों को जन्म देती है।

सुनहरी बिल्ली के बच्चे की पूँछ रहित लम्बाई लगभग 29 सेन्टीमीटर होती है एवं इसका वजन 110 ग्राम होता है। जन्म के समय इसके बच्चों की आँखें तथा कान बन्द होते हैं एवं ये पूरी तरह, जन्म देने वाली मादा पर निर्भर रहते हैं। इनके शरीर पर वयस्कों की तुलना में अधिक लम्बे और घने बालों वाला समूर होता है। किन्तु इस पर कोई पट्टा धारी, लकीर, चित्ती अथवा धब्बा आदि नहीं होते। ये बच्चे जन्म देने वाली मादा का दूध पीते हैं और अपना विकास करते हैं। इनकी आँखें और कान 10 से 15 दिन के मध्य खुल जाते हैं और लगभग एक माह के होने पर ये अपने आवास से बाहर निकलने लगते हैं। ढाई-तीन माह के हो जाने पर ये शिकार सीखना आरम्भ कर देते हैं और खरगोश जैसे छोटे जीवों का शिकार करने लगते हैं। ये चार माह तक छोटे-छोटे शिकार के साथ ही मादा का दूध भी पीते हैं। लगभग

एक वर्ष की आयु में ये वयस्क हो जाते हैं और स्वतन्त्र रूप से अपना जीवन आरम्भ कर देते हैं। सुनहरी बिल्ली के बच्चों का जैस-जैसे विकास होता है, इनके समूर के बाल छोटे और हल्के होते जाते हैं तथा वयस्क होने पर ये अपने सामान्य रूप में आ जाते हैं। इनका चेहरा बड़ा शानदार होता है तथा गालों की सफेद धारियाँ तो विशेष रूप से लोगों का ध्यान अपनी ओर आकर्षित करती है।

सुनहरी बिल्ली का अभी तक जंगली अवस्था में अध्ययन नहीं किया गया है। अतः इसके सम्बन्ध में प्रामाणिक जानकारी का अभाव है। इतना ही नहीं, इसके सम्बन्ध में अनेक विरोधाभासी तथ्य भी प्रचलित हो गए हैं। लूसी शिकारियों के अनुसार यह वृक्षों पर नहीं चढ़ती। एक लूसी शिकारी ने तो यहाँ तक बताया कि एक बार कुत्तों द्वारा पीछा करने पर यह वृक्ष पर नहीं चढ़ी। दूसरी ओर मिसमिस शिकारियों के अनुसार यह वृक्षों के कोटरों में बच्चों को जन्म देती है। इसी प्रकार लूसी और मिसमिस शिकारियों के अनुसार जंगल में मिल जाने पर यह किसी प्रकार का रौद्र रूप धारण नहीं करती और शान्त बनी रहती है। इसके विपरीत म्याँमार के लोगों का मत है कि सुनहरी बिल्ली बड़ी साहसी होती है और बाघ जैसे जीवों से भी नहीं डरती।

भारत में जंगलों की कटाई के कारण इसकी संख्या तेजी से कम हो रही है। अतः वर्तमान में यह आवश्यक हो गया है कि इसका प्राकृतिक अवस्था में वैज्ञानिक अध्ययन किया जाए और इसे बचाने के प्रयास किए जाएँ। यदि ऐसा नहीं किया गया तो भारत की यह शानदार बिल्ली धरती से कभी भी विलुप्त हो सकती है।

# सरवल

सरवल मार्जार परिवार का एक शानदार वन्यजीव है। इसकी गणना विश्व की सर्वाधिक सुन्दर छोटी बिल्लियों में की जाती है। यह अफ्रीका का वन्यजीव है और अफ्रीका के अधिकांश भागों में पाया जाता है। किन्तु सहारा के दक्षिणी भागों में इसकी संख्या अधिक है। सरवल घने जंगलों में रहना पसन्द नहीं करता। यह जंगल के छोर वाले स्थानों पर अधिक दिखाई देता है। वास्तव में यह खुले जंगली भागों में रहने वाला जीव है एवं अधिक वर्षा वाले स्थानों पर रहना पसन्द करता है। सरवल अत्यन्त उग्र और खूँखार स्वभाव का होता है तथा परेशान करने पर हिंसक रूप धारण कर लेता है। इस पर यदि कभी कोई कुत्ता आक्रमण करे तो यह डर कर भागता नहीं, बल्कि छोटा और कम शक्तिशाली होते हुए भी पूरी शक्ति और साहस के साथ कुत्ते का सामना करता है और उससे लड़ता है तथा कभी-कभी उसे मार डालता है।

सरवल बहुत अच्छा वृक्षारोही होता है और बिल्ली परिवार के अधिकांश जीवों की तरह बड़ी तेजी से वृक्षों पर चढ़ जाता है। यह बहुत अच्छा तैराक भी है। सरवल को बड़ी सरलता से पालतू बनाया जा सकता है और घरों में रखा जा सकता है। पालतू सरवल कुत्तों के समान विश्वसनीय जीव बन जाता है और अपने मालिक के लिए भोजन की व्यवस्था भी करता है। यह एक अविश्वसनीय तथ्य है, किन्तु सत्य है। सागर तटों के निकट रहने वाले बहुत से जनजातीय लोग सरवल पालते हैं। इनके पालतू सरवल अपने मालिक के साथ सागर तटों के किनारे जाते हैं और मालिक का संकेत पाते ही सागर के भीतर चले जाते हैं। इस प्रकार के पालतू सरवल केकड़ा, तथा इसी प्रकार के समुद्री जीवों का पीछा करते हैं और इन्हें मार कर अपने मालिक के पास ले आते हैं।

सरवल को पालतू बनाने के लिए इसे छोटी आयु में ले आते हैं और छोटी बिल्लियों के समान रखते हैं। यह कुछ समय बाद पालतू बन जाने पर अपने मालिक तथा घर के अन्य सदस्यों के साथ, विशेष रूप से बच्चों के साथ खेलना आरंभ कर देता है और एक विश्वसनीय जीव के समान रहने लगता है। पालतू सरवल को मानव की निकटता बहुत अच्छी लगती है। यह प्यार करने पर और शरीर पर हाथ फेरने पर बड़ा खुश होता है और एक विशेष प्रकार की घुरघुराने की आवाज निकालता है। कभी-कभी तो यह प्यार पाने के लिए अथवा अपने शरीर पर हाथ फिरवाने के लिए अपने मालिक अथवा परिवार के अन्य किसी सदस्य, जिसे यह बहुत पसन्द करता हो, उसकी गोद में बैठ जाता है अथवा उसके शरीर से अपना शरीर रगड़ता है। किन्तु

वयस्क सरवल विश्वसनीय नहीं रह जाता। यह वयस्क अर्थात् प्रजनन योग्य हो जाने पर कभी भी उग्र एवं आक्रामक रूप धारण कर सकता है तथा घातक और खतरनाक हो सकता है, विशेष रूप से अजनबी लोगों के लिए।

सरवल बिल्ली परिवार का एक सुन्दर जीव है। इसकी शारीरिक संरचना बिल्ली परिवार के छोटे जीवों के समान होती है। इसका शरीर दुबला-पतला, इकहरा एवं लोचदार होता है। सरवल पालतू बिल्ली से कुछ बड़ा होता है। इसके शरीर की पूँछ सहित लम्बाई 85 सेन्टीमीटर से 95 सेन्टीमीटर तक, कन्धों तक की ऊँचाई 37 सेन्टीमीटर से 50 सेन्टीमीटर तक और वजन 8 किलोग्राम से 10 किलोग्राम तक होता है। सरवल की पूँछ अन्य जंगली बिल्लियों की तुलना में कुछ छोटी होती है। इसकी पूँछ की लम्बाई 20 सेन्टीमीटर से 25 सेन्टीमीटर तक हो सकती है। सरवल का समूर बड़ा कोमल होता है एवं इस पर छोटे-छोटे बाल होते हैं। इसके शरीर का रंग बड़ा सुन्दर होता है। सरवल की पीठ और शरीर के ऊपर का भाग पीलापन लिए हुए भूरे रंग का होता है एवं पेट और छाती वाला भाग लगभग सफेद होता है। इसके पूरे शरीर पर काले रंग के धब्बे और धारियाँ होती हैं। ये धब्बे और धारियाँ दोनों बगलों में अधिक स्पष्ट होती हैं।

सरवल के कान बिल्ली परिवार के अन्य जीवों से कुछ भिन्न होते हैं। इसके कान लम्बे और गोलाई लिए हुए होते हैं एवं हमेशा सीधे खड़े रहते हैं। इसके कानों का रंग बाहर से पीठ के रंग का होता है, किन्तु दोनों कान भीतर से सफेद होते हैं तथा सामने से देखने पर यही भाग दिखाई देता है। इसके दोनों कानों के बाहरी भागों पर सफेद रंग का एक-एक स्पष्ट निशान होता है। सरवल की पूँछ बड़ी सुन्दर होती है। इस पर काले रंग के धब्बे होते हैं और इसका सिरा काला होता है।

सरवल की टाँगें बिल्ली परिवार के अन्य छोटे जंगली जीवों की तुलना में कुछ अधिक लम्बी होती हैं। इनकी संरचना इस प्रकार की होती है कि यह इनकी सहायता से जमीन पर बड़ी तेज गति से भाग सकता है एवं ऊँची और लम्बी छलाँग लगा सकता है। सरवल की एक प्रमुख विशेषता यह है कि इसके आगे के दोनों पैरों के ऊपर वाले भाग के भीतरी हिस्सों पर काले रंग के दो क्षैतिज पट्टे होते हैं। इन पट्टों की सहायता से इसे सरलता से पहचाना जा सकता है।

सरवल निशाचर है। अर्थात् यह दिन के समय विश्राम करता है और रात में शिकार की खोज में निकलता है। किन्तु कभी-कभी इसे दिन में भी शिकार की खोज करते हुए देखा गया है। दिन में यह प्रायः किसी छायादार स्थान पर घास के मुलायम घोसले में अपना शरीर मोड़कर सोता रहता है।

सरवल एक कुशल शिकारी वन्यजीव है। इसका शिकार करने का ढंग छोटे आकार की जंगली बिल्लियों के समान होता है। सरवल की लम्बी टाँगें इसे शिकार करने में विशेष सहयोग देती हैं। इनकी सहायता से यह कुछ दूरी तक बड़ी तेज गति

से शिकार का पीछा कर सकता है। इसके साथ ही लम्बी-लम्बी घास के मध्य यह शिकार की खोज भी कर सकता है। सरवल का प्रमुख भोजन कुतरने वाले छोटे स्तनधारी जीव हैं। छछूँदर चूहा इसका सर्वाधिक प्रिय भोजन है। छछूँदर चूहा जमीन के भीतर बिल बना कर रहता है। सरवल के कान बहुत तेज होते हैं। यह छछूँदर चूहे द्वारा जमीन के भीतर की जाने वाली खुदाई की आवाज अथवा इसी प्रकार की अन्य आवाजें बड़ी सरलता से सुन लेता है। जैसे ही किसी छछूँदर चूहे की आहट मिलती है, यह उसके बिल के द्वार से कुछ दूरी पर जाकर बैठ जाता है और छछूँदर चूहे के बाहर आने की प्रतीक्षा करता है। यह उन सभी जीवों के लिए आवश्यक है, जो जमीन के भीतर बिल बना कर रहने वाले, छोटे कुतरने वाले जीवों का शिकार करते हैं। कभी-कभी सरवल को लम्बे समय तक अपने शिकार की प्रतीक्षा करनी पड़ती है। इस समय सरवल द्वारा साधारण सी भूल हो जाने पर उसका शिकार हाथ से निकल सकता है। अतः सरवल पूरी तरह सावधान रहता है और आवाज नहीं करता। किन्तु कभी-कभी यह अपना धैर्य खो बैठता है और बिल के द्वार पर पहुँच कर बिल खोदने का प्रयास करने लगता है। ऐसी स्थिति में छछूँदर चूहा तेजी से बिल खोद कर लम्बी सुरंग सी तैयार करता है और एक नया द्वार बना कर भाग जाता है। बिल के बाहर खुले स्थानों पर छछूँदर चूहे का सामना होने पर सरवल अन्य जंगली बिल्लियों के समान बिना आवाज किए, पीछा करके, छिप कर, घात लगा कर अथवा तेज दौड़कर उसका शिकार करता है।

सरवल का शिकार बड़ा विविधतापूर्ण होता है। कुछ स्थानों पर यह पक्षियों का शिकार भी करता है। यह जमीन पर किसी पक्षी को देखते ही उसके पीछे बड़ी तेजी से दौड़ता है और उसे झपटकर मुँह में दबोच लेता है। कभी-कभी यह हवा में ऊँची छलाँग लगा कर भी पक्षियों का शिकार करता है। पक्षियों का शिकार करते समय इसे 3 मीटर तक ऊँची छलाँग लगाते हुए देखा गया है। सरवल पक्षियों का शिकार करने में इतना कुशल होता है कि कभी-कभी यह हवा में उड़ते हुए पक्षियों को पकड़ लेता है और चट कर जाता है। पक्षियों का कुशल शिकारी होने के कारण यह विश्व में एथलीट बिल्ली के नाम से विख्यात हो गया है। सामान्यतया यह वृक्षों पर चढ़कर पक्षियों का शिकार नहीं करता, किन्तु यह वृक्षों पर चढ़कर हाइरेक्स नामक वृक्ष खरगोश का बहुत अधिक शिकार करता है। भोजन की कमी होने पर अथवा जब कोई अच्छा शिकार नहीं मिलता तो यह छोटी-छोटी छिपकलियाँ और विभिन्न प्रकार के कीड़े-मकोड़े, खा कर अपना काम चलाता है। सरवल के शिकार के सम्बन्ध में सर्वाधिक रोचक बात यह है कि कभी-कभी यह साँप का भी शिकार कर लेता है। यह एक आश्चर्यजनक तथ्य है, जिस पर सरलता से विश्वास नहीं होता। यह साँप का शिकार करने के लिए जमीन पर जा रहे साँप पर अचानक बड़ी फुर्ती से झपटता है और अपने आगे के पंजों से उसका सिर बुरी तरह कुचल डालता है। इसके बाद साँप का सिर वाला भाग काट कर फेंक देता है और शेष भाग चट कर जाता है। कभी-कभी यह कुतरने वाले छोटे

स्तनधारी-जीवों, छछूँदर चूहे तथा जंगली चूहों का भी इसी ढंग से शिकार करता है। इसे कायपू का शिकार करने में भी महारत हासिल है। कायपू एक जलीय मूषक होता है, जो अफ्रीका के दलदल वाले भागों में बहुत बड़ी संख्या में मिलता है।

सरवल का समागम और प्रजनन बड़ा रोचक होता है। सामान्यतया नर सरवल हमेशा अकेले विचरण करता है। यह केवल समागम काल में ही जोड़े में दिखाई देता है। समागम के बाद नर-मादा दोनों अलग हो जाते हैं और फिर अगले समागम काल में मिलते हैं।

मादा सरवल का गर्भकाल 54 दिन का होता है। यह एक वर्ष में दो बार प्रजनन करती है तथा एक बार में 2 बच्चों को जन्म देती है। किन्तु कभी-कभी इसे 3 अथवा 4 बच्चों को भी जन्म देते हुए देखा गया है। मादा सरवल घनी झाड़ियों के नीचे, लम्बी-लम्बी घासों के मध्य अथवा ऐसे ही किसी सुरक्षित स्थान पर बच्चों को जन्म देती है एवं उन्हें छिपाकर रखती है। इसके नवजात बच्चों की आँखें और कान बन्द रहते हैं। ये बच्चे पूरी तरह, जन्म देने वाली मादा पर आश्रित होते हैं। मादा सरवल इन्हें अपना दूध पिलाती है। इनकी सुरक्षा करती है और इनका पालन-पोषण करती है।

सरवल के नवजात बच्चे एक सप्ताह में कुछ बड़े हो जाते हैं तथा इनकी आँखें और कान खुल जाते हैं। इनकी आँखों का रंग हल्का नीलापन लिए हुए धूसर सा होता है। यह रंग अधिक समय तक नहीं रहता। कुछ समय बाद इनकी आँखों का रंग बदल जाता है तथा नर शावकों की आँखें पीलापन लिए हुए धूसर रंग की और मादा शावकों की आँखें पीलापन लिए हुए भूरे रंग की हो जाती हैं। सरवल के नवजात

बच्चों के कान बहुत छोटे होते हैं और गोल होते हैं। किन्तु कुछ समय बाद ये बड़े लम्बे और गोलाई लिए हुए नुकीले से हो जाते हैं। इसके शावकों का विकास बड़ी धीमी गति से होता है। मादा सरवल लगभग ढाई वर्ष में वयस्क अर्थात् प्रजनन योग्य हो जाती है, जबकि नर लगभग 3 वर्ष की आयु में वयस्क हो पाता है।

सरवल के प्रजनन की बहुत बड़ी विशेषता यह है कि सरवल मादा बच्चों को अधिक जन्म देती है। 2 नवम्बर, 1963 को एनीमल्स में प्रकाशित डेस बार्टलेट के एक आलेख के अनुसार केनिया के एक व्यक्ति ने सरवल को पालतू बनाने और उसका प्रजनन कराने में सफलता प्राप्त की। उसकी पालतू मादा सरवल 8 वर्षों से नियमित रूप से प्रजनन कर रही थी। इसने मादा शावकों को अधिक जन्म दिया। सर्वप्रथम इसने 13 फरवरी, 1962 को 3 बच्चों को जन्म दिया। इनमें 1 नर और 2 मादाएँ थीं। इसके बाद अगली बार इसने केवल 2 बच्चों को जन्म दिया। ये दोनों मादाएँ थीं। यह एक संयोग भी हो सकता है, सरवल के प्रजनन का प्राकृतिक अवस्था में अभी तक अध्ययन नहीं किया गया है। अतः इस सम्बन्ध में अधिकारपूर्वक कुछ नहीं कहा जा सकता। अमरीकी जीव वैज्ञानिकों ने कुछ समय पूर्व सरवल का प्राकृतिक अवस्था में अध्ययन आरम्भ किया है। इससे आशा है कि शीघ्र ही इसके सम्बन्ध में और भी बहुत से रोचक और रोमांचक तथ्य सामने आएँगे।

अमरीका के जिन भागों में सामान्य सरवल पाया जाता है, उन्हीं भागों में काला सरवल भी पाया जाता है। आरम्भ में काले सरवल को एक अलग जाति का जीव माना गया और इसे वैज्ञानिक नाम दिया गया—फेलिस सरवालिना। विख्यात अमरीकी जीव वैज्ञानिक जे.ए. ऐलेने ने भी इसका समर्थन किया। श्री ऐलेन ने यह सिद्ध करने का प्रयास किया कि सामान्य सरवल और काला सरवल दोनों अलग-अलग जातियों के दो अलग-अलग जीव हैं एवं दोनों में अन्तर्समागम नहीं होता। उन्हीं के प्रयास से अमरीकन म्यूजियम ऑफ नेचुरल हिस्ट्री में इन दोनों जीवों को दो अलग-अलग समूहों का जीव मान कर रखा गया।

कुछ समय बाद जीव वैज्ञानिकों ने यह अनुभव किया कि सामान्य सरवल और काला सरवल दोनों एक ही जीव के दो अलग-अलग स्वरूप हैं। एक बार एक अफ्रीकी आदिवासी युगांडा के गेम वार्डेन कैप्टन पिटमैन के पास सरवल के दो शावक लेकर पहुँचा। इन दोनों को एक सामान्य मादा सरवल ने जन्म दिया था। किन्तु इनमें से एक सामान्य था और दूसरा काला। इससे कैप्टेन पिटमैन के मस्तिष्क में एक नया विचार आया। उन्होंने इस सम्बन्ध में काफी खोजबीन करने के बाद यह निष्कर्ष निकाला कि सामान्य सरवल और काला सरवल दोनों एक ही जाति के दो जीव हैं। इनका मत है कि जिस प्रकार सामान्य तेंदुए की काली चित्तियों के फैल जाने से काला तेंदुआ बना है, उसी प्रकार सामान्य सरवल की काली चित्तियों और धारियों के

बढ़कर, पूरे शरीर पर फैल जाने से काले सरवल का प्रादुर्भाव हुआ। अर्थात् काला सरवल किसी नई जाति का जीव न होकर सामान्य सरवल का ही काले रंग का प्रतिनिधि है। कैप्टेन पिटमैन ने सामान्य सरवल और काले सरवल दोनों को एक ही जाति के जीव सिद्ध करने के लिए उत्तरी रोडेशिया के आदिवासियों के लबादों का अध्ययन किया। ये लबादे सामान्य और काले सरवल के समूर के बने थे। इन लबादों का अध्ययन करने से यह पता चला कि सामान्य और काले सरवल में बहुत अधिक पारस्परिक समागम होता है। कैप्टेन पिटमैन ने इस तथ्य का सूक्ष्म एवं गहन वैज्ञानिक परीक्षण कराने के लिए कुछ लबादे लन्दन के नेचुरल हिस्ट्री म्यूजियम भिजवाए। यहाँ भी परीक्षण करने के बाद यह पाया गया कि सामान्य सरवल और काले सरवल दोनों एक ही जाति के जीव हैं।

# ओसिलॉट

ओसिलॉट मार्जार परिवार का एक शानदार जीव है। इसे नई दुनिया का तेंदुआ भी कहते हैं। इसका फर बहुत सुन्दर और रंग-गिरंगी डिजाइनों वाला होता है, अतः इसे चित्रित तेंदुआ (पेन्टेड लेपर्ड) भी कहा जाता है। ओसिलॉट मार्गे का निकट सम्बन्धी है। दोनों का फर तेंदुए के समान बड़ा आकर्षक होता है तथा इससे बने हुए कोट बहुत कीमती समझे जाते हैं। इसीलिए इसका बहुत बड़ी संख्या में शिकार किया गया है। कुछ स्थानों पर तो इसका इतना अधिक शिकार किया गया है कि यह विलुप्ति के कगार पर पहुँच गया है।

ओसिलॉट शब्द मैक्सिकन भाषा के लालोसेलॉटल से लिया गया है। इसका अर्थ होता है–फील्ड टाइगर अर्थात् मैदान का बाघ ओसिलॉट नई दुनिया का वन्यजीव है। यह उत्तर अमरीका में संयुक्त राज्य अमरीका, मैक्सिको तथा मध्य अमरीका के अधिकांश भागों में पाया जाता है। दक्षिण अमरीका में इसे ब्राजील, बोलविया, पैरागवे आदि देशों में देखा जा सकता है। यह मैदानी जंगलों में रहना अधिक पसन्द करता है। इसके साथ ही यह पर्वतीय जंगलों में भी बहुत बड़ी संख्या में मिलता है। ओसिलॉट जंगल में बाघ और सिंह के समान अपना सीमाक्षेत्र बनाता है और उसकी रक्षा करता है। यह अपने शरीर से निकलने वाले गन्ध युक्त द्रव पदार्थ और अपने मलमूत्र से अपनी सीमा निर्धारित करता है। यह अपने क्षेत्र

की सीमा की किसी चट्टान, वृक्ष के तने अथवा झाड़ी पर अपना मूत्र डालता है और वहीं पास ही मल विसर्जन करता है। इसके क्षेत्र की सीमा पर प्रायः मल के छोटे-छोटे ढेर देखने को मिलते हैं। जंगल में इसके क्षेत्र के आसपास रहने वाले अन्य ओसिलॉट क्षेत्र की सीमा के पास आते ही इसके मलमूत्र की गन्ध से क्षेत्र सीमा पहचान लेते हैं। सामान्यतया सभी ओसिलॉट एक-दूसरे की क्षेत्र सीमा का सम्मान करते हैं और एक-दूसरे के क्षेत्र में प्रवेश नहीं करते हैं। किन्तु कभी-कभी क्षेत्र विहीन ओसिलॉट दूसरे के क्षेत्र पर अधिकार करने के लिए भीतर आ जाते हैं। ऐसी स्थिति में क्षेत्र वाले ओसिलॉट और नवागन्तुक ओसिलॉट के मध्य भयानक लड़ाई होती है। अन्त में विजेता ओसिलॉट का क्षेत्र पर अधिकार हो जाता है और पराजित ओसिलॉट भाग जाता है। क्षेत्र के लिए ओसिलॉट के मध्य लड़ाई होना आवश्यक नहीं है। कभी-कभी दोनों ओसिलाटों की शारीरिक शक्ति में बहुत अधिक असमानता होने पर एक-दूसरे के सामने आते ही और शक्तिशाली ओसिलॉट के गुर्राते ही फैसला हो जाता है और कमजोर ओसिलॉट डर कर भाग जाता है। किन्तु कभी-कभी सीमाक्षेत्र को लेकर दो ओसिलाटों के बीच भयानक लड़ाई होती है, जिसमें एक ओसिलॉट बहुत अधिक घायल भी हो सकता है।

ओसिलॉट की गणना मार्जार परिवार के सर्वाधिक सुन्दर जीवों में की जाती है। यह बाघ, सिंह, तेंदुआ आदि से छोटा होता है और पालास, सिकमार जैसी जंगली बिल्लियों से बड़ा होता है। अर्थात् यह बिल्ली परिवार का मध्यम आकार का वन्यजीव है। ऑसिलॉट के शरीर की लम्बाई लगभग 1.4 मीटर होती है। इसमें इसकी 40-45 सेन्टीमीटर लम्बी पूँछ भी सम्मिलित है। इसकी कन्धों तक की ऊँचाई 50.8 सेन्टीमीटर तक और शरीर का वजन लगभग 16 किलोग्राम होता है।

ओसिलॉट का समूर तेंदुए की तरह बड़ा सुन्दर और आकर्षक होता है। इसके सिर और शरीर के ऊपर का भाग अर्थात् पीठ सुनहरापन लिए हुए रेतीले रंग की होती है एवं दोनों बगलों का रंग रूपहला होता है। इसके गले के नीचे का भाग, आगे के दोनों पैरों के मध्य का भाग और पेट का भाग सफेदी लिए हुए हल्के पीले रंग का होता है। ओसिलॉट के समूर का रंग पीलापन लिए हुए धूसर से लेकर धूसरपन लिए हुए पीला अथवा हल्का कत्थई तक हो सकता है। इसके शरीर की धारियाँ अथवा धब्बे सामान्य कत्थई से लेकर गहरे कत्थई तक होते हैं तथा इनके चारों ओर काले रंग की सीमा होती है। इसके सिर और गर्दन पर भी गहरी धारियाँ होती हैं किन्तु इनका रंग काला होता है। ओसिलॉट के फर की एक प्रमुख विशेषता यह है कि इस पर बहुत छोटे-छोटे किन्तु घने बाल होते हैं।

ओसिलॉट के सिर और गर्दन पर लम्बी-लम्बी धारियाँ होती हैं, किन्तु इसके शरीर की धारियाँ बीच-बीच से कटी हुई होती हैं अतः ये धारियाँ न लग कर अव्यवस्थित धब्बों जैसी दिखाई देती हैं। इसके शरीर के ऊपर के भाग की धारियाँ, विशेष रूप से सिर और पीठ की धारियाँ कम कटी हुई होती हैं, किन्तु गले, छाती, पीठ और पैरों की धारियाँ अधिक कटी हुई होती हैं। ओसिलॉट की धारियाँ अव्यवस्थित होती हैं, इसीलिए इन धारियों से बनने वाले धब्बे भी अव्यवस्थित नजर आते हैं।

ओसिलॉट के शरीर के रंग इसे बहुत अच्छा कॉमाफ्लास प्रदान करते हैं। यह अपने फर के रंग-बिरंगे धब्बों के कारण अपने आसपास के परिवेश से इतना अधिक घुलमिल जाता है कि सामने होने पर भी सरलता से दिखाई नहीं देता। इससे इसे शिकार करने में बड़ी सुविधा रहती है। इसके साथ ही यह अपने शरीर के रंग-बिरंगे धब्बों के कारण अपने शत्रुओं से भी बचा रहता है। इसकी एक अन्य विशेषता यह है कि इसके शरीर की तुलना में इसके पैर बहुत छोटे होते हैं। यही कारण है कि ओसिलॉट मार्जार परिवार का मध्यम आकार का जीव होते हुए भी काफी छोटा दिखाई देता है।

ओसिलॉट एक कुशल शिकारी वन्यजीव है। यह एक निश्चित क्षेत्र के भीतर ही शिकार करता है तथा अपने जैसे अन्य शिकारी वन्य-जीवों से अपने क्षेत्र की

रक्षा करता है। इसका प्रमुख भोजन छोटे-छोटे स्तनधारी जीव, कुतरने वाले जीव और विभिन्न प्रकार के पक्षी हैं। यह चूहे, छछूँदर, बन्दर, मेढ़क, छिपकलियाँ आदि बड़े शौक से खाता है। कभी-कभी यह बड़े जीवों का भी शिकार करता है और सुअर एवं छोटी जाति के हिरनों पर आक्रमण करके उन्हें चट कर जाता है। ओसिलॉट के फर के धब्बों के कारण इसके शरीर में कॉमाफ्लास बहुत अधिक बढ़ जाता है। इससे इसे शिकार में विशेष सुविधा रहती है। कभी-कभी तो यह शिकार के बहुत निकट पहुँच जाता है और शिकार को इसका पता ही नहीं चलता अथवा कॉमाफ़्लास के कारण शिकार स्वयं इसके पास पहुँच जाता है और इसे देख नहीं पाता।

ओसिलॉट रात्रिचर है। यह दिन के समय पत्थरों के नीचे, चट्टानों की दरारों में, लट्ठों के मध्य की माँदों के भीतर अथवा ऐसे ही किसी सुरक्षित स्थान पर आराम करता है और रात में शिकार की खोज में निकलता है। ओसिलॉट की एक प्रमुख विशेषता यह है कि जहाँ बिल्ली परिवार के अधिकांश जीव प्रायः अकेले शिकार करते हैं, वहीं यह जोड़े में शिकार करता है। यह जोड़े में शिकार करते समय एक-दूसरे को अपनी स्थिति स्पष्ट करने के लिए, एक-दूसरे से सम्पर्क बनाए रखने के लिए और एक-दूसरे के साथ सांकेतिक आदान-प्रदान करने के लिए एक विशेष प्रकार की आवाज निकालता रहता है। यह आवाज सामान्य घरेलू बिल्ली की म्याऊँ की आवाज से बहुत मिलती-जुलती सी होती है।

ओसिलॉट बहुत अच्छा वृक्षारोही है तथा वृक्षों पर बड़ी तेजी से चढ़ जाता है। किन्तु यह वृक्षों पर चढ़कर कभी शिकार नहीं करता। इसी तरह यह कुशल तैराक होते हुए भी शिकार के लिए पानी के भीतर नहीं जाता। ओसिलॉट हमेशा मैदान में जमीन पर ही शिकार करता है। यह शिकार की गंध लेकर उसे नहीं मारता, बल्कि शिकार को मारने के लिए अपनी दृष्टि और कानों का उपयोग करता है। इसकी दृष्टि और श्रवण शक्ति बड़ी तेज होती है। बिल्ली परिवार के अन्य जीवों की तरह इसे रात के अँधेरे में भी सब कुछ साफ दिखाई देता है। ओसिलॉट का भोजन बड़ा विविधतापूर्ण होता है। यह किसी भी ऐसे जीव का शिकार कर लेता है, जिसे यह सरलता से मार सकता है।

मार्जार परिवार के अधिकांश सदस्य पक्षियों का शिकार करने में अधिक कुशल नहीं होते। किन्तु ओसिलॉट पक्षियों का शिकार बड़ी कुशलता से करता है। यह किसी पक्षी को देखते ही उस पर बड़ी तेजी से आक्रमण करता है और उसे दबोच लेता है। यह पक्षियों का शिकार करने में इतना प्रवीण होता है कि प्रायः इसका आक्रमण व्यर्थ नहीं जाता और यह पहली बार में ही उन्हें अपना आहार बना लेता है।

ओसिलॉट के शिकार और भोजन सम्बन्धी आदतों में पिछले कुछ वर्षों में एक बड़ा परिवर्तन हुआ है। इसमें खेतों और गाँवों के निकट रहने की आदत विकसित हो गई है। इसका प्रमुख कारण जंगलों की कटाई और कृषि भूमि का विकास है। जंगलों की कटाई और कृषि भूमि के विकास के कारण अब इसे मैदानी जंगलों में भोजन उपलब्ध नहीं हो पाता। गाँवों और खेतों के निकट रहने पर इसे पालतू जीव सरलता से मिल जाते हैं। पालतू जीवों का शिकार करने के लिए यह प्रायः घरों में घुस जाता है और मुर्गा, मुर्गी, बत्तख, कबूतर आदि मार कर खा जाता है। कभी-कभी यह पालतू सुअरों, भेड़ों और बकरियों पर भी आक्रमण करता है और उन्हें चट कर जाता है। इससे गाँव वाले इसे अपना शत्रु समझने लगे हैं और इसे मार भी डालते हैं। ओसिलॉट पालतू जीवों को मारने के अतिरिक्त मानव को कोइ हानि नहीं पहुँचाता। यह मानव से डरता है और सामान्यतया मानव का सामना नहीं करता। मानव के साथ ही ओसिलॉट कुत्तों से भी दूर ही रहना पसन्द करता है।

ओसिलॉट का समागम और प्रजनन काल विविधतापूर्ण होता है। इसके समागम और प्रजनन काल के सम्बन्ध में जीव वैज्ञानिक एकमत नहीं हैं। सामान्यतया इसका समागम काल वर्ष में दो बार आता है। पहला समागम काल जून से आरम्भ होता है और जुलाई के अन्त तक चलता है एवं दूसरा समागम काल दिसम्बर से आरम्भ होता है और अगले वर्ष की जनवरी के अन्त तक चलता है। टेक्सास की मादा ओसिलॉट पतझड़ में बच्चों को जन्म देती है, जबकि मैक्सिको में यह जनवरी में प्रजनन करती है। नई दुनिया के उष्ण-कटिबन्धीय क्षेत्र तथा कुछ ऐसे स्थान भी हैं, जहाँ इसका समागम और प्रजनन पूरे वर्ष भर चलता रहता है।

ओसिलॉट मार्जार परिवार का सम्भवतः एकमात्र एक ऐसा जीव है, जिसमें समागम के बाद भी नर-मादा साथ रहते हैं और दोनों मिल कर बच्चों का पालन-पोषण करते हैं। प्रजनन के पूर्व नर-मादा दोनों मिल कर पत्थरों के नीचे, चट्टानों की दरारों, लकड़ी के लट्ठों के खोखले भागों अथवा किसी मांद में घास-फूस के तिनकों एवं इसी प्रकार की अन्य चीजों की सहायता से एक कोमल घोसला तैयार करते हैं। कभी-कभी ये दोनों किसी खुले मैदान में किसी झाड़ी के नीचे ही घोसला बना लेते हैं। मादा ओसिलॉट का गर्भकाल लगभग 115 दिन का होता है। यह गर्भकाल पूरा होने पर इसी घोसले में एक अथवा दो बच्चों को जन्म देती है। किन्तु कभी-कभी इसे दो से अधिक बच्चों को जन्म देते हुए भी देखा गया है। मादा ओसिलॉट एक ही समय पर अनेक बार समगाम कर सकती है। किन्तु यह वर्ष में केवल एक बार प्रजनन करती है।

ओसिलॉट के नवजात बच्चों के शरीर पर जन्म के समय छोटे-छोटे बालों वाला घना समूर होता है एवं इस पर रंग-बिरंगी धारियाँ अथवा धब्बे भी होते हैं। किन्तु इनका रंग जन्म देने वाले नर-मादा से अधिक गहरा होता है। इन बच्चों की आँखें और कान बन्द रहते हैं तथा ये पूरी तरह असहाय से होते हैं। ये मादा का दूध पीते हैं और अपना अधिकांश समय अपने घोसले में ही व्यतीत करते हैं। बच्चों का पालन-पोषण नर-मादा दोनों मिल कर करते हैं। प्रायः मादा बच्चों के पास रहती है

तथा उनकी सुरक्षा करती है और नर भोजन की व्यवस्था करता है। नर ओसिलॉट शिकार करता है और मादा और बच्चों को उनके घोसले तक भोजन पहुँचाता है। कभी-कभी नर बच्चों के पास रहता है और मादा भोजन की व्यवस्था करती है। बच्चों के कुछ बड़े हो जाने पर नर-मादा दोनों पुनः साथ-साथ शिकार करना आरम्भ कर देते हैं। इस समय ये अपने बच्चों से अधिक दूर नहीं जाते तथा बिल्ली जैसी म्याऊँ की आवाज निकाल कर एक-दूसरे से सम्पर्क बनाए रखते हैं। कुछ बड़े हो जाने पर बच्चे नर मादा के साथ जंगल में घूमना-फिरना आरम्भ कर देते हैं और शिकार करना सीखते हैं। वयस्क हो जाने पर ये जन्म देने वाले नर और मादा से अलग हो जाते हैं तथा स्वतन्त्र रूप से अपना जीवन आरम्भ कर देते हैं।

ओसिलॉट की गणना मार्जार परिवार की छोटी बिल्लियों में सर्वाधिक सुन्दर जीव के रूप में की जाती है। इसका फर रंग-बिरंगी धारियों और धब्बों वाला तथा अनेक डिजाइनों वाला होता है, अतः यह देखने में बहुत सुन्दर लगता है। एक शानदार और सुन्दर जीव होने के कारण संयुक्त राज्य अमरीका और कनाडा के कुछ भागों में लोग इसके छोटे बच्चों को पाल लेते हैं

ओसिलॉट के बच्चे तो हानिकारक नहीं होते, किन्तु बिल्ली परिवार के अधिकांश जीव अविश्वसनीय होते हैं, अतः बड़ा हो जाने पर यह खतरनाक सिद्ध हो सकता है। पालतू ओसिलॉट को बड़ा हो जाने पर प्रायः चिड़ियाघरों में पहुँचा दिया जाता है, जहाँ यह अपना शेष जीवन व्यतीत करता है।

ओसिलॉट का फर मार्गे के फर के समान बड़ा कीमती होता है। इसके समूर से बने कोट बड़े महँगे होते हैं। यही कारण हे कि इसका बहुत बड़े स्तर पर शिकार किया जाता है। किन्तु आवास और भोजन की विविधता तथा उच्च प्रजनन क्षमता के कारण यह अभी तक अपना अस्तित्व बनाए रखने में सफल है तथा निकट भविष्य में भी इसके विलुप्त होने की कोई आशंका नहीं है।

# मानुल

मानुल विश्व की सर्वाधिक रोचक और विलक्षण जंगली बिल्ली है। इसका वैज्ञानिक नाम फेलिस मानुल पालास है। अंग्रेजी में इसे पालास कैट कहते हैं। मानुल रूसी भाषा का शब्द है। यह रूस के बहुत बड़े भाग में बड़ी संख्या में पाई जाती है एवं इसी नाम से यह विश्व भर में प्रसिद्ध है।

मानुल पुरानी दुनिया की बिल्ली है। यह भारत और रूस के साथ ही मंगोलिया, तुर्किस्तान, तिब्बत और यूरोप के कुछ भागों में भी पाई जाती है। भारत में यह बहुत छोटे क्षेत्र में मिलती है। यहाँ इसे केवल जम्मू-कश्मीर के लद्दाख में ही देखा जा सकता है। लद्दाख में इसे रिबिलिक कहते हैं। यहाँ यह 2500 मीटर से लेकर 4800 मीटर तक की ऊँचाई वाले पर्वतीय वनों में पाई जाती है।

विश्व में मानुल की तीन प्रजातियाँ पाई जाती हैं। इनकी शारीरिक संरचना, आकार, समूर के रंगों और डिजाइनों में थोड़ी-बहुत भिन्नता होती है। इसकी एक प्रजाति यूरोप में मिलती है तथा दो प्रजातियाँ एशिया में पाई जाती हैं। इसकी एशिया में पाई जाने वाली दोनों प्रजातियाँ लद्दाख और तिब्बत में मिल जाती हैं। तिब्बत में पाई जाने वाली मानुल सबसे छोटी होती है। यह तिब्बत में 4500 मीटर तक की ऊँचाई वाले भागों में मिल जाती है। यह दक्षिण की ओर उतार वाले पहाड़ी ढलानों पर रहना अधिक पसन्द करती है।

मानुल खुले पर्वतीय जंगलों की बिल्ली है। यह पथरीले, चट्टानी क्षेत्रों में रहना अधिक पसन्द करती है। यह पत्थरों के नीचे, चट्टानों की दरारों में अथवा इसी तरह के अन्य स्थानों पर मांद बना कर रहती है। यह प्रायः मार्मोट नामक पहाड़ी चूहे अथवा लोमड़ी की मांदों पर अधिकार कर लेती है और उसी में रहती है। कभी-कभी यह किसी प्राकृतिक मांद पर कब्जा कर लेती है और उसी में अपना आवास बना लेती है। मानुल वनबिलाव से बहुत डरती है और हमेशा उससे दूर रहने का प्रयास करती है। यही कारण है कि हिमालय पर्वत के बर्फ से घिरे पर्वतीय स्थानों में, जहाँ वनबिलाव पाया जाता है, यह बहुत कम ही दिखाई देती है।

मानुल एकान्तवासी होती है। यह हमेशा अकेली रहती है और अकेले ही विचरण करती है। सामान्यतया जंगली बिल्लियाँ दिन में पत्थरों के नीचे, चट्टानों की दरारों में, वृक्षों के कोटरों में, झाड़ियों के नीचे अथवा ऐसे ही किसी सुरक्षित स्थान पर आराम करती हैं और रात में बाहर निकलती हैं। किन्तु मानुल दिन में भी सक्रिय रहती हैं। यह एक शर्मीली बिल्ली है और मानव को देखते ही छिप जाती है अतः बहुत कम ही दिखाई देती है।

मानुल की शारीरिक संरचना अन्य जंगली बिल्लियों के समान होती है। किन्तु इसका चेहरा और शरीर सभी जंगली बिल्लियों से पूरी तरह भिन्न होता है। अतः इसे बड़ी सरलता से पहचाना जा सकता है। मानुल एक छोटी बिल्ली है। इसका आकार पालतू बिल्ली के बराबर होता है। इसके शरीर की पूँछ सहित लम्बाई 76 सेन्टीमीटर से लेकर 90 सेन्टीमीटर तक तथा वजन 2.5 किलोग्राम से लेकर 3.5 किलोग्राम तक होता है। किन्तु कभी-कभी 5 किलोग्राम वजन तक की मानुल देखने को मिल जाती

है। इसकी पूँछ लम्बी होती है एवं इसकी लम्बाई शरीर के आधे भाग के बराबर तक हो सकती है। अर्थात् इसकी पूँछ लगभग 25-30 सेन्टीमीटर लम्बी होती है। इसके चेहरे का रंग धूसर होता है एवं गला, पीठ और शरीर के ऊपर का भाग रूपहलापन लिए हुए धूसर होता है अथवा हल्का पीला सा होता है। इसकी पूँछ झबरीली होती है एवं इस पर गहरे रंग के छल्ले होते हैं तथा इसका अन्तिम सिरा काला होता है।

मानुल के शरीर पर कुछ धारियाँ और डिजाइनें होती हैं, जो बहुत साफ नहीं दिखाई देतीं। इसके शरीर के पीछे वाले भाग पर विशेष प्रकार की काले रंग की धारियाँ होती हैं। इसी प्रकार की एक जोड़ी धारियाँ इसके गालों पर भी होती हैं। मानुल का पूरा शरीर लम्बे-लम्बे बालों से ढँका होता है। इसके प्रत्येक बाल का आगे-पीछे का सिरा काला होता है एवं मध्य का भाग सफेद होता है। इसके चेहरे और चारों पैरों पर भी लम्बे और घने बाल होते हैं तथा ये बाल इसे सर्दी से बचाते हैं। इसके बालों का रंग हिम तेंदुए के समान, इस प्रकार का होता है मानो इसके शरीर पर जाला पड़ा हो। मानुल के शरीर के नीचे वाले भाग पर भी लम्बे और घने बालों वाला समूर होता है। वास्तव में मानुल अत्यन्त ठंडे और बर्फीले स्थानों पर रहने वाली बिल्ली है। यह बर्फ से ढँके अत्यन्त दुर्गम स्थानों पर अपना आवास बनाती है, अतः याक के समान इसके पूरे शरीर पर लम्बे और घने बालों वाला कोमल समूर आ गया है। इसका समूर बर्फ जमा देने वाली ठंडक में इसे गर्म रखता है।

मानुल के शरीर के साथ ही इसका चेहरा भी इस प्रकार का होता है कि यह अन्य सभी जंगली बिल्लियों से अलग दिखाई देता है। इसका चेहरा चपटा और चौड़ा होता है एवं मस्तक पतला और नीचा होता है। इसके कान बहुत छोटे होते हैं और एक-दूसरे से काफी दूर होते हैं एवं गालों के पीछे काफी नीचे दिखाई देते हैं। चेहरे

की इस प्रकार की बनावट इसे एक विचित्र स्वरूप प्रदान करती है। मानुल की एक प्रमुख विशेषता यह है कि इसकी आवाज बड़ी विलक्षण होती है और सभी जंगली बिल्लियों से पूरी तरह भिन्न होती है। यह अन्य जंगली एवं पालतू बिल्लियों के समान घुरघुराने, फुफकारने अथवा म्याऊँ-म्याऊँ की आवाज नहीं करती है। यह जब बोलती है तो ऐसा लगता है, मानो कुत्ते का छोटा बच्चा और उल्लू दोनों मिल कर एक साथ बोल रहे हों।

मानुल एक कुशल शिकारी बिल्ली है। यह रात के साथ ही दिन के समय भी शिकार करती है। इसका प्रमुख भोजन चूहे और पहाड़ी मूस के समान छोटे-छोटे कुतरने वाले स्तनधारी वन्यजीव हैं। इनके साथ ही यह जमीन पर विचरण करने वाले पहाड़ी पक्षियों का शिकार करने के लिए किसी चट्टान की आड़ में छिप कर बैठ जाती है और शिकार की प्रतीक्षा करती है। इसका शिकार जैसे ही इसके पास आता है अथवा इसके निकट से गुजरता है, यह उस पर झपटती है और उसे मार डालती है। सामान्यतया सभी जंगली बिल्लियाँ शिकार के लिए अपने बड़े-बड़े कानों का उपयोग करती हैं। अर्थात् ये अपनी श्रवणशक्ति द्वारा शिकार की आवाज सुन कर उसका पता लगाती हैं। किन्तु मानुल शिकार के लिए अपनी श्रवणशक्ति का उपयोग कम करके, आँखों और घ्राणशक्ति का उपयोग अधिक करती है। इसके छोटे-छोटे कान इसे शिकार में विशेष सुविधा प्रदान करते हैं। यह जब शिकार की प्रतीक्षा में किसी चट्टान के पीछे छिपी होती है तो इसके कान छोटे होने के कारण दिखाई नहीं देते। इसे अपने कान छिपाने के लिए अधिक झुकना नहीं पड़ता। इसके साथ ही यह छोटे कानों के कारण कम ऊँची चट्टानों के पीछे भी बड़ी सरलता से छिप जाती है, जबकि अन्य जंगली बिल्लियों को अपने आपको छिपाने के लिए अपने कानों को नीचे गिराना पड़ता है।

मानुल के शरीर का फर भी इसे शिकार करने में सहयोग प्रदान करता है। इसके समूर का रंग आसपास की चट्टानों से इतना अधिक घुलमिल जाता है कि यह सरलता से दिखाई नहीं देती एवं पास ही विचरण करता हुआ शिकार इसे देख नहीं पाता। इसके शरीर का कॉमाफ्लास शिकार के साथ ही इसे सुरक्षा भी प्रदान करता है।

मानुल का समागम और प्रजनन अन्य जंगली बिल्लियों के समान होता है। यह हमेशा अकेले विचरण करती है। बस, केवल समागम काल में नर-मादा साथ-साथ रहते हैं, शिकार करते हैं और अनेक बार समागम करते हैं। समागम काल समाप्त हो जाने पर दोनों एक-दूसरे से अलग हो जाते हैं और फिर अगले समागम काल में मिलते हैं।

मानुल एक बार में 2 से 5 तक बच्चों को जन्म देती है। इसके नवजात बच्चों की आँखें और कान बन्द रहते हैं एवं ये जन्म देने वाली मादा पर पूरी तरह निर्भर रहते हैं। ये मादा का दूध पीते हैं और अपना विकास करते हैं। मादा मानुल अपना

अधिकांश समय बच्चों के साथ व्यतीत करती है और इनकी सुरक्षा करती है। इसके बच्चों की आँखें और कान 10-15 दिन में खुल जाते हैं और एक माह में ये अपने आवास से बाहर निकलने लगते हैं। ये लगभग ढाई माह की आयु में शिकार करना सीखते हैं और चार माह तक मादा का दूध पीते हैं। एक वर्ष के होने पर ये आत्मनिर्भर हो जाते हैं और स्वतन्त्र रूप से अपना जीवन आरंभ कर देते हैं। मानुल का प्राकृतिक जंगली अवस्था में अभी तक अध्ययन नहीं किया गया है, अतः इसके समागम और प्रजनन के सम्बन्ध में प्रामाणिक जानकारी का अभाव है।

मानुल एक साहसी जंगली बिल्ली है। यह मानव का सामना हो जाने पर न डरती है और न ही घबराती है और न ही बच कर निकल जाने का प्रयास करती है। यह मानव को देख कर प्रायः शान्त बनी रहती है। इस समय इसे देखने से ऐसा लगता है, मानो यह मानव के साथ रहने की अभ्यस्त हो। मानुल को बड़ी सरलता से पालतू बनाया जा सकता है और चिड़ियाघरों में रखा जा सकता है।

मानुल की वर्तमान स्थिति अच्छी नहीं है। शिकार और प्राकृतिक आवासों की कमी के कारण इसकी संख्या निरन्तर कम हो रही है। इस शानदार बिल्ली को बचाने के लिए विशेष प्रयासों की आवश्यकता है। इसके लिए यदि शीघ्र ही ठोस कदम नहीं उठाए गए तो यह हमेशा-हमेशा के लिए धरती से विलुप्त हो जाएगी।

# सिकमार

सिकमार एक सुन्दर जंगली वन्यजीव है। इसकी गणना बिल्ली परिवार के छोटे जीवों में सर्वाधिक खूँखार वन्यजीव के रूप में की जाती है। अंग्रेजी में इसे मार्बल्ड कैट कहते हैं। इसके शरीर पर संगमरमर के समान डिजाइनें होती हैं। इसीलिए इसे यह नाम दिया गया है। इसकी खोज चार्ल्स टोनी ग्रे ने की थी और उन्होंने सर्वप्रथम इसका वैज्ञानिक अध्ययन किया था। उन्हीं के नाम पर इसका वैज्ञानिक नाम रखा गया–फेलिस मारमोरेटा चार्ल्स टोनी ग्रे।

सिकमार वृक्षों पर रहने वाला विशुद्ध जंगली जीव है। यह नेपाल सिक्किम और असम से लेकर बर्मा, बोर्नियो एवं जावा सुमात्रा तक पाया जाता है। भारत में सिक्किम, दार्जिलिंग और नागालैंड में यह प्रायः देखने को मिल जाता है। उत्तर भारत के कुछ क्षेत्रों में भी यह पाया जाता है।

भारत में सिकमार की केवल एक जाति पाई जाती है। इसे दार्जिलिंग से लेकर इन्डोनेशिया तक देखा जा सकता है। इसकी एक उपजाति भी भारत में मिलती है। जिसे हिमालय पर्वत के बर्फीले क्षेत्रों में, विशेष रूप से जम्मू-कश्मीर के ठंडे भागों में देखा गया है। सिकमार और हिमालय पर्वत पर पाए जाने वाले सिकमार के शरीर के समूर के रंग और डिजाइन में अन्तर होता है। उत्तर पूर्व में पाए जाने वाले सिकमार का रंग भूरापन लिए हुए स्लेटी होता है एवं इसके शरीर पर बादली तेंदुए के समान संगमरमर वाली डिजाइनें होती हैं। हिमालय के पर्वतीय सिकमार के समूर का रंग

गहरा पीला सुनहरा सा होता है एवं इसके समूर की डिजाइन भी उत्तर पूर्व के सिकमार से कुछ भिन्न होती है।

सिकमार ठंडी जलवायु वाले उष्ण-कटिबन्धीय, पतझड़ वाले और सदाबहार घने जंगलों का जीव है। यह एशिया महाद्वीप के बहुत छोटे से क्षेत्र में ही सीमित है। इसे पानी से विशेष लगाव होता है। यही कारण है कि यह घने जंगलों के मध्य बहने वाली नदियों के किनारे अपना आवास बनाता है। सिकमार घने जंगलों में रहता है एवं बहुत कम दिखाई देता है। अतः इसके सम्बन्ध में कुछ विरोधाभासी बातें प्रचलित हो गई हैं। कुछ लोगों का मत है कि सिकमार वृक्षों पर रहने वाला जीव है। यह अपना अधिकांश समय वृक्षों पर ही व्यतीत करता है। बस, केवल भोजन और पानी के लिए ही जमीन पर आता है। इसके विपरीत कुछ लोगों का मानना है कि सिकमार पूरी तरह जमीन पर रहने वाला वन्यजीव है। इसे कभी भी किसी ने वृक्षों पर नहीं देखा।

सिकमार की शारीरिक संरचना बादली तेंदुए के समान होती है। यह दूर से देखने पर बादली तेंदुए के समान ही दिखाई देता है। इसीलिए इसे बादली तेंदुए का लघु रूप कहा गया है। आरम्भ में जीव वैज्ञानिक भी बादली तेंदुए और सिकमार दोनों को एक ही जाति का जीव समझते थे तथा सिकमार को बादली तेंदुए की छोटी जाति मानते थे, किन्तु बाद में सिकमार का सूक्ष्म एवं गहन अध्ययन करने से यह ज्ञात हुआ कि सिकमार एक अलग जाति का वन्यजीव है।

सिकमार देखने में छोटे बादली तेंदुए जैसा लगता है। किन्तु वास्तव में यह एक खूँखार एवं दुस्साहसी जंगली बिल्ली है। सिकमार घरेलू बिल्ली से कुछ बड़ा होता है। इसके शरीर की पूँछ सहित लम्बाई 80 सेन्टीमीटर से 90 सेन्टीमीटर तक होती है। इसकी पूँछ बहुत लम्बी होती है और इसकी लम्बाई इसके शरीर के बराबर होती है। अर्थात् इसकी पूँछ 45 सेन्टीमीटर तक लम्बी हो सकती है। सिकमार अधिक भारी नहीं होता। इसके शरीर का वजन 5 किलोग्राम से लेकर 7 किलोग्राम तक हो सकता है। अर्थात् शरीर की लम्बाई और वजन में तेंदुआ इससे लगभग तीन गुना अधिक होता है।

सिकमार के शरीर का रंग और डिजाइनें बादली तेंदुए से बहुत मिलती-जुलती हैं। किन्तु इनमें काफी अन्तर होता है। इसके शरीर का रंग भूरापन लिए स्लेटी अथवा सुनहरापन लिए हुए गेरुआ होता है। सिकमार के समूर पर बड़े और और अनियमित पैबन्द जैसे धब्बे होते हैं। इसके धब्बे कम लम्बे, अनियमित अथवा अव्यवस्थित होते हैं, अतः संगमरमर के टुकड़ों के समान दिखाई देते हैं। इसकी पूँछ लम्बी और झबरीली होती है तथा इसका रंग शरीर के रंग से अधिक गहरा होता है और इस पर भी काले रंग के निशान होते हैं।

सिकमार के शरीर के रंगों में थोड़ी-बहुत विविधता भी देखने को मिलती है। जैसा कि अभी-अभी बताया जा चुका है कि हिमालय पर्वत के जम्मू और कश्मीर तथा इससे लगे हुए भागों में पाए जाने वाले सिकमार के शरीर का रंग और समूर की डिजाइनें उत्तर-पूर्व भारत में पाए जाने वाले सिकमार से भिन्न होती हैं। इसके साथ ही हल्का बादामीपन लिए भूरे रंग के सिकमार भी देखने को मिल जाते हैं। सिकमार के शरीर के धब्बों की प्रमुख विशेषता यह है कि इसके धब्बों के चारों ओर पीले रंग का घेरा होता है, जबकि बादली तेंदुए के पैबन्द जैसे धब्बों के चारों ओर काले रंग का घेरा होता है।

सिकमार के शरीर के समान इसके चारों पैरों पर भी निशान होते हैं, किन्तु इसके पैरों के निशान संगमरमर के टुकड़ों के पैबन्द जैसे नहीं होते, बल्कि चित्तियों जैसे दिखाई देते हैं तथा इनका रंग काला होता है। जावा और सुमात्रा के सिकमार के शरीर के निशान अधिक स्पष्ट होते हैं। इसके मस्तक, गले और पीठ पर धारियाँ होती हैं। सिकमार की छाती, पेट और शरीर के नीचे के भाग एवं पीछे की दोनों टाँगों के मध्य के भाग से लेकर पूँछ तक काले रंग के निशान होते हैं, किन्तु इसके पुट्ठों पर संगमरमर के पैबन्द जैसे निशान होते हैं। इसके पुट्ठों के पैबन्द जैसे निशान विविधतापूर्ण होते हैं अर्थात् एक ही स्थान पर पाए जाने वाले सिकमारों के पुट्ठों के निशान समान नहीं होते बल्कि एक-दूसरे से भिन्न होते हैं।

सिकमार को इसके सिर की विशिष्ट बनावट के आधार पर चीता बिल्ली (लेपर्ड कैट) तथा इसी प्रकार की अन्य बिल्लियों से अलग किया जा सकता है। इसका सिर छोटा, चौड़ा एवं अधिक गोलाई लिए हुए होता है। इसका मस्तक गोल होता है तथा बाहर की ओर उभरा हुआ सा दिखाई देता है। इसके गाल मेहराबदार होते हैं और ठोढ़ी लम्बी होती है। सिकमार के कैनाइन दाँत अन्य छोटी जंगली बिल्लियों की तुलना में अधिक लम्बे और मजबूत होते हैं। इनसे इसे शिकार करने में विशेष सुविधा रहती है।

सिकमार रात्रिचर है। यह दिन के समय पत्थरों के नीचे, चट्टानों की दरारों में अथवा ऐसे ही किसी सुरक्षित स्थान पर आराम करता है अथवा सोता है और रात में शिकार की खोज में निकलता है। मौसम अनुकूल होने पर इसे कभी-कभी दिन में भी शिकार करते देखा गया है। सिकमार बिल्ली परिवार के अन्य जीवों की तरह पूर्णतया मांसाहारी जीव है, किन्तु इसका भोजन बड़ा विविधतापूर्ण होता है। सामान्यतया यह छोटे-छोटे कुतरने वाले चूहे जैसे स्तनधारी जीवों का शिकार करता है और जंगली मूस, गिलहरी, खरगोश आदि को अपना निशाना बनाता है। कभी-कभी यह कुछ बड़े जीवों का भी शिकार करता है इसकी एक प्रमुख विशेषता यह है कि यह हमेशा अकेले शिकार करता है। इसका शिकार करने का ढंग अन्य जंगली बिल्लियों के समान होता है। यह पहले छिप कर अपने शिकार का पीछा करता है और फिर निकट पहुँच कर उसे अपने पंजों से घायल करने का प्रयास करता है तथा अन्त में मुँह में दबोच लेता है और फिर किसी सुरक्षित स्थान पर ले जाकर आराम से खाता है।

सिकमार पक्षियों का भी शिकार करता है। यह वृक्षों पर चढ़कर पक्षियों का शिकार नहीं करता, बल्कि जमीन पर विचरण करने वाले पक्षियों को अपना निशाना बनाता है। इसका पक्षियों का शिकार करने का ढंग अन्य जीवों के शिकार के ढंग से अलग होता है। यह पक्षियों का शिकार करने के लिए सबसे पहले किसी पक्षी

का चुनाव करता है और फिर इसके बाद तेजी से दौड़कर उसे अपने मुँह में दबोच लेता है। इसके कैनाइन दाँतों की पकड़ इतनी मजबूत होती है कि इसके दबोचते ही पक्षी दम तोड़ देता है। कभी-कभी यह ऊँची छलाँग लगा कर उड़ते हुए पक्षियों का भी शिकार करता है। यह प्रायः जमीन पर बैठे हुए पक्षियों के पीछे भागता है और जैसे ही पक्षी उड़ने का प्रयास करता है अथवा थोड़ी ऊँचाई तक उड़ पाता है, यह उसे ऊँची छलांग लगा कर दबोच लेता है।

सिकमार एकान्त में विचरण करने वाला वन्यजीव है। यह केवल समागम काल में ही जोड़े में दिखाई देता है। इसका समागम और प्रजनन अन्य जंगली बिल्लियों के समान होता है। समागम के बाद मादा किसी सुरक्षित स्थान पर बच्चों को जन्म देती है। बच्चो के पालन-पोषण में नर की कोई भूमिका नहीं होती। समागम के बाद नर और मादा अलग हो जाते हैं तथा स्वतन्त्र रूप से विचरण करते हैं।

सिकमार के नवजात बच्चों के शरीर पर घना समूर होता है। किन्तु इनकी आँखें और कान बन्द होते हैं तथा ये जन्म देने वाली मादा पर पूरी तरह निर्भर रहते हैं। मादा इन्हें अपना दूध पिलाती है एवं इनकी सुरक्षा करती है। लगभग दस दिनों में इनकी आँखें और कान खुल जाते हैं और ये अपने मुँह से विचित्र प्रकार की आवाजें निकालने लगते हैं। कुछ बड़े हो जाने पर ये अपने आवास के बाहर आना-जाना आरम्भ कर देते हैं, किन्तु ऐसे समय पर प्रायः मादा इनके आस-पास ही रहती है। इसके बाद से मादा द्वारा लाए गए शिकार का मुलायम मांस खाना आरम्भ कर देते

हैं। इससे इनका तेजी से विकास होता है और कुछ ही दिनों में ये बड़े बच्चों के समान दिखाई देने लगते हैं। अब मादा इन्हें अपने साथ जंगल ले जाती है और शिकार करना सिखाती है। सिकमार के बच्चे भी अन्य जंगली बिल्लियों के बच्चों के समान, वयस्क होते ही मादा से अलग हो जाते हैं और स्वतन्त्र रूप से अपना जीवन आरम्भ कर देते हैं। सिकमार का अभी तक जीव वैज्ञानिकों ने प्राकृतिक अवस्था में अध्ययन नहीं किया है, अतः इसके समागम, प्रजनन, स्वाभाविक व्यवहार, आदतों आदि के विषय में प्रामाणिक जानकारी उपलब्ध नहीं है।

सिकमार की वर्तमान स्थिति ठीक नहीं है। इसकी स्थिति बाघ और सिंह के समान संकटग्रस्त तो नहीं है, फिर भी इसकी संख्या धीरे-धीरे कम होती जा रही है। यह वन्यजीव भारत की आजादी के पूर्व उत्तर पूर्व के कुछ राज्यों और जम्मू-कश्मीर में प्रायः देखने को मिल जाता था, किन्तु वर्तमान में यह कभी-कभी ही दिखाई देता है। सिकमार की संख्या में कमी का प्रमुख कारण इसका शिकार और इसके प्राकृतिक आवासों का विनाश है। सिकमार का समूर बड़ा मोटा, घना और कोमल होता है। पश्चिमी देशों की स्त्रियाँ इसके कोट पहनती हैं, अतः इसका समूर बहुत ऊँचे दामों में बिकता है। इसी समूर के लिए इसका शिकार किया जाता है। इसके साथ ही कृषि भूमि के विकास से जंगल कम होते जा रहे हैं, अतः इसकी संख्या तेजी से कम हो रही है। भारत सरकार ने भी सिकमार को एक संकटग्रस्त जीव माना है। इसे बचाने के लिए ठोस प्रयास आवश्यक हैं, अन्यथा शीघ्र ही यह वन्यजीव भी भारतीय चीते के समान धरती से विलुप्त हो जाएगा।

# चीता बिल्ली

चीता बिल्ली एक शानदार, सुन्दर छोटी जंगली बिल्ली है। अंग्रेजी में इसे लेपर्ड कैट कहते हैं। यह तेंदुए का छोटा प्रतिरूप है। अर्थात् देखने में यह छोटे से तेंदुए के समान लगती है। इसीलिए इसे यह नाम दिया गया है। जंगल में इसे देखने से यह समझना कठिन हो जाता है कि यह तेंदुए का बच्चा है या चीता बिल्ली। चीता बिल्ली पूरी तरह वन्यजीवन के अनुकूल हैं। इसमें तेंदुए के समान विषम परिस्थितियों में रहने की और अपने आसपास के परिवेश से अनुकूलन करने की विशेष क्षमता होती है। इसीलिए यह पुरानी दुनिया के बहुत बड़े भाग में फैल गई है। यह दक्षिण और दक्षिण-पूर्व एशिया तथा सुदूर पूर्व में भी पाई जाती है। दक्षिण-पूर्व एशिया में यह उत्तर से लेकर मंचूरिया और कोरिया तक मिलती है। इसे भारत सहित मलाया, बोर्लियो

और बलूचिस्तान से लेकर साइबेरिया तक देखा जा सकता है। रूस में यह बहुत बड़े क्षेत्र में पाई जाती है तथा बहुत अधिक बर्फ वाले भागों को छोड़कर लगभग सभी स्थानों पर मिलती है।

भारत में यह जंगली बिल्ली के बाद सर्वाधिक संख्या में पाई जाने वाली सामान्य जंगली बिल्ली है एवं तेंदुए के समान पूरे देश में पाई जाती है। भारत में इसे कश्मीर और हिमालय पर्वत से लेकर केप कोमोरिन तक देखा जा सकता है। असम, मिजोरम, बंगाल, महाराष्ट्र और कर्नाटक के जंगलों में यह प्रायः देखने को मिल जाती है। कुर्ग के गाँवों में इसकी संख्या बहुत है। यहाँ यह पालतू मुर्गे-मुर्गियाँ खाने के लिए बहुत बदनाम है। भारत में यह दक्षिण भारत के पठारी भागों और पश्चिमी भारत को छोड़कर सभी स्थानों पर पाई जाती है। चीता बिल्ली तेंदुए के समान विभिन्न प्रकार की परिस्थितियों, परिवेश और मौसम के साथ सरलता से अनुकूलन कर लेती है। यही कारण है कि यह सदाबहार वर्षा वनों, उष्ण-कटिबन्धीय वनों, नमी वाले जंगलों, घास के मैदानों, झाड़ियों वाले भागों, गाँव के निकट की बस्तियों से लेकर बर्फीले भागों तक में सरलता से रह लेती है।

चीता बिल्ली हमेशा अकेली रहती है अर्थात् यह एकान्त में विचरण करती है। यह दिन के समय किसी सुरक्षित स्थान पर आराम करती है अथवा सोती है और रात में सक्रिय होती है। यह अत्यन्त शर्मीली होती है, अतः मानव को देखते ही छिप जाती है और सामान्यतया दिखाई नहीं देती। चीता बिल्ली बाघ के समान बहुत अच्छी तैराक होती है। यह पानी से बिल्कुल नहीं डरती और प्रायः पानी के भीतर चली जाती है। चीता बिल्ली अपना अधिकांश समय जमीन पर व्यतीत करती है, किन्तु यह कुशल वृक्षारोही होती है और तेंदुए के समान बड़ी तेजी से वृक्षों पर चढ़ जाती है। यह विश्व की एकमात्र ऐसी छोटी जंगली बिल्ली है, जो वृक्षों के खोखले भागों, अर्थात् कोटरों में अपना आवास बनाती है।

चीता बिल्ली की शारीरिक संरचना अन्य छोटी जंगली बिल्लियों के समान होती हैं। मछुआ बिल्ली, बिटारी बिल्ली और सिकमार के समान इसके काले रंग के कानों के पीछे सफेद रंग का एक निशान होता है। इसके पीछे के पैर जंगली बिल्लियों से अधिक लम्बे होते हैं, अतः यह बड़ी आकर्षक और शानदार दिखाई देती है।

चीता बिल्ली एक छोटी जंगली बिल्ली है। इसका आकार पालतू बिल्ली के बराबर होता है। एक सामान्य चीता बिल्ली के शरीर की लम्बाई लगभग 60 सेन्टीमीटर होती है। इसमें इसके शरीर के आधे भाग के बराबर लम्बी इसकी पूँछ भी सम्मिलित है। अर्थात् इसकी पूँछ लगभग 20 सेन्टीमीटर लम्बी होती है। इसके शरीर का वजन 3 किलोग्राम से लेकर 4 किलोग्राम तक होता है, किन्तु कभी-कभी

कुछ अधिक वजन वाली बिल्लियाँ भी देखने को मिल जाती हैं। इसके समूर का रंग गेरुए धूसर से लेकर धूसरपन लिए हुए हल्का पीला तक होता है एवं इस पर क्षैतिज रेखाओं में काले अथवा भूरे धब्बे होते हैं। इसके साथ ही इसके समूर पर तेंदुए की तरह के कुछ अन्य निशान भी होते हैं। इसके शरीर का नीचे वाला भाग अर्थात् पेट, सीना और चारों पैरों का भीतर वाला भाग सफेद होता है। इस भाग में भी काले रंग के धब्बे जैसे निशान होते हैं। दूर से देखने पर इसके समूर का रंग और धब्बे तेंदुए के रंग और धब्बों जैसे दिखाई देते हैं।

चीता बिल्ली के गले पर ऊपर की ओर काले रंग के चार पट्टे होते हैं। इसके कन्धों और दोनों तरफ के गालों पर भी काले रंग की धारियाँ होती हैं। इसकी पूँछ मोटी और छोटे-छोटे बालों वाली होती है तथा इस पर क्षैतिज रेखाएँ होती हैं, जो दूर से देखने पर छल्ले जैसी लगती हैं। चीता बिल्ली दूर से देखने पर तेंदुए के बच्चे जैसी लगती है। इन दोनों के शरीर के रंगों और डिजाइनों में भी काफी समानता होती है, किन्तु दोनों के शरीर की डिजाइनों में एक बहुत बड़ा अन्तर होता है। चीता बिल्ली के शरीर पर तेंदुए के समान गुलाब के फूल की पंखुड़ियों जैसी डिजाइन वाली चित्तियाँ नहीं होती हैं, बल्कि पूरे शरीर पर काले अथवा भूरे रंग के धब्बे होते हैं, जो ऊपर आकर कन्धों की लम्बी धारियों से मिलते हुए से मालूम पड़ते हैं।

भारत में चीता बिल्ली की तीन प्रजातियाँ पाई जाती हैं। इनके समूर के रंगों और डिजाइनों में थोड़ी बहुत भिन्नता भी होती है। जीव वैज्ञानिकों का मत है कि यह भिन्नता स्थानीय आधार पर उत्पन्न हो गई है। कश्मीर के उत्तरी भागों में पाई जाने वाली चीता बिल्ली के शरीर का रंग धूसरपन लिए हुए पीला होता है। इसका समूर दक्षिण भारत की चीता बिल्ली की तुलना में अधिक कोमल और घना होता है।

चीता बिल्ली अन्य जंगली बिल्लियों के समान पूर्णतया मांसाहारी है। यह निशाचर है, अर्थात् यह दिन में पत्थरों के नीचे, चट्टानों की दरारों में, वृक्षों के कोटरों में अथवा ऐसे ही किसी सुरक्षित स्थान पर आराम करती है और रात में शिकार की खोज में निकलती है। इसका प्रमुख भोजन चूहे और गिलहरी की तरह के छोटे-छोटे कुतरने वाले स्तनधारी जीव हैं। इनके साथ ही यह जमीन पर विचरण करने वाले विभिन्न प्रकार के पक्षियों का भी शिकार करती है। चीता बिल्ली बड़ी दुस्साहसी होती है। बस्ती के निकट रहने वाली चीता बिल्ली प्रायः बस्ती के भीतर आ जाती है तथा मुर्गे-मुर्गियाँ आदि उठा ले जाती है।

चीता बिल्ली का समागम और प्रजनन यूरोप की जंगली बिल्ली के समान होता है। यह पूरे वर्ष भर एकान्त में विचरण करती है और केवल समागम काल में जोड़े में दिखाई देती है। समागम काल में नर-मादा साथ-साथ रहते हैं, शिकार करते हैं और विभिन्न प्रकार की प्रणय लीलाएँ करते हैं। ये एक समागम काल में अनेक बार समागम करते हैं। समागम काल समाप्त हो जाने के बाद नर-मादा दोनों अलग-अलग हो जाते हैं और फिर अगले समागम काल में मिलते हैं। चीता बिल्ली की एक प्रमुख विशेषता यह है कि यह समागम काल समाप्त हो जाने के बाद किसी वृक्ष के कोटर में घास-फूस का एक कोमल घोसला तैयार करती है और इसी में बच्चों को जन्म देती है। यह सामान्यतया दो-तीन बच्चों को जन्म देती है। चीता बिल्ली अधिकतम 5 बच्चों को जन्म दे सकती है। यह सामान्यतया वर्ष में एक बार मार्च से मई के मध्य प्रजनन करती है, किन्तु कुछ स्थानों पर इसे एक वर्ष में दो बार प्रजनन करते हुए देखा गया है।

चीता बिल्ली के नवजात बच्चों की आँखें और कान बन्द रहते हैं एवं ये जन्म देने वाली मादा पर पूरी तरह आश्रित रहते हैं। आरम्भ में ये मादा का दूध पीते हैं और अपना विकास करते हैं। इनकी आँखें और कान दस-बारह दिन में खुल जाते हैं एवं ये एक माह में घोसले के बाहर निकलने लगते हैं। लगभग ढाई-तीन माह का हो जाने पर ये चूहे जैसे छोटे जीवों का शिकार करने लगते हैं। ये चार माह तक मादा का दूध पीते हैं और लगभग एक वर्ष की आयु में स्वतन्त्र रूप से विचरण करने योग्य हो जाते हैं।

चीता बिल्ली के समागम और प्रजनन की एक प्रमुख विशेषता यह है कि यह भी भारतीय रेगिस्तानी बिल्ली के समान पालतू बिल्लियों के साथ समागम करती है और संकर बिल्लियों को जन्म देती है।

चीता बिल्ली का नाम सुन कर ऐसा लगता है कि यह बड़ी उग्र और हिंसक होगी, किन्तु वास्तव में यह बड़ी सीधी होती है तथा इसे बड़ी सरलता से पालतू बनाया ज़ा सकता है। एक बार, बिल्ली पालने का शौकीन एक आदमी नीलगिरि के जंगलों से चीता बिल्ली का एक बच्चा उठा लाया। यह बच्चा कुछ ही समय में पालतू बन गया, किन्तु बड़ा हो जाने पर इसे अन्य पालतू बिल्लियों ने खदेड़ दिया। अतः यह पुनः जंगल लौट गया। यह बच्चा कुछ दिन जंगल में रहा और फिर अपने मालिक के पास वापस आ गया। पुनः इसे पालतू बिल्लियों ने खदेड़ा और इसे जंगल जाना पड़ा। किन्तु कुछ समय बाद यह फिर से अपने मालिक के पास आ गया। ऐसा कई बार हुआ। अन्त में मालिक ने इसे सुरक्षा प्रदान की।

चीता बिल्ली पर अभी तक स्वतन्त्र रूप से अध्ययन नहीं किया गया है। अतः इसके विषय में इसके निकट रहने वाले लोगों को भी जानकारी नहीं है। जिन स्थानों पर यह काफी संख्या में मिलती थी, वहाँ भी अब कम ही दिखाई देती है। इसकी संख्या निरन्तर कम हो रही है। इसका प्रमुख कारण शिकार और जंगलों की कटाई है। उत्तरांचल के कार्बेट नेशनल पार्क में यह कभी-कभी देखने को मिल जाती है। यहाँ इसकी स्थिति अन्य स्थानों से अच्छी है।

# मार्गे

मार्गे मार्जार परिवार का सुन्दर समूर वाला एक शानदार वन्यजीव है। यह ओसिलॉट का निकट सम्बन्धी है। मार्गे उत्तर अमरीका में पाए जाने वाले बिल्ली परिवार के जीवों में सबसे अच्छा वृक्षारोही है। इसके पंजे बहुत चौड़े और फैले हुए होते हैं तथा इनकी संरचना इस प्रकार की होती है कि यह वृक्षों की शाखाओं को बड़ी सरलता से और मज़बूती से पकड़ सकता है। पंजों की विशिष्ट बनावट के कारण इसमें वृक्षों पर चलते-चलते पीछे मुड़ने की अद्भुत क्षमता उत्पन्न हो गई है। यह आगे बढ़ता हुआ 180 अंश तक पीछे घूम सकता है। मार्गे की इसी विशिष्ट शारीरिक संरचना ने इसे नटों के समान एक कुशल कलाबाज वन्यजीव बना दिया है। जंगल में वृक्षों पर उतरते-चढ़ते तथा इधर-उधर भागते मार्गे की कलाबाजियां प्रायः देखने को मिल

जाती हैं। मार्गे का, किसी वृक्ष से नीचे उतरने का ढंग इतना विलक्षण होता है कि सरलता से इस पर विश्वास नहीं होता। यह वृक्षों से नीचे उतरते समय अपने आगे के हाथों से तने को पकड़े रहता है और पीछे के पैरों से स्थान बदलते हुए इस प्रकार नीचे आता है, मानो तने के चारों ओर चक्कर लगाता हुआ नीचे उतर रहा हो। वृक्ष पर चढ़ते और उतरते समय इसकी तेजी भी दर्शनीय होती है।

मार्गे नई दुनिया का वन्यजीव है। यह उत्तर अमरीका के मैदानी जंगलों में कनाडा, संयुक्त राज्य अमरीका और मैक्सिको के अधिकांश भागों में पाया जाता है। दक्षिण अमरीका में इसे ब्राजील, बोलविया पैरागवे आदि देशों में देखा जा सकता है। यह मैदानी जंगलों में रहना अधिक पसन्द करता है, किन्तु इसे पर्वतीय जंगलों और खेतों के निकट के जंगलों में भी देखा जा सकता है। वास्तव में मार्गे उन्हीं स्थानों पर मिलता है, जहाँ ओसिलॉट पाया जाता है, किन्तु इसकी संख्या ओसिलॉट से कम है।

मार्गे मार्जार परिवार का एक आकर्षक और शानदार वन्यजीव है इसकी शारीरिक संरचना बिल्ली परिवार के अन्य छोटे जीवों के समान होती है। यह एक छोटा जीव है। इसका वजन 6 किलो ग्राम से अधिक नहीं होता। इसकी एक प्रमुख विशेषता यह है कि बिल्ली परिवार के अन्य जीवों की तुलना में, इसके शरीर के अनुपात में इसकी पूँछ बहुत लम्बी होती है। इसका आकार घरेलू बिल्लियों के बराबर होता है एवं देखने में यह घरेलू बिल्ली जैसा मालूम पड़ता है। इसके शरीर का रंग क्रीम जैसा चमकीला पीला होता है और इस पर काले रंग की धारियाँ और धब्बे होते हैं। इसकी पीठ पर काले रंग की एक धारी होती है, जो सिर के पीछे से आरम्भ होता है और पूँछ के आरम्भ वाले स्थान तक चली जाती है। मार्गे के धब्बों की प्रमुख विशेषता यह है कि इनके मध्य का भाग पीले रंग का होता है। इसकी सहायता से इसे सरलता से पहचाना जा सकता है। इसके शरीर के समूर के रंग और डिजाइनें इसे शानदार कॉमाफ्लास प्रदान करते हैं। इसमें इतना कॉमाफ्लास होता है कि यह अपने आसपास के परिवेश से पूरी तरह घुल-मिल जाता है और जंगल में पास ही खड़ा मार्गे सरलता से दिखाई नहीं देता। इसकी एक अन्य विशेषता यह है कि एक समान रंगों और डिजाइनों वाले मार्गे प्रायः नहीं मिलते। इसीलिए इसके समूर की बहुत माँग है और यह बहुत कीमती समझा जाता है।

मार्गे का शरीर अन्य बिल्लियों की तुलना में पीछे से भारी होता है एवं मजबूत होता है तथा इसका सिर शरीर की तुलना में कुछ छोटा होता है। इसके कान भी ओसिलॉट के समान होते हैं, किन्तु इसकी आँखें बिल्ली परिवार के सभी जीवों से अधिक बड़ी होती हैं। संयुक्त राज्य अमरीका के बहुत से लोग इसकी बड़ी और सुन्दर आँखों के कारण इसे पालते हैं।

मार्गे का भोजन बड़ा विविधतापूर्ण होता है, तथा इसका शिकार करने और शिकार को खाने का ढंग बिल्ली परिवार के अन्य छोटे जीवों से कुछ भिन्न होता है। बिल्ली परिवार के अधिकांश जीव सर्व प्रथम शिकार की खोज करते हैं और फिर शिकार मिल जाने पर उसका पीछा करते हैं। एक छोटी बिल्ली चूहे अथवा किसी छोटे स्तनधारी जीव को देखते ही अपना शरीर सिकोड़कर, नीचे झुक कर बैठ जाती है। इसके बाद यह अपना शरीर जमीन से चिपका कर अपने आपको छिपाती हुई बड़ी तेजी से शिकार की ओर बढ़ती है। यह शिकार के निकट पहुँच कर, शिकार पर आक्रमण नहीं करती, बल्कि रुक जाती है। इस समय इसकी मूँछें फैली हुई और बाहर की ओर निकली हुई रहती हैं। अब यह पुनः अपने शिकार को बड़े ध्यान से देखती है और फिर धीरे से किसी आड़ के सहारे शिकार की ओर बढ़ती है तथा अन्त में उस पर आक्रमण कर देती है। यह अचानक एक बार में झपट कर शिकार नहीं करती, बल्कि अन्तिम आक्रमण के पूर्व थोड़ा सा दौड़ती है और फिर प्रायः अपने पंजों से शिकार को मारती है। इस समय इसके पीछे के दोनों पैर जमीन पर रहते हैं और शारीरिक सन्तुलन बनाए रखने का कार्य करते हैं। अन्त में यह अपने शिकार को मुँह से दबोच लेती है और फिर किसी सुरक्षित स्थान पर ले जाकर खाती है। बिल्ली के बच्चों में भी यह व्यवहार खेल के समय देखा जा सकता है। बिल्ली परिवार के अधिकांश छोटे जीव जमीन पर विचरण करने वाले छोटे जीवों का शिकार इसी ढंग से करते हैं, किन्तु मार्गे इस ढंग से शिकार नहीं करता।

मार्गे अत्यन्त कुशल वृक्षारोही वन्यजीव है। यह अपना अधिकांश समय वृक्षों पर ही व्यतीत करता है। यह जमीन के जीवों का शिकार करने के लिए नीचे उतरता है और एक बार में शिकार को मुँह में दबोच कर पुनः वृक्ष पर चढ़ जाता है। कभी-कभी तो यह जमीन पर आए बिना ही शिकार को वृक्ष से उठा लेता है और एक पैर भी जमीन पर नहीं रखता। बादली तेंदुआ भी इसी प्रकार शिकार करता है।

मार्गे पक्षियों का भी शिकार करता है। पक्षियों का शिकार करने का इसका ढंग अन्य बिल्लियों के समान होता है। यह जमीन पर अथवा वृक्षों पर किसी भी पक्षी को देखते ही उस पर आक्रमण करता है और उसे अपने मुँह में दबोच लेता है।

बिल्ली परिवार के सभी जीवों का, शिकार करने के समान ही शिकार को खाने का विशिष्ट ढंग होता है। मार्गे सहित, बिल्ली परिवार के सभी सदस्य अपने शिकार की गर्दन पर काट कर उसे एक ही वार में मार देते हैं। यदि शिकार की गर्दन अधिक लम्बी हो तो ये कंधे के ऊपर, गर्दन के आधार पर तथा सिर के ठीक नीचे काटते हैं। मार्गे भी अपने शिकार को इसी ढंग से मारता है। यह पक्षियों का शिकार भी इसी ढंग से करता है।

बिल्ली परिवार के जीवों का शिकार को खाने का भी एक विशिष्ट ढंग होता है। छोटी बिल्लियाँ हमेशा अपने शिकार को सिर की ओर से खाना आरम्भ करती हैं, किन्तु बिल्ली परिवार के बड़े जीव-बाघ, सिंह आदि जब देख लेते हैं कि उनका शिकार काफी बड़ा है तो वे इसे पेट से खाना आरम्भ करते हैं। यद्यपि ये जीव भी पहले अपने शिकार को सिर की तरफ से खाने का प्रयास करते हैं, किन्तु जब नहीं

खा पाते तो पेट से खाना आरम्भ कर देते हैं। एक बार एक मार्गे ने एक खरगोश मारा। उसने इसे पहले सिर की ओर से खाने का प्रयास किया, किन्तु जब वह सफल नहीं हो पाया तो इधर-उधर से खाने लगा।

मार्गे का समागम और प्रजनन बिल्ली परिवार के अन्य छोटे जीवों के समान होता है। इसकी समागम सम्बन्धी बहुत-सी आदतें ओसिलॉट से मिलती-जुलती हैं। समागम काल में नर-मादा एक-दूसरे से मिलते हैं और लगभग 15 दिन तक साथ-साथ रहते हैं। इस मध्य ये तरह-तरह की प्रणय लीलाएँ करते हैं और अन्त में समागम करते हैं।

मादा मार्गे समागम के कुछ समय बाद किसी पत्थर के नीचे, चट्टानों की दरारों में अथवा किसी मांद में घास-फूस का कोमल घोसला तैयार करती है और गर्भकाल पूरा होने पर इसी घोसले में बच्चों को जन्म देती है। मादा मार्गे प्रायः एक बार में दो बच्चों को जन्म देती है, किन्तु कभी-कभी इसे 3 बच्चे देते हुए भी देखा गया है। यह अधिकतम 4 बच्चों को जन्म दे सकती है। मार्गे के नवजात बच्चों की आँखें और कान बन्द होते हैं। बच्चों के शरीर पर छोटे-छोटे घने बालों वाला समूर होता है। ये जन्म देने वाली मादा का दूध पीते हैं और अपना विकास करते हैं। लगभग 10 दिनों में इनकी आँखें खुल जाती हैं और ये अपने मुँह से म्याऊँ-म्याऊँ की धीमी आवाज निकालने लगते हैं। कुछ समय बाद ये गुफा के बाहर निकलना आरम्भ कर देते हैं। पहले ये गुफा से अधिक दूर नहीं जाते, किन्तु

धीरे-धीरे इनका घूमने-फिरने का क्षेत्र बढ़ता जाता है। इस समय मादा मार्गे इनके साथ रहती है तथा इन्हें शिकार करना सिखाती है। मार्गे के बच्चे उस समय तक मादा के साथ रहते हैं, जब तक वे वयस्क अर्थात् प्रजनन योग्य नहीं हो जाते। वयस्क होते ही ये मादा का साथ छोड़ देते हैं और एक स्वतन्त्र जीव के रूप में अपना जीवन आरम्भ कर देते हैं।

मार्गे का समूर बड़ा आकर्षक और रंग-बिरंगी कटी-फटी धारियों एवं धब्बों वाला होता है, अतः यह बहुत सुन्दर दिखाई देता है। यह बहुत जल्दी पालतू बन जाता है और अपने मालिक के प्रति बड़ा वफादार होता है। इसीलिए बहुत से स्थानीय निवासी इसका व्यापार करते हैं। वे इसे बहुत छोटी आयु में, जब यह बच्चा होता है, पकड़ लेते हैं और मार्गे पालने के शौकीन लोगों को बेच देते हैं। मार्गे विश्वसनीय पशु होता है अथवा नहीं? इस सम्बन्ध में अधिकारपूर्वक कुछ भी नहीं कहा जा सकता। इसे पालने वाले इसके सम्बन्ध में परस्पर विरोधी बातें कहते हैं, अतः इसे पालना चाहिए अथवा नहीं? यह विवाद का विषय बन गया है।

एक बार वाशिंगटन के एक परिवार में एक महिला मार्गे को घर में छोड़कर कुछ समय के लिए बाहर चली गई। घर में मार्गे के साथ एक छोटी बच्ची भी थी। मार्गे कुछ समय तक शान्त रहा। इसके बाद अचानक उत्तेजित हो उठा। इसी उत्तेजना में उसने छोटी बच्ची के पैर की उँगलियाँ चबा डालीं। गृह-स्वामिनी महिला जब वापस लौटी तो उसने अपनी बेटी को लहू-लहुहान स्थिति में पाया। मार्गे के उग्र और आक्रामक स्वभाव तथा अविश्वसनीय प्रकृति के विषय में इसी प्रकार की और भी बहुत-सी घटनाएँ प्रकाश में आई हैं। दूसरी तरफ मार्गे पालने वाले कुछ लोगों का मत है कि मार्गे एक विश्वसनीय जीव है। सितम्बर 1963 मे विख्यात वन्यजीव पत्रिका 'एनीमल्स' में श्रीमती सी. मेटेल का एक आलेख प्रकाशित हुआ था, जिसमें उन्होंने बताया था कि उनका माग्रे बहुत प्यारा है। वह उनके साथ रहते-रहते उनके ही समान कॉफी पीने का शौकीन हो गया है। एक बार भूल से उसकी कॉफी जमीन पर गिर गई। कॉफी के जमीन पर गिरते ही मार्गे उस पर लोट लगाने लगा और तब तक लोट लगाता रहा जब तक कि पूरी कॉफी उसके समूर ने सोख नहीं ली। श्रीमती सी मेटेल ने इसी आलेख में एक अन्य स्थान पर लिखा है कि उनका मार्गे गेंद तथा इसी तरह के अन्य खिलौनों से खेलता है। उसकी तरफ यदि कोई खिलौना फेंको तो वह उससे खेलने लगता है और कुछ समय बाद खिलौना मुँह में दबा कर फेंकने वाले के पास ले आता है, जिससे खिलौना पुनः फेंका जाए और वह खेले एवं मुँह से पकड़कर वापस लाए। श्रीमती सी. मेटेल का मार्गे कभी-कभी स्वयं खिलौना ढूँढ लाता था और उनसे साथ खेलने का आग्रह करता था। इस प्रकार का व्यवहार केवल प्रशिक्षित कुत्ते ही कर पाते हैं।

मार्गे पर विश्वास करना चाहिए अथवा नहीं? यह तो विवाद का विषय है। किन्तु यह एक वास्तविकता है कि वयस्क हो जाने के बाद मार्गे खतरनाक हो जाता है और अपने नाखूनों से अपने मालिक को नुकसान पहुँचा सकता है। यही कारण है कि मार्गे पालने वाले इसके वयस्क होते ही इसे राष्ट्रीय उद्यानों अथवा अभयारण्यों में पहुँचा देते हैं। मार्गे सरलता से पालतू बन जाता है, अतः इसे चिड़ियाघरों में रखने में कोई असुविधा नहीं होती। यही कारण है कि यह नई दुनिया के अधिकांश चिड़ियाघरों में देखने को मिल जाता है।

मार्गे का समूर ओसिलॉट के समूर के समान बड़ा कीमती होता है। इसके समूर के बने कोट बहुत महँगे समझे जाते हैं। इसीलिए इसका बहुत बड़े स्तर पर शिकार किया जाता है, किन्तु आवास और भोजन की विविधता तथा अधिक प्रजनन क्षमता के कारण अभी तक इसका अस्तित्व बना हुआ है एवं निकट भविष्य में भी इसके विलुप्त होने की कोई आशंका नहीं है।

# भारतीय रेगिस्तानी बिल्ली

भारतीय रेगिस्तानी बिल्ली एक शानदार छोटी जंगली बिल्ली है। अंग्रेजी में इसे डेजर्ट कैट कहते हैं। यह रेगिस्तानी भागों में सरलता से रह सकती है। इसीलिए इसे यह नाम दिया गया है। यह विश्व की एकमात्र ऐसी छोटी बिल्ली है जो जंगल में लोमड़ी की तरह माँद बना कर रहती है। भारतीय रेगिस्तानी बिल्ली पालतू बिल्लियों की निकट सम्बन्धी है एवं यह देखने में पालतू बिल्ली जैसी लगती है। इसकी शारीरिक संरचना, आदतें, व्यवहार आदि भी पालतू बिल्ली से बहुत मिलते-जुलते हैं। यही कारण है कि इसे भारत की सभी पालतू बिल्लियों का पूर्वज कहा जाता है।

रेगिस्तानी बिल्ली की अनेक प्रजातियाँ हैं। इनमें अफ्रीका की रेगिस्तानी बिल्ली, चीन की रेगिस्तानी बिल्ली, यूरोप की रेगिस्तानी बिल्ली तथा भारत की रेगिस्तानी बिल्ली प्रमुख है। भारतीय रेगिस्तानी बिल्ली भारत के साथ ही पाकिस्तान के सिन्ध प्रान्त और मध्य एशिया के कुछ भागों में भी पाई जाती है। भारत में यह बहुत छोटे क्षेत्र में ही देखने को मिलती है। इसे उत्तर-पश्चिम भारत में मध्य भारत के शुष्क

भागों से लेकर पूना तक देखा जा सकता है। अर्थात् यह सम्पूर्ण राजस्थान और कच्छ क्षेत्र में इसकी स्थिति अच्छी है।

भारतीय रेगिस्तानी बिल्ली शुष्क और रेगिस्तानी भागों की बिल्ली है। यह कम घने जंगलों और झाड़ी वाले मैदानों में भी सरलता से रह सकती है। इसके साथ ही यह पठारी भागों, अर्ध-रेगिस्तानी भागों, खेतों के निकट तथा बस्तियों के पास भी मिल जाती है। आवास की इतनी विविधता होते हुए भी इसकी परिवेश से अनुकूलन करने की क्षमता बहुत कम होती है। अतः यह एक छोटे से क्षेत्र में ही सिमट कर रह गई है। भारतीय रेगिस्तानी बिल्ली हमेशा अकेले विचरण करती है। सामान्यतया जंगली बिल्लियाँ दिन के समय किसी सुरक्षित स्थान पर आराम करती हैं और रात में सक्रिय होती हैं। किन्तु भारतीय रेगिस्तानी बिल्ली रात के साथ ही दिन में भी सक्रिय रहती है। इसी प्रकार अधिकांश जंगली बिल्लियाँ कुशल वृक्षारोही होती हैं। अर्थात् ये बड़ी तेजी से वृक्षों पर चढ़ जाती हैं, किन्तु यह अपना पूरा समय जमीन पर व्यतीत करती हैं। इन्हीं विशेषताओं के आधार पर इसकी तुलना यूरोप की रेगिस्तानी बिल्ली से की जाती है। भारतीय रेगिस्तानी बिल्ली और यूरोप की रेगिस्तानी बिल्ली में अनेक समानताएँ होती हैं, किन्तु भारतीय रेगिस्तानी बिल्ली का आकार छोटा होता है एवं इसके शरीर पर धब्बे होते हैं, जबकि यूरोप की रेगिस्तानी बिल्ली तुलनात्मक रूप से बड़ी होती है एवं इसके शरीर पर धब्बों के स्थान पर धारियाँ होती हैं।

भारतीय रेगिस्तानी बिल्ली की शारीरिक संरचना पालतू बिल्ली के समान होती है। यह पालतू बिल्ली के बराबर अथवा उससे कुछ बड़ी होती है। इसकी लम्बाई 80 सेन्टीमीटर से लेकर 90 सेन्टीमीटर तक हो सकती है। इसमें इसकी 25-30 सेन्टीमीटर लम्बी पूँछ भी सम्मिलित है। भारतीय रेगिस्तानी बिल्ली अधिक भारी नहीं होती। इसका वजन 2 किलोग्राम से लेकर 4 किलोग्राम तक हो सकता है। इसके समूर का रंग कुछ-कुछ धूसरपन लिए हुए हल्का पीला सा होता है एवं इस पर काले रंग के बहुत से धब्बे होते हैं। कभी-कभी रेतीलापन लिए हुए हल्के पीले रंग की रेगिस्तानी बिल्लियाँ भी देखने को मिल जाती हैं। इनके समूर पर भी काले रंग के धब्बे होते हैं। भारतीय रेगिस्तानी बिल्ली के शरीर का नीचे का भाग अर्थात् ठोढ़ी, गला, सीना, पेट और चारों पैरों के भीतर का भाग रेतीलापन लिए हुए सफेद होता है एवं इस पर किसी प्रकार के धब्बे नहीं होते। इसकी पूँछ लम्बी होती है एवं इसके अधिकांश भाग पर काले रंग के छल्ले होते हैं और दो क्षैतिज धारियाँ होती हैं।

भारतीय रेगिस्तानी बिल्ली का चेहरा पालतू बिल्लियों के समान होता है। इसकी आँखें छोटी होती हैं एवं गालों पर दो क्षैतिज रेखाएँ होती हैं। इसके दोनों कूल्हों पर बाहर की ओर छोटी-छोटी अनेक धारियाँ होती हैं तथा आगे के दोनों पैरों के भीतर की ओर काले रंग के दो पट्टे होते हैं। इसके कानों का बाहरी भाग गहरे रंग का

एवं भीतर वाला भाग हल्के रंग का होता है तथा दोनों कानों के ऊपरी सिरों पर कुछ बाल होते हैं।

भारतीय रेगिस्तानी बिल्ली का प्रमुख आकर्षण इसके समूर के काले रंग के धब्बे हैं। भारत के रेगिस्तानी भागों और मध्य भारत के शुष्क भागों में, जहाँ रेगिस्तानी बिल्ली और जंगली बिल्ली दोनों पाई जाती हैं, इसे इसके धब्बों की सहायता से सरलता से पहचाना जा सकता है।

भारतीय रेगिस्तानी बिल्ली हमेशा सक्रिय रहने वाली जंगली बिल्ली है। इसे रात के साथ ही दिन में भी शिकार की खोज करते हुए देखा जा सकता है। इसकी सक्रियता प्रातःकाल और शाम को अँधेरा होने के बाद बढ़ जाती है। यह तेज धूप मे बाहर नहीं निकलती और पत्थरों के नीचे, चट्टानों की दरारों में अथवा ऐसे ही किसी छायादार एवं सुरक्षित स्थान पर आराम करती है अथवा सोती है।

भारतीय रेगिस्तानी बिल्ली का भोजन बड़ा विविधतापूर्ण होता है। यह सामान्यतया चूहे के समान छोटे कुतरने वाले स्तनधारी जीवों का शिकार करती है। रेगिस्तानी चूहे इसका प्रिय भोजन है। इसके साथ ही यह छिपकलियों एवं विभिन्न प्रकार के कीड़े-मकोड़ों को भी अपना निशाना बनाती है और अवसर मिलते ही इन्हें चट कर जाती है। यह अन्य जंगली बिल्लियों के समान, जमीन पर विचरण करने वाले पक्षियों का भी शिकार करती है। यह किसी पक्षी का शिकार करने के पहले कुछ दूरी पर रह कर प्रतीक्षा करती है और फिर अचानक तेजी से झपट कर उसे अपने मुँह में दबोच लेती है। भारतीय रेगिस्तानी बिल्ली को एक बार एक मरी हुई

भेड़ का मांस खाते हुए भी देखा गया है। इससे ऐसा लगता है कि भोजन की कमी होने पर यह सड़ा-गला मांस भी खा लेती है।

भारतीय रेगिस्तानी बिल्ली का समागम और प्रजनन अन्य छोटी जंगली बिल्लियों के समान होता है। यह पूरे वर्ष भर अकेले ही विचरण करती है, केवल समागम काल में जोड़े में दिखाई देती है। समागम काल में नर मादा रेगिस्तानी बिल्ली की खोज करता है और समागम की इच्छुक मादा बिल्ली के मिल जाने पर उसके साथ रहने लगता है। अब दोनों साथ-साथ विचरण करते हैं, शिकार करते हैं और तरह-तरह की प्रणय लीलाएँ करते हैं। इस मध्य ये अनेक बार समगाम करते हैं। समागम काल समाप्त हो जाने के बाद नर-मादा दोनों एक-दूसरे से अलग हो जाते हैं और फिर अगले समागम काल मे मिलते हैं।

मादा रेगिस्तानी बिल्ली गर्भकाल पूरा होने पर सामान्यतया दो-तीन बच्चों को जन्म देती है। इसके नवजात बच्चों की आँखें और कान बन्द रहते हैं तथा ये पूरी तरह असहाय होते हैं। मादा बिल्ली इन्हें अपना दूध पिलाती है एवं इनकी सुरक्षा करती है। बच्चों की आँखें और कान दस-पन्द्रह दिन में खुल जाते हैं। ये ढाई-तीन माह के होने पर छोटे-छोटे शिकार करने लगते हैं। चार माह बाद इनका दूध छूट जाता है तथा ये पूरी तरह शिकारी हो जाते हैं। रेगिस्तानी बिल्ली के बच्चे एक वर्ष तक मादा के साथ रहते हैं और इसके बाद अपना स्वतन्त्र जीवन आरम्भ कर देते हैं।

भारतीय रेगिस्तानी बिल्ली की प्रमुख विशेषता यह है कि यह यूरोप की जंगली बिल्ली के समान पालतू बिल्लियों के साथ भी समागम करती है। राजस्थान, मध्यप्रदेश, गुजरात और महाराष्ट्र के उन क्षेत्रों में, जहाँ एक ही स्थान पर रेगिस्तानी बिल्लियाँ और पालतू बिल्लियाँ दोनों पाई जाती हैं, इनकी बहुत-सी संकर प्रजातियां विकसित हो गई हैं। सामान्यतया रेगिस्तानी बिल्ली और पालतू बिल्ली से उत्पन्न

संकर बिल्ली के समूर का रंग गहरा धूसर होता है एवं इस पर रेगिस्तानी बिल्ली के समान काले रंग के धब्बे होते हैं।

भारतीय रेगिस्तानी बिल्ली की वर्तमान स्थिति अच्छी नहीं है। यह जिन स्थानों पर बहुत अधिक संख्या मे पाई जाती थी, वहाँ अब यह बहुत कम दिखाई देती है। इतना ही नहीं, इसकी संख्या में निरन्तर कमी होती जा रही है। भारत सरकार ने इसकी इस गम्भीर स्थिति को देखते हुए इसे एक दुर्लभ एवं संकटग्रस्त प्राणी घोषित कर दिया है एवं इसके शिकार पर पूरी तरह रोक लगा दी है।

भारतीय रेगिस्तानी बिल्ली की निरन्तर गिरती हुई संख्या का प्रमुख कारण शिकार है। इसका समूर बड़ा कोमल और शानदार होता है। इसी समूर के लिए इसका शिकार किया जाता है। यह भारत की एकमात्र ऐसी छोटी जंगली बिल्ली है, जिसका सुन्दर समूर के कारण सर्वाधिक शिकार किया गया है। इसके समूर से कोट, पर्स, दस्ताने तथा इसी प्रकार की वस्तुएँ तैयार की जाती हैं, जिन्हें महिलाएँ बहुत पसन्द करती हैं एवं इनकी विदेशों में भारी माँग है। एक कोट तैयार करने के लिए कम-से-कम 30 बिल्लियों को मारना पड़ता है। इसी से यह अनुमान लगाया जा सकता है कि इन वस्तुओं के लिए इस बिल्ली को कितना मारा गया है। आश्चर्य की बात तो यह है कि इसका शिकार अभी भी चोरी-छिपे किया जा रहा है।

भारतीय रेगिस्तानी बिल्ली की वर्तमान स्थिति के कुछ अन्य कारण भी हैं। कृषि भूमि के विकास के लिए जंगल काटे जा रहे हैं। इससे बड़ी तेजी से इसके प्राकृतिक आवास नष्ट हो रहे हैं एवं यह एक छोटे से क्षेत्र में सिमटती जा रही है। इसके साथ ही औद्योगिकीकरण के विकास तथा नगरों और गाँवों के विस्तार के कारण भी इसके प्राकृतिक आवास नष्ट हुए हैं। भारतीय रेगिस्तानी बिल्ली की संख्या में निरन्रतर कमी का एक अन्य कारण भी है। भारत के साथ ही साथ विदेशों में आजकल इसकी संकर प्रजातियों की माँग तेजी से बढ़ रही है। अतः इसकी सहायता से संकर प्रजातियाँ तैयार करने के लिए इसे पकड़ा जाता है और इसका पालतू बिल्लियों की तरह उपयोग किया जाता है। इस प्रकार यह कहा जा सकता है कि भारतीय रेगिस्तानी बिल्ली की वर्तमान स्थिति चिन्ताजनक है। इसे बचाने के लिए यदि विशेष प्रयास नहीं किए गए तो यह शानदार भारतीय बिल्ली कभी भी विलुप्त हो सकती है।

# भारतीय जंगली बिल्ली

भारतीय जंगली बिल्ली भारत की सर्वाधिक सामान्य जंगली बिल्ली है। इसे खटास भी कहते हैं। जंगली बिल्ली के अलग-अलग स्थानों पर, अलग-अलग नाम पड़ गए हैं। इसे बंगाली में बनाबिलार, असम में जोगली मेखुरी, तमिलनाडु में जुनका पेल्ली तथा जम्मू-कश्मीर में लेश के नाम से जाना जाता है। अंग्रेजी में इसे जंगल-कैट अथवा इंडियन वाइल्ड कैट कहते हैं।

भारतीय जंगली बिल्ली की अनेक प्रजातियाँ हैं तथा यह बहुत बड़े क्षेत्र में पाई जाती हैं। यह उत्तर अफ्रीका से लेकर दक्षिण-पश्चिम एशिया तक के अनेक भागों में फैली हुई हैं। एशिया में यह भारत सहित, म्याँमार, श्रीलंका, पाकिस्तान तथा इन्डोचीन के बहुत बड़े भाग में मिलती है। भारत में यह पूरे देश में पाई जाती है। इसे हिमालय पर्वत के 2400 मीटर तक की ऊँचाई वाले भागों में भी देखा जा सकता है, किन्तु यह इससे अधिक ऊँचे स्थानों पर नहीं मिलती। यह राजस्थान के रणथम्भौर

राष्ट्रीय उद्यान और असम के काजीरंगा राष्ट्रीय उद्यान में बहुत बड़ी संख्या में पाई जाती है एवं प्रायः देखने को मिल जाती है।

भारतीय जंगली बिल्ली मूलतः शुष्क और खुले मैदानों की बिल्ली है। यह शुष्क एवं पतझड़ वाले वनों, घास के मैदानों, नदियों के किनारे के नरकुल की झाड़ियों वाले क्षेत्रों और दलदल वाले भागों में रहना पसन्द करती है। इसे सदाबहार और अर्धशहरी भागों एवं ग्रामों में भी बहुत बड़ी संख्या में देखा जा सकता है। कश्मीर के अर्धशहरी भागों की यह सामान्य बिल्ली है और यहाँ बहुत बड़ी संख्या में पाई जाती है। यहाँ पर यह पुराने मकानों और खंडहरों में अपना आवास बनाती है तथा घरों में प्रायः आती-जाती रहती है। भारत में सभी स्थानों पर बस्तियों के निकट रहने वाली जंगली बिल्ली घरों में प्रायः आती-जाती रहती है। यह इसकी आदत सी बन गई है। यह मानव की उपस्थिति से परेशान नहीं होती। इसे कहीं भी मानव मिल जाए, यह सामान्य बनी रहती है और पास से निकल जाती है।

भारतीय जंगली बिल्ली एकान्तवासी है। यह प्रायः अकेली ही विचरण करती है, किन्तु कभी-कभी इसे जोड़े में भी देखा गया है। यह एक ऐसी जंगली बिल्ली है, जो रात के साथ ही दिन में भी पूरी तरह सक्रिय रहती है। प्रातःकाल और शाम के समय इसकी सक्रियता बढ़ जाती है।

भारत में इसकी तीन प्रजातियाँ पाई जाती हैं—हिमालय की जंगली बिल्ली, उत्तर भारत के मैदानों की जंगली बिल्ली और दक्षिण भारत के मैदानों की जंगली बिल्ली। इन तीनों में साधारण सा अन्तर होता है। हिमालय की जंगली बिल्ली का समूर कोमल, घना और लम्बे बालों वाला होता है। उत्तर भारत के मैदानी भागों में पाई जाने वाली जंगली बिल्ली छोटी और हल्की होती है। इसकी पूँछ भी छोटी होती है। इसकी एक उप प्रजाति भी पाई जाती है, जिसके शरीर का रंग रेत की तरह रूपहला होता है। दक्षिण भारत की जंगली बिल्ली का समूर छोटा होता है एवं इसकी पीठ का रंग धूसर होता है। इसके शरीर पर काली-सफेद चित्तियाँ भी होती हैं।

भारतीय जंगली बिल्ली की शारीरिक संरचना यूरोप की जंगली बिल्ली से बहुत मिलती-जुलती है। इसके शरीर की लम्बाई लगभग 90 सेन्टीमीटर होती है। इसमें लगभग 25 सेन्टीमीटर लम्बी इसकी पूँछ भी सम्मिलित है। इसकी कंधों तक की ऊँचाई 35 सेन्टीमीटर से 40 सेन्टीमीटर तक एवं शरीर का वजन 5 किलोग्राम से 6 किलोग्राम के मध्य होता है। जैसा कि अभी-अभी बताया जा चुका है कि भारत में जंगली बिल्ली की तीन प्रजातियाँ पाई जाती हैं तथा इनके समूर के रंग और डिजाइन आदि में साधारण सा अन्तर होता है। जंगली बिल्ली के समूर का

रंग हल्के भूरे से लेकर धूसर तक हो सकता है। उत्तर और मध्य भारत के मैदानी भागों में रेतीले धूसर से लेकर पीलापन लिए हुए धूसर रंग तक की बिल्लियाँ देखने को मिल जाती हैं। कुछ जंगली बिल्लियों का समूर लाली लिए हुए भी होता है। जंगली बिल्ली के नीचे का भाग अर्थात् सीना, पेट और चारों टाँगों का भीतरी भाग पीला अथवा सफेदी लिए हुए हल्के रंग का होता है। इसके मुँह का रंग भी हल्का होता है।

जंगली बिल्ली के समूर के रंग के समान ही इसके समूर की डिजाइनों में भी पर्याप्त विविधता होती है। सामान्यतया इसके समूर पर अस्पष्ट दिखाई देने वाली लहरियाँ, रेखाएँ अथवा चितकबरे धब्बे होते हैं। जंगली बिल्ली के मस्तक पर हल्के लाल रंग की धारियाँ होती हैं। इसी प्रकार की धारियाँ पीछे के दोनों पैरों पर भी होती हैं। इसकी दोनों आँखों के पास सफेद निशान होते हैं। इसके आगे के पैर पतले होते हैं एवं इन पर भीतर की ओर काले रंग की दो धारियाँ होती हैं। भारतीय जंगली बिल्ली की पूँछ पालतू बिल्ली से भी छोटी होती है। इस पर काले रंग के छल्ले होते हैं तथा इनका सिरा भी काला होता है। इसकी दोनों आँखों के नीचे भी काले रंग की एक-एक धारी होती है। भारतीय जंगली बिल्ली के कान हल्की लाली लिए हुए होते हैं एवं इनके सिरे पेन्सिल की नोंक के समान नुकीले और काले होते हैं।

भारतीय जंगली बिल्ली की टाँगें काफी लम्बी होती हैं। यह अन्य जंगली बिल्लियों के समान, खतरे के समय अपने शरीर का आगे का भाग तान कर खड़ी हो जाती है और खतरे की ओर देखती है। इस समय यह सामान्य से अधिक ऊँची दिखाई देती है। इसकी आँखों का रंग पीला-हरा होता है, अतः खतरे के समय और गुस्से में यह बड़ी उग्र, आक्रामक और खूँखार दिखाई देती है।

भारतीय जंगली बिल्ली एक कुशल शिकारी वन्यजीव है। यह प्रायः गाँवों के निकट शिकार करती है। यह प्रातःकाल और शाम के समय शिकार के लिए निकलती है और चूहे, मूस तथा इसी तरह के कुतरने वाले छोटे स्तनधारी जीवों का शिकार करती है। यह एक शक्तिशाली और तेज बिल्ली है और कभी-कभी अपने से बड़े जीवों पर भी आक्रमण कर देती है तथा उन्हें मार कर चट कर जाती है। इसे कई बार सेही का शिकार करते हुए भी देखा गया है। इसके साथ ही यह विभिन्न प्रकार के पक्षियों का भी शिकार करती है। यह किसी पक्षी को देखते ही बड़ी तेजी और फुर्ती से उस पर झपटती है और अपने मुँह में उसे दबोच लेती है। इसकी पकड़ इतनी मजबूत होती है कि पक्षी बच नहीं पाता और इसका आहार बन जाता है।

भारतीय जंगली बिल्ली बड़ी दुस्साहसी होती है। यह पालतू मुर्गे-मुर्गियों का बड़ी बेरहमी से शिकार करती है। कभी-कभी तो यह दिन के समय घरों में घुस जाती है और घर के मालिक के सामने पालतू मुर्गे-मुर्गियाँ लेकर नौ दो ग्यारह हो जाती है।

भारतीय जंगली बिल्ली का समागम और प्रजनन सामान्य छोटी जंगली बिल्लियों के समान होता है। इसका समागम काल वर्ष में दो बार आता है। पहला समागम काल जनवरी से आरम्भ होता है और अप्रैल तक चलता है तथा दूसरा समागम काल अगस्त से आरम्भ होता है और नवम्बर तक चलता है। समागम काल में नर और मादा एक-दूसरे से मिलते हैं तथा लम्बे समय तक साथ-साथ रहते हैं। इस मध्य में साथ-साथ शिकार करते हैं और तरह-तरह की प्रणय लीलाएँ करते हैं एवं अन्त में समागम करते हैं। समागम काल समाप्त हो जाने पर दोनों एक-दूसरे से अलग हो जाते हैं।

मादा जंगली बिल्ली गर्भकाल पूरा होने पर प्रायः दो या तीन बच्चों को जन्म देती है, किन्तु यह 5 बच्चों तक को जन्म दे सकती है। इसके नवजात बच्चों के शरीर पर पूर्ण विकसित समूर होता है, किन्तु आँखें और कान बन्द रहते हैं तथा ये जन्म देने वाली मादा पर पूरी तरह निर्भर रहते हैं। मादा जंगली बिल्ली इन्हें अपना दूध पिलाती है और इनकी सुरक्षा करती है। बच्चों वाली मादा बड़ी उग्र और आक्रामक स्वभाव की हो जाती है तथा यह इस समय किसी भी जीव पर आक्रमण कर सकती है।

भारतीय जंगली बिल्ली के बच्चों का विकास बड़ी धीमी गति से होता है। ये मादा का दूध पीते हैं और अपना विकास करते हैं। इनकी आँखें 11 से 15 दिन के मध्य खुल जाती हैं और लगभग एक माह में ये अपने आवास से बाहर निकलने लगते हैं। किन्तु ये अपने आवास से अधिक दूर नहीं जाते। ढ़ाई-तीन माह के हो जाने पर ये छोटे-छोटे जीवों का शिकार करना सीखते हैं। ये 4 माह की आयु तक मादा का दूध पीते हैं और लगभग एक वर्ष की आयु में पूरी तरह परिपक्व हो जाते हैं एवं स्वतन्त्र रूप से अपना जीवन आरम्भ कर देते हैं।

भारतीय जंगली बिल्ली और यूरोप की जंगली बिल्ली की अनेक आदतें और व्यवहार एक-दूसरे से बहुत मिलते-जुलते हैं, किन्तु इनमें एक महत्त्वपूर्ण अन्तर है। यूरोप की जंगली बिल्ली को पालतू नहीं बनाया जा सकता, जबकि भारतीय जंगली बिल्ली को बड़ी सरलता से पालतू बनाया जा सकता है।

भारतीय जंगली बिल्ली की स्थिति अन्य जंगली बिल्लियों से तो ठीक है। किन्तु जंगलों की कटाई, कृषि भूमि के विस्तार तथा आवासी बस्तियों के विकास के कारण इसके आवास बहुत कम होते जा रहे हैं। इसके परिणाम स्वरूप इसकी संख्या में निरन्तर कमी आ रही है। जिन स्थानों पर इसका शिकार किया जाता है, वहाँ इसकी संख्या बहुत गिरी है, किन्तु जिन स्थानों पर इसे मारना पाप समझा जाता है, वहाँ इसकी स्थिति सन्तोषजनक है।

# यूरोप की जंगली बिल्ली

यूरोप की जंगली बिल्ली की गणना मार्जार परिवार के छोटे जीवों में सर्वाधिक हिंसक, क्रूर और विध्वंसक प्रवृत्ति के वन्यजीवों में की जाती है। यह भारतीय जंगली बिल्ली की निकट सम्बन्धी है। यूरोप की जंगली बिल्ली किसी समय सम्पूर्ण यूरोप में पाई जाती थी। किन्तु अब यूरोप में जंगल ही समाप्त से हो गए हैं, अतः यह सिमट कर केवल कुछ पर्वतीय भागों में ही रह गई है। यह यूरोप के साथ ही यूरोप से मिले हुए एशिया के कुछ पर्वतीय भागों में भी पाई जाती है। एशिया में यह पहाड़ों के साथ-साथ जंगलों में भी रहती है।

यूरोप की जंगली बिल्ली हमेशा एकान्त में विचरण करती है और सीमाक्षेत्र बना कर रहती है। इसमें केवल नर सीमा क्षेत्र बनाता है। इसका सीमाक्षेत्र 150 एकड़ से

175 एकड़ तक का हो सकता है। अपने सीमाक्षेत्र के भीतर घनी झाड़ियों और लम्बी घास के मध्य यह माँद बनाती है। कभी-कभी यह अन्य जीवों द्वारा छोड़ी गई माँद पर अधिकार कर लेती है और उसे अपने रहने योग्य बना लेती है। इसे पत्थरों के नीचे, चट्टानों की दरारों में एवं वृक्षों के खोखले भागों में भी निवास बनाते हुए देखा गया है। यूरोप की जंगली बिल्ली पानी से दूर रहने का प्रयास करती है। यह बरसात के समय पानी से बचने के लिए किसी चट्टान के नीचे आ जाती है और बरसात के रुकने की प्रतीक्षा करती है। यह धूप सेंकने की बड़ी शौकीन होती है। सर्दियों के मौसम में इसे प्रायः किसी चट्टान पर बैठ कर धूप सेंकते हुए देखा जा सकता है।

यूरोप की जंगली बिल्ली निशाचर है। यह दिन के समय अपनी माँद में अथवा ऐसे ही किसी सुरक्षित स्थान पर आराम करती है और रात में सक्रिय होती है। यह पालतू बिल्लियों के समान म्याऊँ-म्याऊँ की आवाज निकालती है। यूरोप की जंगली बिल्ली क्रोधित होने पर गुर्राती है और खुश होने पर घुरघुराने की आवाज निकालती है। यह रात के समय अपने साथियों को संकेत देने के लिए कुछ विशेष प्रकार की आवाजें भी निकालती है, जो काफी कर्कश होती हैं।

यूरोप की जंगली बिल्ली की शारीरिक संरचना भारतीय जंगली बिल्ली के समान होती है। इसके शरीर की पूँछ सहित लम्बाई लगभग 82.5 सेन्टीमीटर होती है। इसमें 27.5 सेन्टीमीटर लम्बी झबरी पूँछ भी सम्मिलित है। स्कॉटलैंड में एक जंगली बिल्ली पकड़ी गई थी, जिसकी लम्बाई 112.5 सेन्टीमीटर थी। यह एक कीर्तिमान है। यूरोप के कुछ लोगों का कहना है कि उन्होंने 135 सेन्टीमीटर तक लम्बी जंगली बिल्लियाँ देखी हैं, किन्तु इस बात के प्रमाण अभी तक नहीं मिले हैं। इनमें नर जंगली बिल्ली मादा से बड़ी होती है तथा इसका वजन भी मादा से अधिक होता है। सामान्यतया एक नर का वजन 5 किलोग्राम से लेकर 6.8 किलोग्राम तक हो सकता है, जबकि मादा जंगली बिल्ली का वजन 3.8 किलोग्राम से 4.5 किलोग्राम तक ही होता है। कभी-कभी बहुत अधिक वजन वाली जंगली बिल्लियाँ भी देखने को मिल जाती हैं। एक बार एक नर पकड़ा गया था, जिसका वजन 15 किलोग्राम था। यह भी एक कीर्तिमान है।

यूरोप की जंगली बिल्ली, देखने में यूरोप की पालतू बिल्ली की तुलना में कुछ चौड़ी और वर्गाकार होता है। इसका शरीर लम्बा, गठा हुआ और शक्तिशाली होता है। इसकी पूँछ मोटी और बालदार होती है, किन्तु पालतू बिल्ली से कुछ छोटी और छल्लेदार होती है। इसकी पूँछ का अन्तिम सिरा काला होता है। जंगली बिल्ली के पैर पालतू बिल्ली से कुछ लम्बे होते हैं। अतः तन कर खड़ी हुई जंगली बिल्ली काफी ऊँची दिखाई देती है।

यूरोप की जंगली बिल्ली के शरीर का समूर लम्बा, घना और मुलायम होता है। सामान्यतया इसका रंग पीलापन लिए हुए धूसर होता है एवं इस पर भूरे रंग के निशान

होते हैं। यूरोप की जंगली बिल्ली पालतू बिल्लियों के साथ प्रायः समागम करती है। अतः इसके शरीर के रंगों में पर्याप्त विविधता उत्पन्न हो गई है। यह विविधता इसके शरीर की डिजाइनों में भी देखी जा सकती है। कुछ जंगली बिल्लियों के शरीर पर लम्बवत् धारियाँ होती हैं तो कुछ के शरीर पर टूटी धारियाँ होती हैं जो धब्बों जैसी दिखाई देती हैं। यूरोप की जंगली बिल्ली के शरीर के रंगों और डिजाइनों में इतनी अधिक विविधता होती है कि कभी-कभी तो इन्हें पहचानना कठिन हो जाता है।

यूरोप की जंगली बिल्ली रात्रिचर है। यह दिन में किसी सुरक्षित स्थान पर आराम करती है और रात में शिकार की खोज में निकलती है। यह प्रातःकाल सूर्योदय के पूर्व और शाम को अँधेरा होते समय अधिक सक्रिय रहती है। शरद ऋतु में इसे दिन में भी शिकार की खोज में घूमते हुए देखा जा सकता है। यह प्रायः अकेली शिकार करती है, किन्तु कभी-कभी जोड़े में भी शिकार कर लेती है। यूरोप की जंगली बिल्ली हमेशा अपने सीमाक्षेत्र के भीतर ही शिकार करती है। किन्तु सर्दियों के मौसम में, भोजन की कमी हो जाने के कारण इसे सीमाक्षेत्र के बाहर भोजन की खोज में जाना पड़ता है।

यूरोप की जंगली बिल्ली का प्रमुख भोजन चूहे और मूस के समान, कुतरने वाले छोटे स्तनधारी जीव हैं। यह पहाड़ी खरगोश बड़े शौक से खाती है। इसके साथ ही यह विभिन्न प्रकार के कीड़े-मकोड़ों को भी अपना आहार बनाती है। जंगली बिल्ली कभी-कभी नदियों के पास पहुँच जाती है और मछली सहित विभिन्न प्रकार के पानी

के जीव-जन्तुओं का शिकार करती है। यह, अन्य छोटी जंगली बिल्लियों के समान पक्षियों को भी अपना निशाना बनाती है। पक्षियों में इसे जंगली मुर्गा बहुत प्रिय है। इसे यदि जंगली मुर्गा मिल जाए तो यह उसे नहीं छोड़ती। यूरोप की जंगली बिल्ली बड़ी दुस्साहसी होती है और भोजन की खोज में मानव बस्तियों के भीतर भी आ जाती है तथा पालतू मुर्गे-मुर्गियों को मार डालती है। कभी-कभी यह भेड़ों और छोटे हिरनों पर भी आक्रमण कर देती है और उन्हें चट कर जाती है। इसीलिए किसान इसे अपना शत्रु मानते हैं और अवसर मिलते ही मार डालते हैं।

यूरोप की जंगली बिल्ली का समागम और प्रजनन पालतू बिल्लियों के समान होता है। यह पालतू बिल्लियों के साथ समागम करती है। यूरोप की जंगली बिल्ली के दो समागम काल होते हैं। पहला समागम काल मार्च के आरम्भ से मार्च के अन्त तक चलता है तथा दूसरा मई के मध्य से आरम्भ होता है और जून के मध्य तक चलता है। समागम काल में नर अपने सीमाक्षेत्र से बाहर निकलता है और मादा की खोज करता है। समागम की इच्छुक मादा के मिल जाने पर यह पूरे समागम काल तक उसके साथ रहता है। इस मध्य दोनों साथ-साथ शिकार करते हैं, तरह-तरह की प्रणय-लीलाएँ करते हैं एवं अनेक बार समागम करते हैं। समागम काल के समाप्त होते ही दोनों एक-दूसरे से अलग हो जाते हैं और फिर अगले समागम काल में मिलते हैं।

यूरोप की मादा जंगली बिल्ली का गर्भकाल 63 दिन का होता है। यह गर्भकाल पूरा होने पर प्रायः 4-5 बच्चों को जन्म देती है। जो मादा मार्च में गर्भधारण करती है, वह मई में बच्चों को जन्म देती है और जो मादा मई-जून में गर्भधारण करती है, वह जुलाई-अगस्त में प्रजनन करती है। मादा जंगली बिल्लियों को कभी-कभी दिसम्बर-जनवरी के महीनों में भी बच्चों को जन्म देते हुए देखा गया है। ये वे ही मादाएँ होती हैं, जो पालतू बिल्लियों के साथ समागम करती हैं।

यूरोप की मादा जंगली बिल्ली बच्चों को जन्म देने के पूर्व किसी मांद में पत्थर के नीचे, चट्टान की दरार में, वृक्ष के कोटर में अथवा ऐसे ही किसी सुरक्षित स्थान पर घोसला तैयार करती है। यह अपने बच्चों को नर से हमेशा दूर रखती है। नर अवसर मिलते ही अपने ही बच्चों को मार डालता है। बच्चों वाली मादा जंगली बिल्ली बड़ी खूँखार होती है तथा अपने से बड़े किसी भी जीव पर आक्रमण कर सकती है।

यूरोप की जंगली बिल्ली के नवजात बच्चों के शरीर पर विकसित, घना और कोमल समूर होता है। इनके शरीर का रंग हल्का होता है एवं इस पर धूसरपन लिए हुए भूरे रंग की खड़ी-खड़ी रेखाएँ होती हैं। इनकी आँखें और कान बन्द होते हैं तथा ये जन्म देने वाली मादा पर पूरी तरह निर्भर होते हैं। मादा इन्हें अपना दूध पिलाती है और इनकी रक्षा करती है। लगभग 10-12 दिन में इनकी आँखें खुल जाती हैं एवं एक माह में ये अपने घोसले के बाहर जाना आरम्भ कर देते हैं। किन्तु ये अभी न

तो शिकार करते हैं और न ही घोसले से अधिक दूर जाते हैं। ढाई-तीन माह के हो जाने पर ये शिकार सीखना आरम्भ करते हैं तथा एक माह के भीतर छोटे-छोटे जीवों का शिकार करने लगते हैं। 4 माह के हो जाने पर ये माँ का दूध पीना छोड़ देते हैं और एक वर्ष के होते-होते स्वतन्त्र जीवन आरम्भ कर देते हैं। इनकी मृत्यु-दर बहुत अधिक है, अतः 4-5 बच्चों में केवल 1-2 बच्चे ही जीवित बचते हैं। यूरोप की जंगली बिल्ली की एक प्रमुख विशेषता यह है कि इसे पालतू नहीं बनाया जा सकता।

यूरोप की जंगली बिल्ली का कोई प्राकृतिक शत्रु नहीं है। क्योंकि इसके पूरे क्षेत्र में पाए जाने वाले बड़े शिकारी जीव लगभग पूरी तरह समाप्त हो चुके हैं। किसी समय, जब यह जंगली बिल्ली यूरोप में बहुत बड़ी संख्या में पाई जाती थी तो इसे 'शिकार का जीव' समझा जाता था एवं तेंदुए की तरह इसका शिकार किया जाता था।

यूरोप की पालतू बिल्लियाँ यूरोप की जंगली बिल्ली की वंशज हैं अथवा अफ्रीका की कैफर की वंशज हैं? इस सम्बन्ध में अधिकारपूर्वक कुछ भी नहीं कहा जा सकता। क्योंकि दोनों के बच्चों में बहुत अन्तर होता है। कुछ लोगों का मत है कि यूरोप की पालतू बिल्लियाँ यूरोप की जंगली बिल्ली की वंशज है, क्योंकि यूरोप की पालतू बिल्लियाँ कभी भी पूरी तरह वास्तविक जंगली बिल्ली की तरह व्यवहार करने लगती हैं। इसके विपरीत कुछ लोगों का मत है कि यूरोप की जंगली बिल्ली के बच्चे को किसी तरह पालतू नहीं बनाया जा सकता। इन लोगों ने इसके बच्चों को पालतू बनाने

का प्रयास किया, किन्तु असफल रहे। कुछ लोग इसके बच्चों को आँखें खुलने के पहले ही ले आए और इन्हें पालने का प्रयास किया, किन्तु ये सफल नहीं हुए। कुछ लोगों का मानना है कि यूरोप की जंगली बिल्ली के सभी बच्चों में केवल एक बच्चा ऐसा होता है, जिसे पालतू बनाया जा सकता है। इनका मत है कि इस बच्चे को आँखें खुलने के पहले ही लाया जाए और इसे हाथ से खाना खिलाया जाए तो यह पालतू बन जाता है। किन्तु यह जीवन भर केवल उसी व्यक्ति के प्रति वफादार रहता है, जो इसे खाना खिलाता है। परिवार के अन्य सदस्यों के प्रति यह कभी भी उग्र और आक्रामक हो सकता है।

# बिटारी बिल्ली

बिटारी बिल्ली विश्व की सबसे छोटी और हल्की बिल्ली है। अंग्रेजी में इसे रस्टी स्पॉटेड कैट कहते हैं। इसके शरीर पर जंग जैसे रंग वाले निशान होते हैं। इसीलिए इसे यह नाम दिया गया है। यह देखने में चीता बिल्ली के समान लगती है। इसमें चीता बिल्ली की अनेक विशेषताएँ भी पाई जाती हैं।

बिहारी बिल्ली पूर्णतया भारतीय बिल्ली है। इसकी एक प्रजाति श्रीलंका में भी पाई जाती है। इसका वैज्ञानिक नाम केलिस रुबिसजिनोसा है। भारत में यह गुजरात, राजस्थान, आंध्रप्रदेश, कनार्टक, केरल और तमिलनाडु में पर्याप्त संख्या में मिलती है। कभी-कभी इसे जम्मू-कश्मीर राज्य के कुछ भागों में भी देखा गया है। बिटारी पंजाब, हरियाणा, हिमाचल प्रदेश में नहीं पाई जाती। यह एक आश्चर्य का विषय है। दक्षिण भारत और मध्य भारत से बिटारी बिल्ली इन क्षेत्रों से अलग रह कर जम्मू कश्मीर किस प्रकार पहुँची? इस सम्बन्ध में अधिकारपूर्वक कुछ भी नहीं कहा जा सकता। जैसा कि अभी-अभी बताया जा चुका है कि यह चीता बिल्ली से बहुत मिलती-जुलती है। किन्तु दक्षिण भारत के पश्चिमी घाट के जंगलों में पाई जाने वाली बिटारी बिल्ली

की शारीरिक संरचना चीता बिल्ली से सर्वाधिक मिलती है। यहाँ की बिटारी बिल्ली को देखने से ऐसा लगता है, मानो यह छोटी सी चीता बिल्ली हो।

बिटारी बिल्ली घने जंगलों की बिल्ली नहीं है। यह कम घने जंगलों, सूखे और खुले जंगलों, जंगलों के किनारे के भागों, छोटी-छोटी झाड़ियों वाले भागों, घास के मैदानों, पथरीले और चट्टानी स्थानों पर रहना अधिक पसन्द करती है। कभी-कभी यह मानव बस्तियों के निकट भी अपना आवास बना लेती है। यह मानव की निकटता की अभ्यस्त होती है। अतः मानव की निकटता का इस पर कोई प्रभाव नहीं पड़ता। घास के मैदानों अथवा जंगलों आदि में यदि इसका मानव से सामना हो जाए तो यह पूर्णतया सामान्य बनी रहती है और पास से गुजर जाती है।

बिटारी बिल्ली रात्रिचर है। यह दिन के समय पत्थरों के नीचे, चट्टानों की दरारों में, झाड़ियों की छाया में अथवा ऐसे ही किसी सुरक्षित स्थान पर सोती है अथवा आराम करती है और सूरज ढलने के बाद अँधेरा होने पर सक्रिय होती है, किन्तु कभी-कभी इसे दिन के समय भी विचरण करते हुए देखा गया है। बिटारी बिल्ली अन्य बिल्लियों के समान अच्छी वृक्षारोही है। यह बड़ी तेजी से वृक्षों पर चढ़ सकती है और उतर सकती है। किन्तु यह वृक्षों पर बहुत कम समय व्यतीत करती है। दिन के समय दोपहर की कड़ी धूप में गर्मी से बचने के लिए यह कभी-कभी किसी घने वृक्ष पर चढ़ जाती है और वृक्ष के किसी खोखले भाग में आराम करती है।

बिटारी बिल्ली की शारीरिक संरचना चीता बिल्ली के समान होती है, किन्तु यह चीता बिल्ली से कुछ छोटी होती है। यह सामान्य घरेलू बिल्ली की आधी अथवा तीन

चौथाई भाग के बराबर लम्बी होती है। इसकी पूँछ सहित लम्बाई 52 सेन्टीमीटर से लेकर 68 सेन्टीमीटर तक होती है। इसमें एक तिहाई लम्बाई इसकी पूँछ की होती है। इसका वजन 1 किलोग्राम से लेकर 1.4 किलोग्राम तक हो सकता है। एक बार कश्मीर में एक बिटारी बिल्ली मिली थी, जिसका वजन 1.6 किलोग्राम था। बिटारी बिल्ली का शरीर इकहरा, दुबला-पतला अवश्य होता है, किन्तु यह बड़ी तेज और फुर्तीली होती है।

बिटारी बिल्ली के शरीर का समूर चिकना, कोमल और घने बालों वाला होता है। इसका रंग बादामीपन लिए हुए धूसर होता है एवं इस पर कत्थई रंग के पट्टे और धब्बे होते हैं। ये पट्टे और धब्बे इस प्रकार के होते हैं कि लगभग सीधी रेखाओं में दिखाई देते हैं। इसके शरीर के ऊपरी भाग, पीठ, सिर और कंधों के निशान गहरे रंग के होते हैं एवं दोनों बगलों के निशान कुछ हल्के होते हैं और जंग के रंग जैसे दिखाई देते हैं। बिटारी बिल्ली के शरीर के ऊपरी भाग पर, जैस-जैसे पुट्ठों की ओर बढ़ते जाते हैं, ये निशान छोटे होते जाते हैं तथा इनमें गोलाई बढ़ती जाती है। इसके शरीर के नीचे वाले भाग अर्थात् सीना, पेट आदि तथा शरीर का भीतरी भाग सफेदी लिए हुए बहुत हल्के रंग का होता है एवं इस पर काले रंग के निशान होते हैं। इसकी पूँछ मोटी और रोयेंदार होती है एवं इस पर किसी प्रकार के निशान नहीं होते हैं।

बिटारी बिल्ली का सिर छोटा और गोलाई लिए हुए होता है। इसके दोनों कानों के मध्य काले रंग की दो रेखाएँ होती हैं, जो नाक के पास से आरम्भ होकर गले के पीछे वाले भाग तक चली जाती हैं। इन दोनों रेखाओं के दोनों ओर भी काले रंग की दो रेखाएँ होती हैं, जो आँखों के ऊपर से आरम्भ हो कर पीठ तक चली जाती हैं। इसकी प्रमुख विशेषता यह है कि इसकी दोनों आँखों के नीचे सफेद रंग का अर्ध चन्द्राकार निशान होता है तथा ठोढ़ी के नीचे का भाग सफेद होता है। इन्हीं विशेषताओं के आधार पर इसे सरलता से पहचाना जा सकता है।

मार्जार परिवार के अन्य जीवों के समान बिटारी बिल्ली पूर्णतया मांसाहारी है। यह दिन के समय आराम करती है और अँधेरा होने के बाद शिकार की खोज में निकलती है। इसका प्रमुख शिकार जंगली चूहे हैं। इनके साथ ही यह इसी तरह के अन्य छोटे-छोटे कुतरने वाले स्तनधारी जीवों का भी शिकार करती है। बिटारी बिल्ली प्रायः वृक्षों पर चढ़कर शिकार नहीं करती। यह हमेशा जमीन पर शिकार करती है। यह कभी-कभी छोटे पक्षियों को भी अपना निशाना बनाती है। इसका पक्षियों का शिकार काने का ढंग चूहों आदि के शिकार से पूरी तरह भिन्न होता है। चूहों तथा इसी तरह के अन्य कुतरने वाले जीवों का शिकार करने के लिए यह पहले इनकी खोज करती है। इसके बाद शिकार के मिल जाने पर, उसका पीछा करती है और फिर अपने पंजों से उसे मारती है तथा अन्त में मुँह में दबोच लेती है। इसके विपरीत यह पक्षियों का शिकार करने के लिए सीधे उनके पीछे भागती है और उन्हें मुँह में दबोच लेती है।

बिटारी बिल्ली का समागम और प्रजनन अन्य जंगली बिल्लियों के समान होता है। यह हमेशा एकान्त में विचरण करती है और केवल समागम काल में ही जोड़े में दिखाई देती है। इसके समागम काल पर स्थान का प्रभाव पड़ा है। अर्थात् भारत में सभी स्थानों पर पाई जाने वाली बिटारी बिल्लियाँ एक ही समय पर समगाम नहीं करतीं। बिल्ली परिवार के अन्य सदस्यों के समान बिटारी बिल्ली अपना सीमा क्षेत्र बनाती है एवं इसमें अकेले विचरण करती है।

समागम काल में नर और मादा एक-दूसरे की ओर आकर्षित होते हैं और कुछ समय के लिए साथ-साथ रहना आरम्भ कर देते हैं। इस मध्य ये साथ-साथ घूमते हैं, शिकार करते हैं और तरह-तरह की प्रणय लीलाएँ करते हैं। समागम काल में कभी-कभी एक ही मादा के निकट दो नर पहुँच जाते हैं। ऐसी स्थिति में दोनों नरों में लड़ाई होती है और अन्त में एक नर पराजित होकर भाग जाता है तथा दूसरा नर मादा के साथ समागम करता है। समागम काल में एक मादा अनेक बार समागम करती है। समागम काल के समाप्त होते ही नर और मादा दोनों अलग-अलग हो जाते हैं और फिर अगले समागम काल मे मिलते हैं।

बिटारी बिल्ली एक बार में प्रायः दो-तीन बच्चों को जन्म देती है, किन्तु कभी-कभी इसे चार बच्चे तक देते हुए देखा गया है। यह बच्चों को जन्म देने के पूर्व किसी चट्टान के नीचे, पत्थरों की दरारों गें अथवा झाड़िगों में मुलायम सा एक घोसला तैयार करती है और इसी घोसले में बच्चों को जन्म देती है। बस्तियों के निकट रहने वाली बिटारी बिल्लियाँ मानव की उपस्थिति से परेशान नहीं होतीं। ये प्रायः घरों की छतों पर आ जाती हैं और यहीं बच्चों को जन्म देती है।

बिटारी बिल्ली के नवजात बच्चों के शरीर पर विकसित घना और रोयेंदार समूर होता है। इनकी आँखें और कान बन्द रहते हैं। ये बच्चे पूरी तरह जन्म देने वाली मादा पर आश्रित रहते हैं। इन्हें विभिन्न प्रकार के जीवों से हमेशा खतरा बना रहता है, अतः मादा इनसे अधिक समय के लिए दूर नहीं जाती। यदि बच्चे किसी ऐसे स्थान पर होते हैं, जहाँ खतरे की आशंका होती है तो मादा इन्हें एक-एक करके अपने मुँह में दबा कर ले जाती है और किसी सुरक्षित स्थान पर रखती है।

बिटारी बिल्ली के नवजात शिशु जन्म देने वाली मादा का दूध पीते हैं और अपना विकास करते हैं। इनका विकास बड़ी धीमी गति से होता है। कुछ बड़े हो जाने पर ये मादा द्वारा लाया हुआ शिकार खाना आरम्भ कर देते हैं और अपने निवास के आसपास घूमना-फिरना आरम्भ कर देते हैं, किन्तु अपने निवास से अधिक दूर नहीं जाते। इसके बाद ये मादा के साथ जाकर शिकार करना सीखते हैं और शीघ्र ही छोटे-छोटे शिकार करने लगते हैं। इसके बच्चे वयस्क होते ही इससे अलग हो जाते हैं और स्वतन्त्र रूप से अपना जीवन आरम्भ कर देते हैं।

बिटारी बिल्ली बड़ी शर्मीली होती है। यह सामान्यतया दिखाई नहीं देती। इसे केवल रात में शिकार के समय देखा जा सकता है। जीव वैज्ञानिकों का मानना है कि इसकी वर्तमान स्थिति अच्छी नहीं है। इसकी संख्या में तेजी से कमी हो रही है। जंगलों की कटाई के कारण इसके निवास कम होते जा रहे हैं। कभी-कभी ये सड़क पार करते समय भारी वाहनों से कुचल कर भी मर जाती हैं। तमिलनाडु में बिटारी बिल्ली की स्थिति अच्छी नहीं है। यहाँ इसे नमालीपेल्ली कहते हैं। नमालीपेल्ली अर्थात् बिटारी बिल्ली पर अभी तक कोई शोधकार्य नहीं किया गया है। इस पर यदि शोधकार्य किया जाए एवं इसे संरक्षण प्रदान किया जाए, तो इसकी स्थिति में सुधार हो सकता है।

# अन्य जंगली बिल्लियाँ

विश्व की सभी बिल्लियाँ फीलिडी परिवार के अन्तर्गत आती हैं। इस परिवार में 37 जीवों को रखा गया है। इनमें बाघ, सिंह, चीता, तेंदुआ, हिम तेंदुआ और जगुआर 'बड़ी बिल्ली परिवार' के जीव कहलाते हैं। शेष सभी मध्यम आकार के होते हैं। घरेलू पालतू बिल्लियों को एक अलग समूह में रखा गया है, क्योंकि मानव के निकट रहने के कारण इनकी आदतों और व्यवहारों में बहुत अधिक परिवर्तन हो गया है। विश्व की अधिकांश जंगली बिल्लियाँ सभी स्थानों पर सरलता से रह सकती हैं। इन्हें घने जंगलों और बर्फीले पर्वतीय भागों से लेकर रेगिस्तानी भागों तक में देखा जा सकता है। इसके विपरीत हिम तेंदुआ, मानुल आदि कुछ ऐसी जंगली बिल्लियाँ हैं, जो सभी स्थानों पर नहीं रह सकतीं। इनके लिए एक विशेष प्रकार का परिवेश आवश्यक है।

विश्व की सभी पालतू बिल्लियाँ छोटी जंगली बिल्लियों की निकट सम्बन्धी हैं तथा इन्हें जंगली बिल्लियों का वंशज कहा जा सकता है। छोटी जंगली बिल्लियों में

भारतीय रेगिस्तानी बिल्ली और यूरोप की जंगली बिल्ली सर्वाधिक विख्यात हैं। ये दोनों जंगली बिल्लियाँ पालतू बिल्लियों के साथ बड़ी सरलता से सफलतापूर्वक समागम और प्रजनन करती हैं। इसीलिए इन्हें क्रमशः भारत और यूरोप की सभी पालतू बिल्लियों का पूर्वज कहा जाता है।

मार्जार परिवार के बड़े जीवों-बाघ, सिंह, चीता, तेंदुआ, हिम तेंदुआ जगुआर और मध्यम एवं छोटे आकार के जीव-सिकमार, स्याहगोश, वनबिलाव, मानुल आदि के विषय में बहुत कुछ लिखा जा चुका है एवं इनसे अधिकांश लोग परिचित भी हैं। किन्तु कुछ ऐसी जंगली बिल्लियाँ भी हैं, जिनके विषय में जन सामान्य की जानकारी बहुत सीमित है। इस प्रकार की बिल्लियों में कैफर प्रमुख है। कैफर को बुशकैट भी कहते हैं। यह अफ्रीका की जंगली बिल्ली है और भारतीय रेगिस्तानी बिल्ली एवं यूरोप की जंगली बिल्ली के समान पालतू बिल्लियों के साथ सफलतापूर्वक समगाम और प्रजनन करती है। इसीलिए इसे अफ्रीका की सभी पालतू बिल्लियों का पूर्वज कहा जाता है। कैफर विश्व की पहली जंगली बिल्ली है, जिसे आज से लगभग 2000 वर्ष

पूर्व मिस्र के लोगों ने पालतू बनाने में सफलता प्राप्त की। मिस्र के लोग इसे पवित्र मानते थे तथा इसकी पूजा करते थे। विश्व में कैफर की 12 प्रजातियाँ पाई जाती हैं। इन्हें भूमध्य सागर के अनेक द्वीपों, अफ्रीका के अधिकांश भागों और यहाँ से लेकर तुर्किस्तान एवं अफगानिस्तान तक देखा जा सकता है। कैफर एक छोटी बिल्ली है। इसका वजन 3 किलोग्राम से लेकर 4 किलोग्राम तक होता है।

मार्जार परिवार की अन्य छोटी बिल्लियों में दूसरी प्रमुख जंगली बिल्ली है–रेतीली बिल्ली। अंग्रेजी में इसे सैंड कैट कहते हैं। इसकी खोज उन्नीसवीं शताब्दी के उत्तरार्ध में की गई थी। रेतीली बिल्ली की तीन प्रजातियाँ हैं, जो उत्तरी अफ्रीका और अरब के रेगिस्तानी क्षेत्रों में फैली हुई हैं। रेतीली बिल्ली रात्रिचर है। यह दिन के समय रेत में माँद बना कर अथवा किसी छायादार सुरक्षित स्थान पर आराम

करती है और रात में शिकार की खोज में बाहर निकलती है। रेतीली बिल्ली कैफर से कुछ छोटी होती है। इसके समूर का रंग रेत जैसा होता है और यह रेतीले स्थानों पर सरलता से रह सकती है। इसीलिए इसे यह नाम दिया गया है। इसके पैरों पर हल्के रंग की धारियाँ होती हैं एवं दोनों कानों के पीछे काले रंग का एक धब्बा होता है। रेतीली बिल्ली के चारों पैर घने बालों से पूरी तरह ढँके रहते हैं। इससे इसे रेतीले भागों में रहने में सुविधा होती है। इसे भी जीव वैज्ञानिक एक स्थानीय परिवर्तन मानते हैं।

तीसरी महत्त्वपूर्ण छोटी बिल्ली है–चीन की रेगिस्तानी बिल्ली। अंग्रेजी में इसे चाइनीज डेजर्ट कैट कहते हैं। इसकी खोज अभी कुछ समय पूर्व बीसवीं सदी के अन्त में हुई है। यह चीन के साथ ही तिब्बत में भी पाई जाती है। पश्चिमी चीन में इसकी संख्या अधिक है। चीन की रेगिस्तानी बिल्ली एक छोटी बिल्ली है। इसकी पूँछ सहित लम्बाई 50.8 सेन्टीमीटर से लेकर 76.3 सेन्टीमीटर तक होती है। इसका सिर और

शरीर का ऊपर का भाग पीलापन लिए हुए हल्के कत्थई रंग का होता है तथा दोनों बगलों का रंग कुछ गहरा होता है। इसके शरीर का नीचे वाला भाग अर्थात् सीना, पेट और चारों टाँगों का भीतरी भाग सफेदी लिए हुए हल्के रंग का होता है। इसके गले का रंग शरीर के ऊपरी भाग के समान होता है एवं चेहरे पर अव्यवस्थित निशान होते हैं। चीन की रेगिस्तानी बिल्ली की पूँछ काली होती है एवं इसके सिरे पर गहरे रंग के तीन छल्ले होते हैं।

चौथी प्रमुख छोटी बिल्ली है—काले पैरों वाली बिल्ली। इसे अंग्रेजी में ब्लैक फुटेड कैट कहते हैं। यह दक्षिण अफ्रीका की जंगली बिल्ली है। यह दक्षिण अफ्रीका के रेगिस्तानी भागों में भी पाई जाती है। इसका सिर और शरीर के ऊपर का भाग पीलापन लिए हुए मटमैले रंग का होता है एवं इस पर छोटे-छोटे धब्बे होते हैं। इसके कंधे और गर्दन पर धारियाँ होती हैं तथा शरीर का नीचे का भाग अर्थात् सीना, पेट और चारों पैरों के भीतर वाला

भाग हल्के रंग का होता है। काले पैरों वाली बिल्ली के चारों पैरों का नीचे वाला भाग काला होता है। इसीलिए इसे यह नाम दिया गया है। इसके पैरों पर हल्के रंग के छल्ले भी होते हैं। इसकी पूँछ मोटी और भारी होती है एवं इसका सिरा काला होता है। काले पैरों वाली बिल्ली विश्व की सबसे छोटी बिल्ली है। यह पालतू बिल्ली से भी कुछ छोटी होती है। इसकी पूँछ सहित लम्बाई लगभग 60 सेन्टीमीटर होती है। इसकी प्रमुख विशेषता यह है कि यह पालतू बिल्लियों के साथ सफलतापूर्वक समागम और प्रजनन करती है।

अफ्रीका की जंगली बिल्लियों में, दो अन्य जंगली बिल्लियों का उल्लेख करना आवश्यक है। ये हैं–बाघ बिल्ली और टेमिंग्स बिल्ली। इन दोनों जंगली बिल्लियों में बहुत अधिक समानता होती है, अतः प्रायः एक में दूसरे का भ्रम हो जाता है। यदि जंगल में इन में से कोई भी जंगली बिल्ली मिल जाए तो यह समझना कठिन हो जाता है कि यह बाघ बिल्ली है अथवा टेमिंग्स बिल्ली। ये दोनों जंगली बिल्लियाँ पालतू बिल्लियों से भी बहुत मिलती-जुलती हैं। टेमिंग्स बिल्ली को अफ्रीका की सुनहरी बिल्ली भी कहते हैं।

अफ्रीका की बाघ बिल्ली की लम्बाई लगभग 120 सेन्टीमीटर होती है। इसमें 25-30 सेन्टीमीटर लम्बी इसकी पूँछ भी सम्मिलित है। इसकी दो प्रजातियाँ हैं। एक प्रजाति की जंगली बिल्ली का रंग धूसर होता है एवं दूसरी का सुनहरा होता

है। टेमिंग्स बिल्ली आकार में बाघ बिल्ली से कुछ बड़ी होती है, किन्तु इसके समूर का रंग बाघ बिल्ली की ही तरह का होता है। इसकी प्रमुख विशेषता यह है कि इसके सिर और गर्दन पर धारियाँ होती हैं। इस प्रकार की धारियाँ बाघ बिल्ली के नहीं पाई जातीं। टेमिंग्स बिल्ली की तीन प्रजातियाँ हैं, जिन्हें भारत के पूर्वी भागों से लेकर सुमात्रा, नेपाल, तिब्बत और चीन के अनेक भागों में देखा जा सकता है। भारत में इसे सुनहरी बिल्ली कहते हैं। ये दोनों पूर्ण रूप से जंगली बिल्लियाँ हैं और अच्छी वृक्षारोही हैं तथा कभी-कभी जमीन पर और घरों के भीतर भी आ जाती हैं

छोटी जंगली बिल्लियों में सातवीं प्रमुख जंगली बिल्ली है–आइरियोमोट की बिल्ली। इसका वैज्ञानिक नाम फेलिस आइरियोमोटेन्सिस है। इस जंगली बिल्ली की खोज सन् 1967 में की गई है। वह आईलैंड जापान और फारमोसा के बीच में है। आइरियोमोट की बिल्ली भारत की चीता बिल्ली से बहुत मिलती-जुलती है। इसकी अनेक आदतें और व्यवहार भी चीता बिल्ली के समान होता है, किन्तु दोनों के कपाल में काफी अन्तर होता है। आइरियोमोट की बिल्ली का अभी तक जंगली अवस्था में वैज्ञानिक अध्ययन नहीं किया गया, अतः इसके भोजन, समागम, प्रजनन आदि के सम्बन्ध में प्रामाणिक जानकारी का अभाव है।

आठवीं प्रमुख जंगली बिल्ली है–चपटे सिर वाली बिल्ली। यह मलाया की छोटी जंगली बिल्ली है। अंग्रेजी में इसे फ्लैट हेडेड कैट कहते हैं। यह विश्व में मलाया की छोटी लाल बिल्ली के नाम से विख्यात है। इसकी संख्या विश्व की सभी जंगली बिल्लियों में सबसे कम है। यह एक छोटी बिल्ली है। इसके शरीर की लम्बाई लगभग 61 सेन्टीमीटर और वजन 2.5 किलोग्राम तक होता है। इसके शरीर का ऊपरी भाग कत्थईपन लिए हुए लाल रंग का होता है एवं गला, सीना, पेट और चारों पैरों का भीतरी भाग सफेदी लिए हुए हल्के रंग का होता है तथा इस पर धब्बे होते हैं। इसकी दोनों आँखों के नीचे से मुँह के दोनों ओर के किनारे एक जाने वाली रेखाएँ गहरे रंग की न होकर सफेद होती हैं। यह निशाचर है। अर्थात् यह दिन में किसी सुरक्षित स्थान पर आराम करती है अथवा सोती है और रात में शिकार की

खोज मे निकलती है। इसका प्रमुख भोजन विभिन्न प्रकार की मछलियाँ और मेढक हैं। इनके साथ ही यह मुर्गा-मुर्गी एवं इसी प्रकार के अन्य पक्षी और उनके बच्चों का भी शिकार करती है। इसे मलाया के साथ ही बोर्नियो और सुमात्रा में भी देखा जा सकता है।

छोटी जंगली बिल्लियों में नौवीं प्रमुख जंगली बिल्ली है–बोर्नियो की लाल बिल्ली। इसे खाड़ी की बिल्ली भी कहते हैं। अंग्रेजी में इसे बे कैट के नाम से जाना

जाता है। बोर्नियो की लाल बिल्ली की शारीरिक संरचना और आकार मलाया की छोटी लाल बिल्ली के समान होता है। दोनों की लम्बाई बराबर होती है, किन्तु बोर्नियो की लाल बिल्ली की पूँछ 15 सेन्टीमीटर तक लम्बी हो सकती है। इसके शरीर का ऊपर वाला भाग बादामी लाल रंग का होता है, जो पेट और सीने तक आते-आते हल्का पीला हो जाता है। इसके कान कालापन लिए हुए कत्थई रंग के होते हैं एवं

पूँछ के नीचे के भाग मे सफेद रंग की एक रेखा होती है। बोर्नियो की लाल बिल्ली केवल बोर्नियो में ही मिलती है। इसे यहाँ के जंगलों के किनारे वाले भागों में, विशेष रूप से चूना पत्थर वाले भागों में 914 मीटर तक की ऊँचाई वाले स्थानों में देखा जा सकता है। इसकी संख्या बहुत कम है और विश्व के लोगों को इसके विषय में कोई विशेष जानकारी नहीं है।

विश्व में पाँच ऐसी अन्य छोटी जंगली बिल्लियाँ पाई जाती हैं, जिनके विषय में बताना आवश्यक है। ये सभी दक्षिण अमरीका की हैं। इनकी खोज भी बीसवीं सदी के उत्तरार्ध में हुई है, अतः इनके विषय में बहुत कम जानकारी उपलब्ध है। दक्षिण अमरीका की पहली महत्त्वपूर्ण छोटी जंगली बिल्ली है–जियोफ्रायज बिल्ली। यह जंगली बिल्ली दक्षिण अमरीका में रियोग्रेन्ड डोसल से लेकर बोलविया तक और यहाँ से लेकर पेटेगोनिया तक पाई जाती है। इसे इन क्षेत्रों में पर्वतीय भागों के झाड़ी वाले क्षेत्रों में देखा जा सकता है। सुगठित एवं शक्तिशाली शरीर वाली इस बिल्ली के शरीर

की लम्बाई लगभग 91 सेन्टीमीटर होती है। इसकी दो प्रजातियाँ हैं। पहली प्रजाति की बिल्ली का रंग कत्थई होता है एवं दूसरी प्रजाति की बिल्ली का रंग धूसर होता है। दोनों के शरीर पर काले रंग की अव्यवस्थित धारियाँ होती हैं एवं पूँछ पर छल्ले होते हैं। इसका सिर बड़ा और भारी होता है तथा चेहरे पर हल्की-हल्की टूटी हुई धारियाँ होती हैं। यह कुशल वृक्षारोही है और वृक्षों पर चढ़कर पक्षियों का शिकार करती है।

दक्षिण अमरीका की दूसरी प्रमुख छोटी जंगली बिल्ली है– कॉड-कॉड। यह चिली के घने जंगलों की बिल्ली है। कॉड-कॉड एक छोटी जंगली बिल्ली है। इसकी लम्बाई लगभग 68 सेन्टीमीटर होती है। इसमें लगभग 23 सेन्टीमीटर लम्बी इसकी पूँछ भी शामिल है। इसके शरीर का

ऊपरी भाग गहरे रंग का होता है एवं सीने और पेट का भाग हल्के रंग का होता है। कॉड-कॉड की पीठ और दोनों बगलों पर छोटे-छोटे धब्बे होते हैं, जो सीधी रेखाओं में व्यवस्थित होते हैं। इसके चेहरे पर गहरे रंग की धारियाँ होती हैं एवं गले पर गहरे रंग की पट्टी होती है, जिसे दूर से ही साफ देखा जा सकता है। कॉड कॉड की पूँछ लम्बी और छोटे-छोटे बालों वाली होती है तथा इस पर गहरे रंग के छल्ले होते हैं। यह कुशल वृक्षारोही है और तेंदुए के समान अपना अधिकांश समय वृक्षों पर व्यतीत करती है।

दक्षिण अमरीका की तीसरी प्रमुख बिल्ली है छोटे धब्बों वाली बिल्ली। अंग्रेजी में इसे लिटिल स्पॉटेड कैट कहते हैं। यह भी घने जंगलों की बिल्ली है और देखने में मार्गे जैसी लगती है। इसकी लम्बाई लगभग 91 सेन्टीमीटर होती है। इसमें इसकी लगभग 38 सेन्टीमीटर लम्बी पूँछ भी सम्मिलित है। इस जंगली बिल्ली के शरीर का ऊपर का भाग मार्गे की तरह पीला होता है एवं गला, सीना, पेट और चारों टाँगों का भीतरी भाग पीलापन लिए हुए सफेद होता है। इसकी पीठ पर रीढ़ की हड्डी के ऊपर गहरे रंग की टूटी हुई धारियाँ होती हैं एवं पूँछ छल्लेदार होती

है। इसके चेहरे पर काले रंग की अव्यवस्थित रेखाएँ होती हैं एवं दोनों आँखों के ऊपर सफेद रंग की एक-एक धारी होती है। इसके कान गहरे रंग के होते हैं तथा दोनों कानों के आधार पर सफेद रंग का एक-एक धब्बा होता है। छोटे धब्बों वाली जंगली बिल्ली के गले पर, सामने की ओर काले रंग की दो धारियाँ होती हैं, जो दूर से साफ दिखाई देती हैं। यह जंगली बिल्ली भी कॉड-कॉड के समान कुशल वृक्षारोही होती है और वृक्षों पर पक्षियों का शिकार करती है।

दक्षिण अमरीका की चौथी छोटी जंगली बिल्ली पम्पास बिल्ली है। यह अर्जेन्टीना के जंगलों की बिल्ली है। इसका आकार घरेलू बिल्ली के बराबर होता है। इसकी मुख्य रूप से दो प्रजातियाँ पाई जाती हैं। इसके शरीर का ऊपर का भाग मटमैले रूपहले रंग का होता है तथा नीचे का भाग अर्थात् गला, सीना, पेट आदि पीलापन लिए हल्के रंग का होता है और इस पर कत्थई रंग की धारियाँ होती हैं। पम्पास जंगली बिल्ली की पीठ और दोनों बगलों पर लाली लिए हुए कत्थई रंग की क्षैतिज धारियाँ होती हैं। इसकी पीठ पर, रीढ़ की हड्डी के पास भी गहरे रंग की एक धारी होती है। इसके चेहरे पर दोनों तरफ आँखों से लेकर कानों तक गहरे बादामी रंग की धारियाँ होती हैं और चेहरे पर कुछ हल्की धारियाँ भी होती हैं। इसकी पूँछ का रंग इसके शरीर के ऊपरी भाग की तरह होता है एवं इस पर किसी प्रकार के निशान नहीं होते। पम्पास बिल्ली की दूसरी प्रजाति का रंग धूसर होता है एवं इसके शरीर पर बहुत कम

निशान होते हैं। इसकी एक तीसरी प्रजाति भी पाई जाती है, जिसकी पूँछ पर छल्ले होते हैं। पम्पास जंगली बिल्ली की वर्तमान स्थिति अच्छी नहीं है। शहरों के विकास के कारण इसके प्राकृतिक आवास बड़ी तेजी से नष्ट हो रहे हैं। इसके परिणामस्वरूप इसकी संख्या निरन्तर कम होती जा रही है।

दक्षिण अमरीका की पाँचवीं और अन्तिम जंगली बिल्ली है–एन्डीन बिल्ली। यह पर्वतीय जंगलों की बिल्ली है और चिली, पेरू, बोलविया तथा अर्जेन्टीना के पथरीले पहाड़ी ढलानों पर पाई जाती है। एन्डीन बिल्ली पालतू बिल्ली से बड़ी होती है। इसके शरीर की लम्बाई लगभग 120 सेन्टीमीटर होती है। इसमें लगभग 40 सेन्टीमीटर लम्बी इसकी पूँछ भी शामिल है। एन्डीज बिल्ली के शरीर का ऊपर का भाग धूसर रंग का होता है एवं नीचे का भाग सफेदी लिए हुए हल्के रंग का होता है। इसकी दोनों बगलों पर कत्थई रंग की धारियाँ और पट्टे होते हैं। एन्डीन बिल्ली की पूँछ काफी घने बालों वाली होती है एवं इस पर गहरे रंग के पट्टे और छल्ले होते हैं। एन्डीन बिल्ली कुशल शिकारी होती है तथा इस क्षेत्र में पाए जाने वाले छोटे चूहों और खरगोशों का शिकार करती है।

मार्जार परिवार के बड़े जीवों–बाघ, सिंह, चीता, तेंदुआ, प्यूमा, जगुआर आदि का प्राकृतिक जंगली अवस्था में पर्याप्त अध्ययन किया जा चुका है और अभी भी किया जा रहा है। वनबिलाव, मार्गे, सिकमार, स्याहगोश और सरवल जैसी कुछ छोटी जंगली

बिल्लियों का भी प्राकृतिक अवस्था में अध्ययन किया गया है। अतः इनके सम्बन्ध में स्तरीय प्रामाणिक जानकारी उपलब्ध है। किन्तु अभी भी बहुत-सी ऐसी जंगली बिल्लियाँ हैं, जिनका प्राकृतिक अवस्था में अध्ययन नहीं किया गया है, अतः इनके सम्बन्ध में प्रामाणिक जानकारी का अभाव है। कुछ छोटी जंगली बिल्लियों को पालतू बना कर इनका चिड़ियाघरों में अवश्य अध्ययन किया गया है, किन्तु चिड़ियाघरों में किए गए अध्ययन को स्तरीय नहीं माना जा सकता। क्योंकि पालतू अवस्था में वन्यजीवों के बहुत से स्वाभाविक गुणों, आदतों और व्यवहारों में परिवर्तन आ जाता है। इससे यह स्पष्ट है कि मार्जार परिवार के जीवों के अध्ययन का एक बहुत बड़ा भाग अभी शेष है। भारत जैसे देशों में मार्जार परिवार के अधिकांश जीव पाए जाते हैं, किन्तु यहाँ अभी इनका स्तरीय वैज्ञानिक अध्ययन आरम्भ ही नहीं हुआ है।

विश्व में अभी ऐसे बहुत से टापू हैं, जिन्हें निर्जन माना गया है। इनमें भी मार्जार परिवार के नए-नए जीवों की सम्भावना से इन्कार नहीं किया जा सकता। वन्यजीवों से सम्बन्धित शोध की सुविधाओं के विकास के साथ इन जीवों का पता लगाना भी सम्भव होगा तथा भविष्य में निश्चित रूप से इनका वैज्ञानिक अध्ययन किया जाएगा। इससे मार्जार परिवार के नए-नए जीव तो प्रकाश में आएँगे ही, साथ ही इनके सम्बन्ध में विभिन्न प्रकार की रोचक एवं रोमांचक जानकारियाँ भी प्राप्त होंगी।

# पालतू बिल्लियाँ

बिल्ली पालने का चलन कब आरम्भ हुआ? कहाँ हुआ? बिल्ली के सम्बन्ध में कैसी-कैसी किंवदन्तियाँ और धार्मिक मान्यताएँ प्रचलित हैं? क्या विश्व भर में दिखाई देने वाली तरह-तरह की पालतू बिल्लियाँ अलग-अलग जाति की हैं अथवा ये एक ही जाति की बिल्ली के अनेक रूप हैं? आदि ऐसे अनेक प्रश्न हैं, जिनके सम्बन्ध में जनसामान्य को कोई जानकारी नहीं है। अपने विलक्षण गुणों के कारण मार्जार परिवार के अन्य जीवों के समान पालतू बिल्लियाँ भी हमेशा से जीव वैज्ञानिकों के आकर्षण का केन्द्र रही हैं। पिछले कुछ वर्षों में जीव वैज्ञानिकों ने विश्व भर की पालतू बिल्लियों का बड़ा गहन और सूक्ष्म अध्ययन किया है, जिससे अनेक रोचक परिणाम सामने आए हैं।

बिल्लियों को पालने का कार्य कब आरम्भ हुआ? इस सम्बन्ध में अधिकारपूर्वक कुछ भी नहीं कहा जा सकता। अभी तक जो भी तथ्य सामने आए हैं, उनसे ऐसा लगता है कि सर्वप्रथम मिस्र के निवासियों ने बिल्ली को पालतू बनाया था। इसके बाद बिल्ली पालने का चलन आरम्भ हुआ और धीरे-धीरे सम्पूर्ण विश्व में फैल गया। वर्तमान समय में बिल्लियाँ विश्व भर के घरों की सदस्य हैं। कुछ विद्वानों का मत है कि छोटी बिल्लियों को पूर्व ऐतिहासिक काल से पालतू बनाया जा रहा है।

पालतू बिल्ली का वैज्ञानिक नाम फेलिस केटस है। यह अफ्रीका की बुश कैट अथवा कैफर कैट की वंशज है। सम्पूर्ण विश्व की 99 प्रतिशत पालतू बिल्लियाँ फेलिस केटस ही हैं। अर्थात् विश्व की लगभग सभी पालतू बिल्लियाँ एक ही जाति की हैं। इसमें थोड़ा-बहुत मिश्रण यूरोप की जंगली बिल्ली का हो सकता है। भारत में जितनी पालतू बिल्लियाँ पाई जाती हैं, इनका मूल स्रोत यूरोप की पालतू बिल्लियों से अलग हो सकता है। कुछ जीव वैज्ञानिक रेगिस्तानी बिल्ली को भारतीय पालतू बिल्लियों का पूर्वज मानते हैं। भारत की अधिकांश पालतू बिल्लियों के समूर पर चित्तियाँ होती हैं। इस प्रकार की चित्तियाँ यूरोप की पालतू बिल्लियों के शरीर पर नहीं पाई जातीं, जबकि भारतीय रेगिस्तानी बिल्ली के शरीर पर चित्तियाँ होती हैं। इससे यह सिद्ध होता है कि भारतीय पालतू बिल्लियों की पूर्वज भारतीय रेगिस्तानी बिल्ली है।

पालतू बिल्लियों की शारीरिक संरचना जंगली बिल्लियों के समान होती है। एक सामान्य भारतीय पालतू बिल्ली के शरीर की लम्बाई लगभग 75 सेन्टीमीटर होती है। इसमें इसकी 21 से 24 सेन्टीमीटर तक लम्बी पूँछ भी सम्मिलित है। एक वयस्क पालतू बिल्ली का वजन लगभग 6 किलोग्राम होता है, किन्तु 9 किलोग्राम तक की पालतू बिल्लियाँ भी कभी-कभी देखने को मिल जाती हैं। पालतू बिल्ली का शरीर बड़ा शानदार, सुगठित एवं शक्तिशाली होता है। इसका चेहरा गोल होता है एवं थूथुन चौड़ा और मूँछों वाला होता है। बिल्ली की एक प्रमुख विशेषता यह है कि यह रात के अँधेरे में अपनी मूँछों की सहायता से रास्ता मालूम करती है। इसके दाँत बहुत तेज, मजबूत और धारदार होते हैं। इनका उपयोग यह अपने शिकार को काटने और फाड़ने के लिए करती है। पालतू बिल्ली के पैर बड़े मजबूत होते हैं तथा इसके छोटे-छोटे पंजों में स्वेच्छा से बाहर निकलने वाले और भीतर करने वाले नाखून होते हैं। यह अपने नाखूनों को किसी ठोस आधार पर रगड़कर हमेशा तेज और नुकीला बनाए रखती है। इनकी सहायता से इसे कहीं भी उतरने-चढ़ने में सहायता मिलती है, विशेष रूप से वृक्षों पर। इसे प्रायः कुत्तों से बचने के लिए और पक्षियों का शिकार करने के लिए वृक्षों पर चढ़ना पड़ता है।

पालतू बिल्लियों के शरीर के रंगों में बहुत अधिक विविधता पाई जाती है। इनका रंग नीला, काला, रूपहला, अदरक जैसे रंग का अथवा कछुए की पीठ जैसे रंगों वाला हो सकता है। पालतू बिल्लियों के शरीर पर धारियाँ, लहरियाँ, चित्तियाँ अथवा धब्बे आदि भी होते हैं तथा इनका डिजाइन भी विविधतापूर्ण होता है। कुछ पालतू बिल्लियाँ पूर्णतया सफेद होती हैं। वास्तव में ये सूरजमुखी बिल्लियाँ हैं। पालतू बिल्लियों के शरीर के रंगों और डिजाइनों की विविधता पर शोध करने से ज्ञात हुआ है कि बिल्लियों को जंगली से पालतू बनाने के बाद इनमें जो जैविक परिवर्तन हुए हैं, उन्हीं के कारण इनमें रंगों और डिजाइनों की विविधता आई है। सामान्यतया पालतू बिल्लियों की आँखों का रंग पीला होता है, किन्तु जो बिल्लियाँ सफेद होती हैं अथवा जिन बिल्लियों के समूर में सफेदी अधिक होती है, उनकी आँखें नीली होती हैं। डार्विन विश्व के पहले जीव वैज्ञानिक थे, जिन्होंने सर्वप्रथम यह खोज की कि बिल्लियों के समूर और आँखों के रंग का इनके संवेदनशील अंगों पर प्रभाव पड़ता है। डार्विन के अनुसार नीली आँखों वाली पालतू बिल्लियाँ प्रायः बहरी होती हैं। डार्विन की इस खोज के लम्बे समय बाद जब जीव वैज्ञानिकों ने नीली आँखों वाली बिल्लियों का अध्ययन किया तो अनेक रोचक तथ्य प्रकाश में आए। जीव वैज्ञानिकों ने देखा कि नीली आँखों वाली बिल्लियों के बच्चों के कान जन्म के समय पूर्णतया सामान्य होते हैं, किन्तु कुछ समय बाद 75 प्रतिशत तक बच्चे बहरे हो जाते हैं। केवल 25 प्रतिशत की श्रवण शक्ति ही सामान्य बनी रहती है। इन 25 प्रतिशत में भी कुछ ऐसे होते हैं जो केवल एक कान से ही सुन सकते हैं।

पालतू बिल्लियों की बहुत-सी प्रजातियाँ हैं। इनकी प्रामाणिक संख्या और विवरण मालूम करने का अभी तक कोई प्रयास नहीं किया गया है। अमरीका के लोग पालतू बिल्लियों के बड़े शौकीन होते हैं, अतः यहाँ पर इनका व्यवसाय किया जाता है। संयुक्त राज्य अमरीका में अनेक संस्थानों को पालतू बिल्लियों की संकर प्रजातियाँ तैयार करने में सफलता भी मिली है। इनमें कुछ लम्बे बालों वाली पालतू बिल्लियाँ हैं। लम्बे बालों वाली संकर बिल्लियों में अंगोरी बिल्ली प्रमुख है। इसे अंगोरा (टर्की) की एक बिल्ली की सहायता से तैयार किया गया है। सामान्य संकर बिल्लियाँ अन्य घरेलू बिल्लियों के समान छोटे बालों वाली होती हैं। अब आइए, विश्व की कुछ रोचक पालतू बिल्लियों की चर्चा की जाए–

विश्व की सभी छोटे बालों वाली पालतू बिल्लियों में सर्वाधिक लोकप्रियता स्याम की बिल्ली को मिली है। इसके विषय में यह कहा जाता है कि यह थाईलैंड की राजकीय बिल्ली है और थाईलैंड के मन्दिरों में पाई जाने वाली प्राचीन बिल्ली की वंशज है। स्याम की बिल्ली के बच्चों के समूर का रंग सफेद होता है। धीरे-धीरे इसमें परिवर्तन होता है और बच्चों के वयस्क होने तक इसका रंग पीलापन लिए हुए भूरा हो जाता है। स्याम की बिल्ली के नाक, कान मुँह सहित चेहरे का बहुत सा भाग, पंजे और पूँछ का रंग गहरा कत्थई होता है। स्याम की बिल्ली की आँखें नीली और बहुत चमकीली होती हैं। इसके पैर अन्य पालतू बिल्लियों की तुलना में कुछ छोटे होते हैं।

स्याम की बिल्ली एक सुन्दर पालतू बिल्ली है। इसे 1884 में इंगलैंड और 1894 में संयुक्त राज्य अमरीका ले जाया गया, जहाँ यह अच्छी तरह फल-फूल रही है।

बर्मा की बिल्ली भी बहुत सुन्दर होती है। यह स्याम की बिल्ली की निकट सम्बन्धी है। इसके समूर का रंग स्याम की बिल्ली से पूरी तरह भिन्न होता है तथा इसके पैर भी स्याम की बिल्ली के समान छोटे नहीं होते। बर्मा की बिल्ली के शरीर का रंग सील की तरह कत्थईपन लिए हुए होता है। इसका चेहरा बड़ा होता है तथा मूँछों के बाल सफेद होते हैं। बर्मा की बिल्ली की आँखें बड़ी सुन्दर होती हैं। इनका

रंग पीला अथवा पीलापन लिए हुए सुनहरा होता है। स्याम की बिल्ली दूर से देखने पर दो रंगों वाली दिखाई देती है। इसके विपरीत बर्मा की बिल्ली का पूरा शरीर एक ही रंग का होता है। यह रंग कहीं पर गहरा होता है और कहीं पर हल्का होता है।

विश्व की लोकप्रिय पालतू बिल्लियों में तीसरे स्थान पर एबीसीनिया की पालतू बिल्ली आती है। किन्तु यह बिल्ली एबीसीनिया की है, इसका अभी तक कोई प्रमाण नहीं मिला है। एबीसीनिया की बिल्ली देखने में मिस्र की प्राचीन बिल्लियों के समान लगती है। इसके समूर का रंग धूसर कत्थई से लेकर लाली लिए हुए कत्थई तक होता है, किन्तु यह पूरे शरीर पर एक जैसा नहीं होता। इसके समूर का रंग कहीं गहरा होता है और कहीं हल्का होता है। एबीसीनिया की बिल्ली की आँखों का रंग हरा-पीला होता है तथा इसकी आवाज बहुत धीमी होती है। एबीसीनिया की बिल्ली एक छोटी और सुन्दर बिल्ली है। इसे बीसवीं सदी के अन्त में यूरोप के कुछ देशों में ले जाया गया है, जहाँ यह अच्छी तरह फल-फूल रही है।

रूस की नीली बिल्ली अपने आकर्षक समूर के कारण विश्व भर में प्रसिद्ध हो गई है। यह एक शानदार और सुन्दर घरेलू बिल्ली है। इसके शरीर का समूर काफी घना और कोमल होता है। अतः इसके ऊपर हाथ फेरना बहुत अच्छा लगता है। रूस

की नीली बिल्ली का रंग स्लेटीपन लिए हुए गहरा चमकीला, नीला होता है। इसीलिए इसे नीली बिल्ली कहा जाता है। इसकी एक अन्य विशेषता यह है कि इसकी पीठ एवं ऊपर का भाग हल्के रंग का होता है एवं पेट, गले के नीचे का भाग और पैर गहरे रंग के होते हैं। रूस की नीली बिल्ली का चेहरा छोटा होता है एवं आँखें हरे रंग की होती हैं। यह रूस की लोकप्रिय बिल्ली है और रूस के साथ ही यूरोप के अन्य देशों में भी पाई जाती है।

पालतू बिल्लियों में सबसे रोचक है—मानद्वीप की बिल्ली। इसकी पूँछ नहीं होती तथा यह सामान्य पालतू बिल्लियों से अलग दिखाई देती है। यह कुछ-कुछ वनबिलाव (लिंक्स) से मिलती-जुलती है। किन्तु इसके समूर का रंग वनबिलाव से पूरी तरह भिन्न होता है तथा यह वनबिलाव से काफी छोटी होती है। इसकी पीठ छोटी होती

है एवं इसके शरीर का पीछे वाला भाग ऊँचा होता है। इसकी चाल सभी पालतू बिल्लियों से अलग होती है। यह अच्छी वृक्षारोही भी नहीं है, किन्तु जमीन पर सभी पालतू बिल्लियों से अधिक तेज दौड़ सकती है। इसकी एक अन्य विशेषता यह है कि इसका समूर दोहरा होता है। इसके समूर के ऊपर के बाल लम्बे होते हैं तथा नीचे के बाल छोटे होते हैं। वास्तव में यह सुदूरपूर्व की बिल्ली है, जहाँ की बिल्लियों की पूँछ बहुत छोटी और बालदार होती है।

अन्य पालतू बिल्लियों में फारस की बिल्ली, साइप्रस की बिल्ली और चिलचिला आती हैं। इनमें साइप्रस की बिल्ली काफी कद्दावर और गठे हुए शरीर की होती है। शेष दोनों बिल्लियाँ फारस की बिल्ली और चिलचिला आकार में छोटी होती हैं तथा बड़े-बड़े बालों वाली होती हैं। इनकी पूँछ पर भी घने और लम्बे बाल होते हैं। फारस

की बिल्ली और चिलचिला का उपयोग व्यावसायिक स्तर पर बहुत अधिक किया गया है एवं इनकी सहायता से बिल्ली की अनेक संकर प्रजातियाँ तैयार की गई हैं।

मार्जार परिवार के अन्य जीवों की तरह पालतू बिल्लियाँ भी निशाचर होती हैं। ये दिन के समय किसी छायादार सुरक्षित स्थान पर आराम करती हैं अथवा सोती हैं और रात को शिकार की तलाश में निकलती हैं। पालतू बिल्लियों के शिकार के सम्बन्ध में कुछ भी कहने से पहले यह स्पष्ट कर देना आवश्यक है कि इनकी भोजन सम्बन्धी आदतों में बहुत परिवर्तन आ गया है। सामान्यतया पालतू बिल्लियाँ दो प्रकार की होती हैं। पहली वे पालतू बिल्लियाँ हैं, जो अपना अधिकांश समय अपने मालिक के घर के भीतर व्यतीत करती हैं एवं दूसरी वे पालतू बिल्लियाँ हैं जो पालतू तो हैं, किन्तु अपना अधिकांश समय घरों के बाहर खेतों, खलिहानों, बाग-बगीचों आदि में व्यतीत करती है। इन दोनों प्रकार की पालतू बिल्लियों के भोजन में पर्याप्त अन्तर होता है। घरों के भीतर रहने वाली पालतू बिल्लियाँ प्रायः दूध, डबलरोटी, सामान्य रोटी, पका हुआ मांस तथा इसी प्रकार की अन्य चीजें बड़े शौक से खाने लगती हैं। कभी-कभी तो कुछ घरेलू बिल्लियों की चाय-कॉफी पीने की आदत पड़ जाती है। इसके विपरीत घरों के बाहर अपना अधिकांश समय व्यतीत करने वाली बिल्लियाँ पूरी तरह मांसाहारी होती हैं। दोनों प्रकार की बिल्लियाँ कुशल शिकारी होती हैं और घरेलू चूहे, खेत के चूहे, खरगोश तथा इसी प्रकार के छोटे-छोटे कुतरने वाले

एवं स्तनधारी जीवों का शिकार करती हैं। इन सबके साथ ही ये गौरैया, बुलबुल, कबूतर जैसे पक्षियों को भी अपना निशाना बनाती हैं और अवसर मिलते ही चट कर जाती है।

मार्जार परिवार के अन्य जीवों के समान ही पालतू बिल्लियाँ भी रात में शिकार करती है। ये अपनी तीव्र दृष्टि तथा शानदार श्रवण शक्ति के सहारे शिकार करती हैं। घरेलू बिल्ली की श्रवण शक्ति इतनी तेज होती है कि ये शिकार द्वारा की गई हल्की आवाज से उसे खोज लेती हैं। इनकी श्रवणशक्ति मानव से भी तेज होती है। मानव उच्च आवृत्ति वाली आवाज नहीं सुन सकता, जबकि घरेलू बिल्लियाँ इस आवाज को सरलता से सुन लेती हैं। सम्भवतः यही कारण है कि घरेलू बिल्लियाँ स्त्रियों की आवाज पर शीघ्र प्रतिक्रिया देती हैं। चूहे अथवा इसी तरह के अन्य कुतरने वाले छोटे, स्तनधारी जीवों द्वारा अपने बिल के भीतर की गई हल्की-सी आवाज भी एक पालतू बिल्ली को साफ सुनाई पड़ जाती है। यह अपने शिकार की आवाज सुनते ही बिल के द्वार पर आ जाती है और शिकार के बाहर निकलने की प्रतीक्षा करती है।

पालतू बिल्लियों के सम्बन्ध में यह कहा जाता है कि इन्हें पूर्ण अंधकार में भी साफ दिखाई देता है। यह एक भ्रामक तथ्य है। मार्जार परिवार के अन्य जीवों के समान पालतू बिल्लियों को भी पूर्ण अंधकार में नहीं दिखाई देता। किन्तु इनकी आँखों की संरचना इस प्रकार की होती है कि यदि रात के घने अँधेरे में थोड़ा सा प्रकाश हो तो इन्हें सब कुछ साफ-साफ दिखाई देगा। रात्रि में विचरण करने वाले जीवों के समान पालतू बिल्लियों की आँखें इस प्रकार की होती हैं कि दिन के समय सूर्य का तेज प्रकाश इनकी आँखों के भीतर नहीं पहुँच पाता। मार्जार परिवार के अन्य जीवों के समान घरेलू बिल्लियों की आँखों में रैटीना के पीछे कोशिकाओं की एक पर्त होती है। इस पर्त को टेप्टम कहते हैं। इसी टेप्टम के कारण रात के अँधेरे में इनकी आँखें चमकती हैं। चाँदनी रातों अर्थात् तारों भरी रातों में भी इनकी आँखें चमकती हुई दिखाई देती हैं।

पालतू बिल्लियों के शिकार करने का ढंग पालतू कुत्तों से भिन्न होता है। कुत्ते अपने शिकार का उसकी गंध से पीछा करते हैं और उसके पीछे दौड़ते हैं। इसके विपरीत पालतू बिल्लियाँ शिकार की आवाज और अपनी दृष्टि के सहयोग से शिकार करती हैं। पालतू बिल्लियाँ शिकार के पीछे भागती नहीं हैं, बल्कि बड़े धैर्य से शिकार का पीछा करती हैं। ये कभी-कभी एक ही स्थान पर शिकार की प्रतीक्षा करती है और शिकार के निकट आते ही छलाँग लगा कर उसे दबोच लेती हैं।

मानव ने अपने उपयोग के लिए दो हिंसक और मांसाहारी जीवों को बहुत बड़ी संख्या में पालतू बनाया है। ये हैं—बिल्ली और कुत्ता। बिल्ली का सर्वाधिक उपयोग चूहों और इसी प्रकार के कुतरने वाले जीवों से खेतों और खलिहानों की सुरक्षा के

लिए किया गया एवं कुत्ते का उपयोग एक वफादार चौकीदार के रूप में। चूहे अनाज खाने प्रायः पानी के जहाजों पर भी पहुँच जाते हैं, अतः इन्हें नियंत्रित करने के लिए पानी के जहाजों पर भी पालतू बिल्लियों को रखा गया। सामान्यतया ये बिल्लियाँ अर्धजंगली होती हैं।

मानव ने कुत्ते और बिल्ली दोनों को समान ढंग से पालतू बनाया, किन्तु वह कुत्तों के समान बिल्लियों के गले में पट्टे बाँधकर उन्हें एक स्थान पर बाँध कर नहीं रख सका। इसका प्रमुख कारण यह है कि पालतू बिल्लियाँ कुत्तों की तुलना में बहुत जल्दी जंगली अर्थात् उग्र, आक्रामक और हिंसक हो जाती हैं। अर्थात् कुत्तों की तुलना में पालतू बिल्लियाँ आज भी अपने पूर्वजों के अधिक निकट हैं। विश्व में आज भी हिंसक बिल्लियों की संख्या बहुत अधिक है। डार्विन के अनुसार एक बार सेन्ट हेलेना में चूहों की संख्या बहुत अधिक बढ़ गई। इन्हें नियन्त्रित करने के लिए बिल्लियाँ भेजी गईं। बिल्लियाँ इतनी कुशल शिकारी थीं कि उन्होंने शीघ्र ही चूहों पर नियन्त्रण पा लिया।

एक बार दक्षिण अमरीका में पालतू बिल्लियों पर कुछ प्रयोग किए गए। इन्हें जंगलों में स्वतन्त्र छोड़ दिया गया। कुछ समय बाद जब इन्हें देखा गया तो इनका आकार बढ़ गया था, ये अधिक हिंसक और आक्रामक हो गई थीं तथा रॉकी पर्वत के पथरीले भागों में स्थायी रूप से रहने लगी थीं। अर्थात् ये पूरी तरह जंगली बिल्लियों में बदल गई थीं।

प्रायः बड़े आकार की पालतू बिल्लियाँ जंगलों में चली जाती हैं और पूरी तरह जंगली बिल्लियों में बदल जाती हैं। कुछ ऐसी बिल्लियाँ भी जंगलों में पहुँच जाती हैं, जिन्हें उनके मालिक अनुपयोगी समझकर जंगल पहुँचा देते हैं। पालतू बिल्लियाँ जंगल पहुँच कर अधिक स्वतन्त्रता अनुभव करती हैं तथा बहुत उछल-कूद करती हैं। इसके साथ ही इन्हें जंगलों में भरपूर शिकार भी मिलता है, अतः ये अधिक उग्र, आक्रामक और हिंसक हो जाती हैं तथा इनका आकार भी बढ़ जाता है। एक बार हालैंड में एक पालतू बिल्ली को उसके मालिक ने जंगल पहुँचा दिया। इस बिल्ली का मात्र 4 वर्षों में आकार दुगना 160.7 सेन्टीमीटर हो गया। यह एक पालतू बिल्ली का जंगल पहुँचने के बाद शारीरिक विकास का विश्व कीर्तिमान है।

पालतू बिल्लियों का समागम और प्रजनन मार्जार परिवार के अन्य जीवों के समान होता है। इनका समागम और प्रजनन पूरे वर्ष भर चलता है, किन्तु दिसम्बर के अन्त से लेकर मार्च तक ये अधिक जोड़े बनाती हैं। समागम काल में प्रायः रात के समय मादा को अपनी ओर आकर्षित करने के लिए नर एक विचित्र सी आवाज निकालता है। समागम की इच्छुक मादा के मिल जाने पर दोनों साथ-साथ रहते हैं और समागम करते हैं। सामान्यतया दिसम्बर से मार्च तक तथा कुछ स्थानों पर दिसम्बर से अगस्त के मध्य मादा पालतू बिल्ली 3 दिन से 9 दिन के अन्तराल से

बार-बार समागम की इच्छा अनुभव करती है। यह स्थिति लगभग 21 दिन तक चलती है। इस मध्य नर-मादा दोनों एक-दूसरे से मिलते हैं, दो-तीन दिन तक तरह-तरह की प्रणय लीलाएँ करते हैं और अन्त में समागम करते हैं। समागम के बाद नर मादा दोनों अलग-अलग हो जाते हैं।

मादा पालतू बिल्ली का गर्भकाल 65 दिन का होता है, किन्तु यह 58 दिन से 68 दिन के मध्य कभी भी बच्चों को जन्म दे सकती है। पालतू बिल्लियों की प्रजनन क्षमता बहुत अधिक होती है और ये एक बार में सामान्यतया 7-8 बच्चों को जन्म देती हैं। इन्हें एक बार में 13 तक बच्चों को जन्म देते हुए देखा गया है। मादा बिल्ली की प्रजनन क्षमता का इसकी आयु से सीधा सम्बन्ध होता है। सामान्यतया मादा घरेलू बिल्ली 10 माह की आयु में अथवा इससे भी कम आयु में प्रजनन के योग्य हो जाती है। एक बार एक पालतू मादा बिल्ली ने मात्र साढ़े तीन माह की आयु में बच्चे दिए थे। यह एक विश्व कीर्तिमान है। किन्तु छोटी आयु की मादा एक बार में केवल एक या दो बच्चों को ही जन्म देती है। इसके बाद धीरे-धीरे बच्चों की सख्या बढ़ती जाती है। 2 वर्ष से लेकर 8 वर्ष तक की मादा और 3 वर्ष से लेकर 8 वर्ष तक के नर सर्वाधिक प्रजनन करते हैं। 8 वर्ष की आयु के बाद इनकी प्रजनन क्षमता पुनः कम होने लगती है।

मार्जार परिवार के अन्य जीवों के समान पालतू बिल्लियों के बच्चों की आँखें और कान जन्म के समय बन्द रहते हैं, किन्तु इनके शरीर पर बहुत कम बालों वाला समूर होता है। ये पूरी तरह मादा पर आश्रित होते हैं, उसका दूध पीते हैं और अपना विकास करते हैं। मादा अपने बच्चों को मुँह में दबा कर एक स्थान से दूसरे स्थान पर ले जाती है तथा इनकी सुरक्षा करती है। बच्चों के विकास में नर की कोई भूमिका नहीं होती। बिल्ली के नवजात बच्चों की आँखें 4 से 10 दिनों के मध्य खुल जाती हैं तथा चौथे दिन इनके दूध के दाँत भी दिखाई देने लगते हैं। लगभग 5 सप्ताह में दूध के पूरे दाँत निकल आते हैं, किन्तु स्थायी दाँतों के निकलने में लगभग 7 माह का समय लगता है। इनमें मादा शीघ्र वयस्क अर्थात् प्रजनन योग्य हो जाती है एवं कभी-कभी तो स्थायी दाँत निकलने के पूर्व ही प्रजनन आरम्भ कर देती है।

जीव वैज्ञानिकों ने पालतू बिल्लियों की वंशानुगत विशेषताओं तथा समागम और प्रजनन सम्बन्धी व्यवहारों का बड़ा गहन और सूक्ष्म अध्ययन किया है। इससे अनेक रोचक परिणाम सामने आए हैं। जीव वैज्ञानिकों के अनुसार चितकबरी बिल्ली के रंग वाले जीन्स हमेशा काली बिल्ली के रंग वाले जीन्स पर भारी पड़ते हैं। अर्थात् नर और मादा में यदि एक के शरीर का रंग काला है और दूसरे के शरीर का रंग चितकबरा है, तो बच्चे चितकबरे होंगे। इसी प्रकार छोटे बाल वाली घरेलू बिल्लियों के जीन्स अधिक शक्तिशाली होते हैं तथा ये बड़े बाल वाली बिल्लियों के बालों वाले

जीन्स को दबा देते हैं। अर्थात् यदि नर और मादा में एक छोटे बालों वाला है और दूसरा बड़े बालों वाला, तो इनके बच्चे प्रायः छोटे बालों वाले होंगे। जीव वैज्ञानिकों के अनुसार बड़े आकार की पालतू बिल्लियाँ अधिक उग्र, आक्रामक और हिंसक स्वभाव की होती हैं। यदि घरों में रहने वाली अथवा बस्ती में रहने वाली पालतू बिल्ली जंगल पहुँच जाती है और वहाँ उसका आकार बड़ा हो जाता है, तो वह भी अधिक उग्र, आक्रामक और हिंसक हो जाती है। जीव वैज्ञानिकों ने एक सर्वाधिक रोचक तथ्य की खोज की और यह देखा कि पालतू बिल्ली, चाहे वह कैसी भी क्यों न हो, यदि उसका आकार बड़ा हो जाता है, तो वह उग्र, आक्रामक और हिंसक हो जाती है और स्वतः छोटे बालों वाली चितकबरी घरेलू बिल्ली में बदल जाती है।

जीव वैज्ञानिकों ने पालतू बिल्लियों द्वारा निकालने वाली विभिन्न प्रकार की आवाजों और इनके विभिन्न प्रकार के व्यवहारों का भी अध्ययन करके अनेक रोचक परिणाम प्राप्त किए हैं। जीव वैज्ञानिकों का मत है कि पालतू बिल्लियों की सामान्य आवाज म्याऊँ है। किन्तु ये म्याऊँ की आवाज भी उस समय निकालती है, जब ये भूखी होती हैं। इसके साथ ही जब इनकी प्यार कराने की इच्छा होती है अथवा जब ये चाहती हैं कि कोई इनके शरीर पर हाथ फेरे या थपथपाये, तब भी ये म्याऊँ-म्याऊँ की आवाजें निकालती हैं। भोजन मिल जाने पर एवं प्यार से सन्तुष्ट हो जाने पर ये घुरघुराने की सी आवाजें निकालने लगती हैं। क्रोध और भय की स्थिति में इनका पूरा व्यवहार बदल जाता है। इन स्थितियों में ये अपने शरीर का पीठ वाला भाग धनुष की तरह कर लेती हैं और फुफकारती हैं अथवा थूकती हैं।

घरेलू बिल्लियों के सम्बन्ध में अनेक भ्रामक धारणाएँ और किंवदन्तियाँ प्रचलित हैं। मिस्र में तो बिल्ली को देवी माना जाता है और इसकी पूजा की जाती है। इस देवी का नाम है-बेस्टेड। यहाँ बिल्लियो को मन्दिरों में रखा जाता है और इन्हें प्रसन्न करने के लिए बलि चढ़ाई जाती है। मिस्र में बिल्लियों की अनेक प्राचीन मूर्तियाँ, चित्र तथा ममी मिली हैं। यहाँ की मूल्यवान कला-कृतियों में बिल्लियों के चित्र आज भी देखने को मिल जाते हैं। मिस्र में बिल्लियों से सम्बन्धित अन्धविश्वास और किंवदन्तियाँ भी कम नहीं है। मिस्र का इतिहास इस बात का प्रमाण है कि यहाँ जिस समय बिल्लियों को पालतू बनाया जा रहा था, उसी समय अनेक अन्धविश्वास प्रचलित होने लगे थे।

बिल्लियों से सम्बन्धित अन्धविश्वास मिस्र के साथ ही विश्व के अन्य भागों में भी देखे जा सकते हैं। एशिया के अनेक भागों में लोग यह मानते हैं कि मानव मृत्यु के बाद बिल्ली बनता है। चीन के लोगों का यह विश्वास है कि एक निश्चित आयु की हो जाने के बाद बिल्ली अपने आपको अपनी इच्छानुसार अन्य जीव में बदल सकती है। चीन और जापान दोनों देशों के निवासी यह मानते हैं कि 10 वर्ष की हो जाने पर

बिल्ली मानव की तरह बातें करने लगती है। एशिया के समान यूरोप के अधिकांश भागों में भी बिल्ली के सम्बन्ध में अनेक अन्धविश्वास प्रचलित हैं। मध्यकाल में यूरोप में काली बिल्लियों को बड़ी बेरहमी के साथ मार डाला जाता था, क्योकि लोगों का यह विश्वास था कि काली बिल्लियों का जादूगरनियों और चुड़ैलों से घनिष्ठ सम्बन्ध होता है। यूरोप में शैतान की शक्ल बिल्ली जैसी ही बनाई जाती है।

यूरोप के लोग किसी समय यह मानते थे कि बिल्ली के पास जादुई शक्ति होती है तथा यह नौ बार मर कर भी पुनः जीवित हो सकती है। सत्रहवीं और अठारहवीं सदी में यूरोप के अधिकांश भागों में यह प्रचलन था कि गृह-निर्माण के समय यहाँ के निवासी एक बिल्ली और एक चूहा मकान की नींव में चुनवा देते थे। इन लोगों का विश्वास था कि ऐसा करने से दुष्ट आत्माएँ घर में प्रवेश नहीं कर पातीं।

भारत में भी बिल्ली के सम्बन्ध में अनेक अन्धविश्वास प्रचलित हैं तथा इस पर बहुत सा साहित्य भी लिखा गया है। भारत के अधिकांश भागों में लोग आज भी यह मानते हैं कि बिल्ली का रास्ता काटना असगुन होता है तथा बिल्ली के रास्ता काटने के बाद यात्रा करने से निश्चित रूप से काम नहीं बनता अथवा कोई अनिष्ट होता है। भारत के लोग बिल्ली की हत्या करना पाप समझते हैं और यदि किसी के हाथों पालतू बिल्ली की मृत्यु हो जाए, तो वह प्रायश्चित के रूप में सोने की बिल्ली बना कर दान करता है। इसके विपरीत भारत में अनेक स्थानों पर बिल्ली को सौभाग्य का प्रतीक माना जाता है। बिल्ली के प्रजनन के समय इसकी झर (आँवल) प्राप्त हो जाने पर व्यक्ति की गरीबी समाप्त हो जाती है एवं वह सम्पन्न व्यक्ति बन जाता है।

# मार्जार परिवार के वन्यजीवों का वैज्ञानिक विवरण

| हिन्दी नाम | | अंग्रेज़ी नाम | वैज्ञानिक नाम |
|---|---|---|---|
| 1. | बाघ | टाइगर | पैंथरा टिग्रिस |
| 2. | सिंह | लॉयन | पैंथरा लियो |
| 3. | तेंदुआ | लेपर्ड (पैंथर) | पैंथरा पार्डस |
| 4. | चीता | चीता | एसिनोनिंक्स जुबाटस |
| 5. | हिम तेंदुआ | स्नो लेपर्ड | पैंथरा अंसिया |
| 6. | जगुआर | जगुआर | पैंथरा ओंका |
| 7. | प्यूमा | प्यूमा | फेलिस कॉन्कलर |
| 8. | बादली तेंदुआ | क्लाउडेड लेपर्ड | फेलिस नेबूलोसा |
| 9. | वनबिलाव | लिंक्स | फेलिस लिंक्स |
| 10. | लाल वनबिलाव | रेड लिंक्स (बॉब कैट) | फेलिस र्‌यूफस |
| 11. | स्याहगोश | कैराकल | फेलिस कैराकल |
| 12. | मछुआबिल्ली | फिशिंग कैट | फेलिस वियेरिनस |
| 13. | जगुआ रुंडी | जगुआरुंडी | फेलिस यगुआराउंडी |
| 14. | सुनहरी बिल्ली | गोल्डन कैट | फेलिस टेमिंकी |
| 15. | सरवल | सरवल | फेलिस सरवल |
| 16. | ओसलॉट | ओसलॉट | फेलिस पारडेलिस |
| 17. | मानुल | पालास कैट | फेलिस मानुल |
| 18. | सिकमार | मार्बल्ड कैट | फलिस बेंगालेंसिस |
| 20. | मार्गे | मार्गे (टाइग्रिलो) | फेलिस वीडी |
| 21. | भारतीय रेगिस्तानी बिल्ली | इंडियन डेजर्ट कैट | फेलिस आर्नेटा |
| 22. | भारतीय जंगली बिल्ली | इंडियन वाइल्ड कैट | फेलिस चौस |
| 23. | यूरोप की जंगली बिल्ली | यूरोपियन वाइल्ड कैट | फेलिस सिल्वेस्ट्रिस |
| 24. | बिटारी बिल्ली | रस्टी स्पॉटेड कैट | फेलिस रूबीजिनोसा |
| 25. | कैफर | बुश कैट | फेलिस लाइबिका |

| | | | |
|---|---|---|---|
| 26. | रेतीली बिल्ली | सैंड कैट | फेलिस मार्गारीटा |
| 27. | चीन की रेगिस्तानी बिल्ली | चाइनीज डेजर्ट कैट | फेलिस बाइटी |
| 28. | काले पैरों वाली बिल्ली | ब्लैक फुटेड कैट | फेलिस नाइग्रिप्स |
| 29. | बाघ बिल्ली | टाइगर कैट | फेलिस औराटा |
| 30. | टेमिंग्स बिल्ली | टेमिंग्स कैट | फेलिस टेमिंकी |
| 31. | आइरियोमोट की बिल्ली | आइरियोमोट्स कैट | फेलिस आइरियोमोटेन्सिस |
| 32. | चपटे सिर वाली बिल्ली | फ्लेट हेडेड कैट | फेलिस प्लेनीसेप्स |
| 33. | बोर्नियो की लाल बिल्ली | बोर्नियोज रेड कैट | फेलिस बोडिया |
| 34. | जियोफ्रायज बिल्ली | जियोफ्रायज कैट | फेलिस जियोफ्रॉई |
| 35. | कॉड कॉड | कॉड कॉड | फेलिस गाइग्ना |
| 36. | छोटे धब्बों वाली बिल्ली | लिटिल स्पॉटेड कैट | फेलिस टिगटिना |
| 37. | पम्पास बिल्ली | पम्पास कैट | फेलिस कोलोकोलो |
| 38. | पालतू बिल्लियाँ | डोमेस्टिक कैट्स | फेलिस कैटस |

| | | |
|---|---|---|
| संघ (फाइलम) | : | रीढ़धारी (वर्टीब्रेटा) |
| वर्ग (क्लास) | : | स्तनधारी (मैमेलिया) |
| गण (ऑर्डर) | : | मांसाहारी (कार्नीवोरा) |
| परिवार (फैमिली) | : | मार्जार (फेलिडी) |

# पारिभाषिक शब्दावली

| | |
|---|---|
| अत्यन्त प्राचीन | Most Primitive |
| अनुरूप | Resemble |
| अन्य जंगली बिल्लियाँ | Other Wild Cats |
| अफ्रीकी जंगली बिल्ली (कैफ़र) | Bush Cat |
| अफ्रीकी सिंह | African Loin |
| अफ्रीकी हाथी | African Elephant |
| अभयारण्य | Sanctuary |
| अयाल | Mane |
| अरबी ताहर | Arabian Tahr |
| अवलोकन | Observation |
| अश्रु रेखाएँ | Tear Strips |
| आइरियोमोट | Iriomote |
| आइरियोमोटेन्सिस | Iriomotensis |
| आक्रामक | Aggressive |
| आर्द्रता | Humidity |
| आमूर तेंदुआ | Amur Leopard |
| आवास | Habitat |
| आवृत्ति | Frequency |
| ईलैंड | Eland |
| ईरान का बाघ | Persian Tiger |
| उत्तेजना | Stimulation |
| उपउष्ण-कटिबन्धीय | Sub-Tropical |
| उष्ण-कटिबन्धीय | Tropical |
| ऊदबिलाव बिल्ली | Otter Cat |
| एकान्तवासी | Solitary |

| | |
|---|---|
| एंडीन बिल्ली | Andean Cat |
| एबीयीनिया की बिल्ली | Abyssinian Cat |
| एशियाई सिंह | Asiatic Loin |
| एरित्रिया का तेंदुआ | Eritrean Leopard |
| एसिनोनिक्स जुबाटस | Aciononyx Jubatus |
| ऐडेक्स | Addax |
| ओरिक्स | Oryx |
| ओसिलॉट | Ocelot |
| अंग | Organ |
| कपाल | Skull |
| कस्तूरी मृग | Musk Deer |
| कॉगर | Cougar |
| कॉड कॉड | Cod Cod |
| काला जगुआर | Black Jaguar |
| काला तेंदुआ | Black Leopard |
| काला प्यूमा | Black Puma |
| काले पैरों वाली बिल्ली | Black-Footed Cat |
| काँकड़ (भौंकन मृग) | Muntjak |
| कुडु | Kudu |
| कुत्ती दीपड़ा | Dog Panther |
| केप सिंह | Cape Lion |
| कैफर (बुश कैट) | Bush Cat/Cafer |
| कैस्पियन बाघ | Caspian Tiger |
| कृष्ण मृग | Black Buck |
| कन्धा | Shoulder |
| कोटर | Hollow of Tree |
| खाड़ी की बिल्ली | Bay Cat |
| गजदन्त | Tusk |
| गजेल | Gazelle |
| गण | Order |
| गर्जन | Poar |
| गर्भकाल | Gestation Period |
| गवय | Antelope |

| | |
|---|---|
| गिद्ध | Vulture |
| गुलाब की पंखुड़ियों के समान | Rose Hers |
| गुर्राना | Growl |
| ग्रन्थि | Gland |
| गौर | Indian Bison |
| गंध | Smell |
| घाटी | Valley |
| घुरघुराना | Purr |
| घुरघुराने की आवाज | Grunting Sound |
| चपटे सिर वाली बिल्ली | Flat-Headed Cat |
| चिनचिला | Chinchilla |
| चिड़ियाघर | Zoo |
| चिरू | Chiru |
| चित्रित तेंदुआ | Painted Leopard |
| चिंकारा | Chinkara |
| चीतल | Spotted Deer |
| चीता | Cheetah |
| चीता बिल्ली | Leopard Cat |
| चीन का बाघ | Chinese Tiger |
| चीन की रेगिस्तानी बिल्ली | Chinese Desert Cat |
| चौसिंगा | Four-Horned Antilope |
| छछूँदर चूहा | Mole |
| छलाँग | Leap |
| छेदक दंत | Carnassials |
| छोटे धब्बों वाली बिल्ली | Little Spotted Cat |
| जगुआर | Jaguar |
| जगुआरुंडी | Jaguarundi |
| जलवायु | Climate |
| जलीय मूषक | Coypu |
| जाति | Species |
| जियोफ्रायज बिल्ली | Geoffroy's Cat |
| जीव | Animal |
| जीवन चक्र | Life-Cycle |

| | |
|---|---|
| जैविक परिवर्तन | Mutation |
| जंगली भैंसा | Wild Buffalo |
| जंगली सुअर | Wild Boar |
| जुगाली करने वाला | Ruminant |
| जंगल | Forest |
| झुंड | Flock/Herd |
| टेमिंग्स बिल्ली | Temmings Cat |
| तेंदुआ | Leopard |
| दलदल | Swamp |
| दहाड़ना | Roar |
| दाढ़ें | Molars |
| दैत्याकार एल्क | Giant Elk |
| दैत्याकार मूस | Giant Moose |
| दृष्टि | Sight |
| धब्बेदार (चित्तीदार) | Spotted |
| धारीदार बिल्ली | Tabby Cat |
| धूसर | Grey |
| नर | Male |
| नरभक्षी | Man-Eater |
| निशाचर | Nocturnal |
| नीलगाय | Blue-Bull |
| नू | Gnu |
| पट्टे | Band/Strips |
| पम्पास बिल्ली | Pampas Cat |
| पर्यावरण | Environment |
| पर्वतीय | Hilly |
| परिवार | Family |
| परिवेश | Environment |
| पालतू पशु | Domestic Animal /Cattle |
| पालतू बिल्ली | Domestic Cat |
| पिसूरी मृग | Mouse Deer |
| पेकारी | Pecary |
| पैंथरा | Panthera |

| | |
|---|---|
| पैंथरा ओंका | Panthera Onca |
| पैंथरा टिग्रिस एमोयइंसिस | Panthera tigris amoyensis |
| पैंथरा टिग्रिस अल्टाइका | Panthera tigris altica |
| पैंथरा टिग्रिस टिग्रिस | Panthera tigris tigris |
| पैंथरा टिग्रिस बालीका | Panthera tigis balica |
| पैंथरा टिग्रिस विरगाटा | Panthera tigris virgata |
| पैंथरा टिग्रिस सुमाट्री | Panthera gigris sumatrae |
| पैंथरा टिग्रिस सोनडाइका | Panthera tigris sondaica |
| पैंथरा पार्डस | Panthera pardus |
| पैंथरा लियो लियो | Panhera leo leo |
| पैंथरीनी | Pantherinai |
| प्रकृति | Nature |
| प्रजनन काल | Breeding Season |
| प्रजनन क्षमता | Fertility |
| प्रवास | Migration |
| प्यूमा | Puma |
| फारसी बिल्ली | Persian Cat |
| फेलिस | Felis |
| फेलिस आइरियोमोटेन्सिस | Felis iriomotensis |
| फेलिस औराटा | Felis aurata |
| फेलिस कॉनकलर | Felis concolor |
| फेलिस कोलोकोलो | Felis colocolo |
| फेलिस गुइगना | Felis guigna |
| फेलिस जियोफ्राइ | Felis geoffroye |
| फेलिस जैकोबिटा | Felis jacobita |
| फेलिस टाइग्रीनस | Felis tigrenus |
| फेलिस टेमिंकी | Felis temmincki |
| फेलिस पारडालिस | Felis pardalis |
| फेलिस प्लेनीसेप्स | Felis planiceps |
| फेलिस बाडिया | Felis badia |
| फेलिस बंगालिंसेस | Felis bengalensis |
| फेलिस मानुल | Felis manul |
| फेलिस मार्मोराटा | Felis marmorata |

| | |
|---|---|
| फेलिस यगुआरौंडी | Felis yaguaroundi |
| फेलिस रूफस | Felis ruffus |
| फेलिस रूबीजिनोसस | Felis rubiginosus |
| फेलिस लिंक्स | Felis lynx |
| फेलिस विवेरिना | Felis viverrina |
| फेलिस वीडी | Felis wiedi |
| फेलिस सिल्वेस्ट्रिस | Felis silvestris |
| फेलिनी | Feliani |
| बर्मा की बिल्ली | Burmese Cat |
| बाघ | Tiger |
| बादली तेंदुआ | Clouded Leopard |
| बॉब कैट | Bob Cat |
| बारहसिंगा | Swamp Deer |
| बाली का बाघ | Bali Tiger |
| बाघ बिल्ली | Tiger Cat |
| बार्बरी सिंह | Barbary Lion |
| बिज्जू | Badger |
| बिटारी बिल्ली | Rusty Spotted Cat |
| बोर्नियो की लाल बिल्ली | Red Cat of Borneo |
| भारतीय जंगली बिल्ली | Indian Wild Cat |
| भारतीय तेंदुआ | Indian Leopard |
| भारतीय बाघ | Indian Tiger |
| भारतीय रेगिस्तानी बिल्ली | Indian Desert Cat |
| भेदक दाँत | Canine |
| भोथरे | Blunt |
| भौंकन मृग | Muntjak |
| मगर | Crocodile |
| मछुआ बिल्ली | Fishing Cat |
| मानुल | Manul |
| मादा | Female |
| मार्गे | margay |
| मार्जार | Cat |
| मांसाहारी | Carnivorous |

| | |
|---|---|
| मुहाना | Delta |
| मैनेक्स | Manx |
| मंचूरिया का बाघ | Manchurian Tiger |
| यगुआरौंडी | Yaguaroundi |
| यूरोप का जंगली मुर्गा | Grouse |
| यूरोप की जंगली बिल्ली | European Wild Cat |
| राज्यपशु | State Animal |
| राष्ट्रीय उद्यान | National Park |
| राष्ट्रीय पशु | National Animal |
| रेगिस्तानी बिल्ली | Desert Cat |
| रेतीली बिल्ली | Sand Cat |
| रूस की नीली बिल्ली | Russian Bule Cat |
| र्‌यूकू | Ryuku |
| लकड़बग्घा | Hyaena |
| लाल वनबिलाव | Red Lynx |
| लाल हिरन | Red Deer |
| लालोसिलोटल | Tlalocelotl |
| लंका का तेंदुआ | Ceylon Leopard |
| वन्यजीव | Wild Animal |
| वनबिलाव | Wild Cat/Lynx |
| वयस्क | Adult |
| वर्ग | Class |
| वर्षा वन | Rain Forest |
| विरल | Rare |
| विलुप्त | Vanished Extinct |
| वीजल | Weasel |
| वंश | Genus |
| वृक्षहीन घास के मैदान | Savannah |
| वृक्षारोही | Tree Climder/Arboreal |
| शरीर | Body |
| शाकाहारी | Herbivorous |
| शाखाएँ | Branches |
| सफेद तेंदुआ | White Leopard |

| | |
|---|---|
| सफेद बाघ | White Tiger |
| सफेद सिंह | White Lion |
| समागम | Mating |
| समागम काल | Mating Season |
| समूर | Fur |
| सरवल | Serval |
| साइप्रस की बिल्ली | Cyprus Cat |
| साइबेरिया का बाघ | Siberian Tiger |
| सामने के दाँत | Incisors |
| सामान्य वनबिलाव | Common Lynx |
| सिकमार | Marbled Cat |
| सिंह | Lion |
| सिंह दीपड़ा | Lion Panther |
| सियामीज (स्याम की) | Siamese |
| सीमाक्षेत्र | Territory |
| सुनहरी बिल्ली | Golden Cat |
| सुमात्रा का बाघ | Sumatran Tiger |
| सूरजमुखी | Albino |
| सेही | Porcupine |
| संकटग्रस्त | Endangered |
| संगाई | Brow-Antlered Deer |
| संकर प्रजाति | Hybrid |
| संरक्षण | Conservation |
| संघ | Phylum |
| सांभर | Sambhar |
| सींग | Horns |
| सूकर मृग | Hog Deer |
| स्तनधारी जीव | Mammals |
| स्याहगोश | Caracal |
| हरम | Harem |
| हाथी | Elephant |
| हिमयुग | Ice Age |
| हिम तेंदुआ | Snow Leopard |

| | |
|---|---|
| हिरन | Deer |
| हिंसक | Viloent |
| क्षेत्र | Area |
| क्षेत्रसीमा | Area/Territory |
| क्षैतिज | Horizontal |

# सन्दर्भ ग्रन्थ


1. अभिनन्दन शुक्ल — 1993 — जीव-जन्तुओं का विचित्र संसार, विवेक प्रकाशन, दिल्ली।
2. अभिनन्दन शुक्ल — 2002 — विचित्र भारतीय पक्षी, रवि प्रकाशन, विकासपुरी, नई दिल्ली।
3. अभिनन्दन शुक्ल — 2004 — विश्व के रोचक जीव-जन्तु, रवि प्रकाशन, विकासपुरी, नई दिल्ली।
4. आर.ई. हॉकिन्स — 1989 — इन्साइक्लोपीडिया ऑफ इंडियन नेचरल हिस्ट्री, ऑक्सफोर्ड यूनिवर्सिटी प्रेस, नई दिल्ली।
5. आर.के. श्रीवास्तव — 1990 — जन्तु विज्ञान, यूनिवर्सल बुक डिपो, ग्वालियर।
6. इन्दु रामचन्दानी (सं.) — 1998 — भारत ज्ञानकोश (6 खंड), पापुलर प्रकाशन, बम्बई।
7. ई.एल. जार्डन और पी.एस. वर्मा — 1989 — कशेरुकी प्राणिविज्ञान, एस. चन्द एंड कम्पनी, नई दिल्ली।
8. ए. बेलेयर्स और एट्रिड्ज जे. — 1975 — रेप्टाइल्स, हचिन्सन यूनिवर्सिटी लाइब्रेरी, लन्दन।
9. ए.एन.जे. राव — 1991 — अ एटलस टु इंडियाज वाइल्ड लाइफ, टी.टी. मैप्स एंड पब्लिकेशसन्स लिमिटेड, मद्रास।
10. ए.एच. शुल्ट्ज — 1969 — द लाइफ ऑफ प्राइमेट्स, विडेन फेल्ड एंड निकोल्सन, लन्दन।
11. एन.एम. मजूमदार — 1971 — कुछ भारतीय पक्षी, चिल्ड्रन्स बुक ट्रस्ट ऑफ इंडिया, नई दिल्ली।
12. एफ. हरमन और एल. बेन (सं.) — 1976 — द यूनिवर्सिटी डेस्क इन्साइक्लोपीडिया, एल्सवीर पब्लिशिंग प्रोजेक्ट, न्यूयॉर्क।
13. ए.एन.पी. उमरकुट्टी — 1993 — समुद्र विज्ञान (अनु. डी.पी. पांडेय) नेशनल बुक ट्रस्ट, नई दिल्ली।
14. एम.डी. चतुर्वेदी — 1968 — द फेलाइन्स, नेशनल बुक ट्रस्ट, नई दिल्ली।

| | | |
|---|---|---|
| 15. एस.एच. प्रेटर | 1971 | द बुक ऑफ इंडियन एनीमल्स, बॉम्बे नेचरल हिस्ट्री सोसाइटी, बम्बई। |
| 16. एस.एम. नामर | 1972 | इंडेन्जर्ड एनीमल्स ऑफ इंडिया एंड देअर कंजर्वेशन, नेशनल बुक ट्रस्ट, नई दिल्ली। |
| 17. एस.सी. महेश्वरी | – | नो योर बर्ड्स, ए.बी.सी. पब्लिशिंग हाउस, नई दिल्ली। |
| 18. एम.के. रणजीत सिंह | 1997 | भारतीय कृष्णमृग (अनु. डॉ. सुरेश मिश्र) म.प्र. हिन्दी ग्रन्थ अकादमी, भोपाल। |
| 19. केशव रेड्डी | 2003 | द वाइल्ड इन वाइल्डरनेस (2 खंड), सुधा पब्लिकेशन्स, नेल्लौर आन्ध्र प्रदेश। |
| 20. कैलाश साँखला | 1978 | टाइगर, रूपा एंड कम्पनी, कलकत्ता। |
| 21. गेविन डी. बीर | 1972 | इन्साइक्लोपीडिया ऑफ द एनीमल वर्ल्ड, बे बुक्स, सिडनी, आस्ट्रेलिया। |
| 22. जमाल आरा | 1989 | पक्षी जगत, नेशनल बुक ट्रस्ट, नई दिल्ली। |
| 23. जान वुडवार्ड | 1988 | द इलस्ट्रेटेड इन्साइक्लोपीडिया ऑफ वाइल्ड लाइफ (52 खंड) ऑरबिस पब्लिशिंग लि., लन्दन। |
| 24. जे.जी. वुड | 1997 | इन्सेक्ट्स ऑफ द वर्ल्ड, लो प्राइज पब्लिकेशन्स, नई दिल्ली। |
| 25. टी.सी. मजपुरिया | 1989 | वाइल्ड लाइफ वेल्थ ऑफ इंडिया, टेस प्रेस सर्विस, लन्दन। |
| 26. टी.जे. राबर्ट्स | 1977 | मम्मल्स ऑफ पाकिस्तान, मैकमिलन एंड कम्पनी, लन्दन। |
| 27. डब्ल्यू. आर. मिस्टन | 1924 | द बफेलोज ऑफ सीलोन, एच. डब्ल्यू. कोव एंड कम्पनी, कोलम्बो। |
| 28. डब्ल्यू. डी. कैम्पबेल | 1959 | बर्ड वाचिंग एज ए हॉबी, स्टेनलीपाल, लन्दन। |
| 29. डोनाल्ड मैक फॉरलान (सं.) | 1990 | गिनिस बुक ऑफ रिकार्ड्स, गिनिस पब्लिशिंग लिमिटेड, लन्दन। |
| 30. सम्पादित | 2002 | गिनिस बुक ऑफ रिकार्ड्स, गिनिस पब्लिशिंग लिमिटेड, लन्दन। |
| 31. धर्मवीर कपिल | 1991 | वन्यप्राणी संरक्षण एवं प्रबन्ध तकनीक, म.प्र. हिन्दी ग्रन्थ अकादमी, भोपाल। |
| 32. निर्मल घोष | 1990 | वाइल्ड लाइफ ऑफ इंडिया, टाइगर बुक्स इंटरनेशनल, लन्दन। |

| | | |
|---|---|---|
| 33. परशुराम शुक्ल | 2001 | भारतीय वन्यजीव (पुरस्कृत) चिल्ड्रंस बुक ट्रस्ट ऑफ इंडिया, बहादुरशाह जफर मार्ग, नई दिल्ली। |
| 34. परशुराम शुक्ल | 2003 | भारतीय हिरन और गवय, सन्मार्ग प्रकाशन, दिल्ली। |
| 35. परशुराम शुक्ल | 2006 | भारत का राष्ट्रीय पशु और राज्यों के राज्यपशु, राजकमल प्रकाशन, नई दिल्ली। |
| 36. पी.जे. देवराज | 1965 | स्नेक्स ऑफ इंडिया, नेशनल बुक ट्रस्ट, नई दिल्ली। |
| 37. पीटर राबर्ट्स | 1963 | हार्सेस एंड पोनीज, लांग के प्रेस लिमिटेड, लन्दन। |
| 38. फेल मन्तेल | 1989 | जीव जगत की कहानियाँ, रादुगा प्रकाशन, मास्को। |
| 39. ब्रेडले स्मिथ | 1972 | द लाइफ ऑफ एलीफेन्ट्स, जैमिनी स्मिथ बुक्स, लन्दन। |
| 40. म.प्र. शासन | 1984 | नेशनल पार्क्स एंड सेन्चुरीज इन मध्य प्रदेश, वन विभाग, भोपाल। |
| 41. मॉरिस बर्टन और रॉबर्ट बर्टन (सं.) | 1980 | द न्यू फंक एंड वेगनाल्स इलस्ट्रेटेड वाइल्ड लाइफ इन्साइक्लोपीडिया (24 खंड) बी.पी.सी. पब्लिशिंग लि., यू.एस.ए. |
| 42. मेरी चाँडी | 1994 | फिशेस, नेशनल बुक ट्रस्ट, नई दिल्ली। |
| 43. यू.सी. चोपड़ा और जे.पी. ईरानी | 1990 | रंग बिरंगे पक्षी, चिल्ड्रन्स बुक ट्रस्ट ऑफ इंडिया, नई दिल्ली। |
| 44. यूरी दमित्रिएव | 1984 | मैन एंड एनीमल, रादुगा पब्लिशर्स, मास्को। |
| 45. रॉडने स्टील | 1989 | क्रोकोडाइल्स, क्रिस्टोफर हेल्म, लन्दन। |
| 46. राजेन्द्र सिंह बिष्ट | 2001 | भारत के राष्ट्रीय उद्यान, प्रकाशन विभाग, पटियाला हाउस, नई दिल्ली। |
| 47. राजेश्वर प्रसाद नारायण सिंह | 1990 | पक्षी प्रसंग, प्रभात प्रकाशन, दिल्ली। |
| 48. रामेश बेदी और राजेश बेदी | 1984 | इंडियन वाइल्ड लाइफ, बृजवासी प्रिंटर्स, नई दिल्ली। |
| 49. रामेश बेदी | 1982 | कार्बेट नेशनल पार्क, सरस्वती विहार, दरियागंज, नई दिल्ली। |
| 50. रामेश बेदी | 1990 | जंगल का राजकुमार तेंदुआ, सस्ता साहित्य मंडल प्रकाशन, नई दिल्ली। |

| | | |
|---|---|---|
| 51. रामेश बेदी | 1991 | सबका प्यारा भालू, सस्ता साहित्य मंडल प्रकाशन, नई दिल्ली। |
| 52. रामेश बेदी | 1991 | आदि युग का पशु गेंडा, सस्ता साहित्य मंडल प्रकाशन, नई दिल्ली। |
| 53. रामेश बेदी | 1998 | सिंह, प्रकाशन विभाग, पटियाला हाउस, नई दिल्ली। |
| 54. रामेश बेटी | 1999 | गेंडा, प्रकाशन विभाग, नई दिल्ली। |
| 55. रामेश बेदी | 2000 | तेंदुआ और चीता, प्रकाशन विभाग पटियाला हाउस, नई दिल्ली। |
| 56. रामेश बेदी | 2001 | आदमखोरों के बीच, राजकमल प्रकाशन, नई दिल्ली। |
| 57. रामेश बेदी | 2002 | चरक संहित के वन्यजीव, राजकमल प्रकाशन, नई दिल्ली। |
| 58. रामेश बेदी | 2004 | जंगल की बातें, राजकमल प्रकाशन, नई दिल्ली। |
| 59. रोमुल्स और जाहिदा | | स्नेक्स, मद्रास स्नेक पार्क ट्रस्ट, तमिलनाडु। |
| 60. रोमुल्स ह्विटेकर | 1995 | सामान्य भारतीय साँप (अनु. सुधीर सेन), नेशनल बुक ट्रस्ट, नई दिल्ली। |
| 61. विक्रम ग्रेवाल | 1993 | बर्ड्स ऑफ इंडिया, गाइड बुक कम्पनी लिमिटेड, हांगकांग। |
| 62. वी.वी. सहारिया | 1981 | वाइल्ड लाइफ इन इंडिया, कृषि मन्त्रालय, भारत सरकार, नई दिल्ली। |
| 63. वुड | 1997 | इन्सेक्ट्स ऑफ द वर्ल्ड, लो प्राइज पब्लिकेशन्स, नई दिल्ली। |
| 64. शिवतोष दास | 1983 | सरीसृप की कहानी प्रकाशन विभाग, पटियाला हाउस, नई दिल्ली। |
| 65. सालिम अली | 1974 | भारत के पक्षी, हरियाणा हिन्दी ग्रन्थ अकादमी, चंडीगढ़। |
| 66. सालिम अली और लईक फ्यूट हैली | 1994 | कॉमन बर्ड्स, नेशनल बुक ट्रस्ट, नई दिल्ली। |
| 67. सालिमअली और फतेह अली | 1995 | हमारे परिचित पक्षी, नेशनल बुक ट्रस्ट, नई दिल्ली। |
| 68. सुरेश सिंह | 1992 | भारतीय पक्षी, उत्तर प्रदेश हिन्दी संस्थान, लखनऊ। |

69. सुरेश सिंह — 1971 — शिकार के पक्षी, हिन्दी समिति, सूचना विभाग, उत्तर प्रदेश, लखनऊ।

70. हरवंश सिंह — 1994 — पालतू पशु (अनु. प्रेमान्त भार्गव), नेशनल बुक ट्रस्ट, नई दिल्ली।

71. हरबर्ट कोन्डो — 1972 — द इलस्ट्रेटेड इन्साइक्लोपीडिया ऑफ द एनीमल किंगडम, द डनबरी प्रेस, यू.एस.ए.।

72. हार्लो इव और लेन पारसन्स (सं.) — 1994 — द इन्साइक्लोपीडिया ऑफ वाइल्ड लाइफ, सलमेन्दर बुक्स लिमिटेड, लन्दन।

## लघु पुस्तिकाएँ, पत्रिकाएँ और वार्षिक प्रतिवेदन

1. आन्ध्रप्रदेश फॉरेस्ट्स, फारेस्ट डिपार्टमेंट, गवर्नमेंट ऑफ आन्ध्र प्रदेश, हैदराबाद।
2. कब (द्विमासिक पत्रिका) सेन्चुरी कब मैगजीन, नारीमन प्वाइंट, मुम्बई।
3. कस्तूरी, फारेस्ट एंड फॉरेस्ट पंचायत ट्रेनिंग इंस्टीट्यूट, हलद्वानी (उ.प्र.)।
4. नेशनल जियोग्राफिक, नेशनल जियोग्राफिक सोसाइटी, वाशिंगटन, यू.एस.ए.।
5. पर्यावरण (त्रैमासिक हिन्दी पत्रिका), पर्यावरण एवं वन मन्त्रालय, भारत सरकार, नई दिल्ली।
6. फ्लोरा एंड फौना ऑफ महानन्दा वाइल्ड लाइफ सेन्चुरी, वाइल्ड लाइफ विंग, फॉरेस्ट डिपार्टमेंट, वेस्ट बंगाल।
7. मध्य प्रदेश में वन्यप्राणी संरक्षण, म.प्र. शासन, वन विभाग, भोपाल।
8. वनश्री (त्रैमासिक हिन्दी पत्रिका) वन विभाग, म.प्र. शासन, भोपाल।
9. वार्षिक रिपोर्ट (1990-2003), पर्यावरण एवं वन मन्त्रालय, भारत सरकार, नई दिल्ली।
10. वाइल्ड लाइफ प्रोटक्टेड एरियाज ऑफ गोवा, वन विभाग, गोवा सरकार, पणजी।
11. वाइल्ड लाइफ वीक सेलिबरेशन, वाइल्ड लाइफ विंग, वन विभाग, मणिपुर।
12. विज्ञान प्रगति (मासिक पत्रिका), वैज्ञानिक एवं औद्योगिक अनुसन्धान परिषद, नई दिल्ली।
13. विज्ञान चेतना (त्रैमासिक पत्रिका), विज्ञान चेतना प्रसार संस्था, जयपुर (राजस्थान)।
14. सेन्चुरी, सेन्चुरी कब मैगजीन, नारीमन प्वाइंट, मुम्बई।
15. सृष्टि, वाया मीडिया इंटरनेशनल, नई दिल्ली।
16. हिमालयन एविअरी, डिपार्टमेंट ऑफ फारेस्ट, फार्मिंग एंड कंजरवेशन, हिमालच प्रदेश सरकार, शिमला।

❑❑❑